원전을 멈춰라

체르노빌이 예언한 후쿠시마

KB009146

eum 이음

危険な話

ⓒ 広瀬隆

차례

재출간에 부쳐:
이 책을 다시
살려 읽는 이유

2011년 3월 11일, 일본 도호쿠(東北)·간토(關東) 지방을 강타한 대지진과 연이어 들이닥친 쓰나미는 지나갔다. 여진이 계속되어 사람들은 여전히 불안에 떨고 있는 상황이다. 하지만 더 무서운 것은 이번 천재(天災)가 유발한 후쿠시마 원자력발전소의 시스템 붕괴이다. 고장난 냉각 시스템을 대신해서 물을 뿌려대고 끊어진 전기를 잇기 위해서 죽음의 방사선을 몸으로 고스란히 받아낸 결사대의 노고에도 불구하고 위험의 폭과 정도는 점점 깊어지고 있다. 바람과 물을 타고 번지고 있는 방사능의 공포는 일본 열도를 암흑 속으로 몰아넣었다. 사고가 난 지 열흘밖에 지나지 않은 시점에서 채소와 축산물, 해산물에서 방사능이 측정되었고 멀리 떨어진 도쿄의 수돗물에서도 마실 수 없을 정도의 방사능이 검출되었다. 시간이 지나면 그 여파는 어떤 방식으로든 우리나라까지 밀려올 것이다. 여기서 분명히 해둘 것이 있다. 원자력 발전소에서 일어난 사고는 결코 천재가 아니고 인재(人災)이며 그 위협과 영향은 반영구적으로 이어질 것이라는 사실이다. 원자력 발전소 사고에 대한 대응이 늦었기 때문이 아니라 원자력 발전소를 지은 것 자체가 인재이다.

일본의 대지진과 원자력 발전소의 대재앙 소식을 들으면서 자연스레 1990년에 번역했던 이 책이 머릿속에 떠올랐다. 이 책의 저자 히로세 다카시 선생은 후쿠시마에서 이번에 일어날 대재앙을 정확하게 예언하고 있었다.

지금 일본에서 가동되는 원자로가 이 지도 위에 표시되어 있습니다. …… 후쿠시마 현에는 자그마치 10기가 있죠. 여기서 쓰나미가 일어나 해수가 멀리 빠져나가면 모두 멜트다운될지도 모릅니다. 그렇게 되면 일본 사람뿐만 아니라 전 세계를 말기적인 사태로 몰아넣는 엄청난 재해가 일어날 것입니다. …… 지금까지 대사고가 일어나지 않았던 것은 실로 우연 중의 우연이죠. 우리는 요행으로 살고 있는 데 지나지 않습니다. 수년 내에 사고가 일어난다는 것은 어리석은 예언이 아닙니다. 이러저러한 갖가지 부분을 해석해 보면 틀림없이 그런 운명에 놓여 있다는 확신이 섭니다. 아니 어쩌면 행운은 계속될지도 모릅니다. 그렇기를 빕니다. 그렇지만 10년 내에 일어날 것입니다. 어쩌면 프랑스가 먼저가 될지도 모르죠. 아니면 한국에 있는 9기 중 어떤 것이 터질 것인지.

행운은 계속되지 않았다. 히로세 다카시 선생의 예언은 20년의 세월을 지나 현실이 되고 말았다. 이 책은 1986년, 구 소련의 체르노빌 원자력 발전소에서 일어난 최고 등급(7등급) 핵사고의 원인과 영향을 분석하면서 시작한다. 그리고 그 분석의 결과는 또 다른 원자력 발전소들에서 사고가 일어날 것이 너무 명확하다는 사실을 보여준다.

원래 '핵' 또는 '원자력'은 그 무서운 파괴력 때문에 전쟁에 이용되었고 60여 년이 지난 오늘까지도 일본의 히로시마와 나가사키는 원자폭탄 피해의 후유증을 앓고 있다. 그리고 아직까지도 해결되지 않은 역사적 상처로 남아 있다. 곰곰이 생각해보면 핵은 인류가 만든 것들 중에서도 있어서는 안 될 물체이다. 그러나 이것을 자본주의와 공산주의가 돈벌이의 재료로 삼았다. 1953년 아이젠하워 미국 대통령은 '원자력의 평화적 이용'이라는 말로 장삿길을 열었다. 지구상에 수백 개의 원자력 발전소가 건설 중이거나 가동 중이다. 원자력 발전소를 만든 사람들은 사고가 없는 기계라고 말했다. 있다 해도 확률 10만 분의 1의 사고라고 했다. 그러나 1979년 미국의 스리마일 원전, 1986년 체르노빌 원전, 그리고 이번 후쿠시마 원전에서 그렇게도 없다던 사고가 일어났다.

방사성 물질의 종류에 따라 다르지만 플루토늄의 경우 반감기는 1만 년이다. 그 기간 동안 생명에 위협적인 방사선을 내놓는다. 알기 쉽게 말해서 핵쓰레기는 방사선을 반영구적으로 방출한다는 이야기다. 일본에서는 저준위 핵쓰레기를 로카쇼무라에서 300년간 관리하겠다고 한다. 한 세대를 30년으로 잡으면 열 세대가 협력해야 하는 일이다. 시대가, 그리고 체제가 변하는데 어림도 없는 일이다. 뿐만 아니라 그 이후에도 방사능은 없어지지 않는다.

나는 나이 60이 넘은 1980년대에 우연하게 원자력 반대 운동에 나섰고, 그 후로도 벌써 30년이 지났다. 처음에 활발하게 진행되던 '반핵·반원전' 운동이 원자력 발전을 옹호하는 사람들의 논리에 눌려 시들해진 것을 보고 있다. 원자력이 지구온난화를 막을 수 있는 친환경 에너지로 둔갑한 세상이다. 그러나 그것은 거짓말이다. 그렇지 않다. 원자력 발전소는 인류가 자신의 삶터 곳곳에 박아놓은 시한폭탄이다. 원자력의 이용을 당장 그만두자. 어차피 가지 말았어야 하는 길이었지만, 지금이라도 포기하자.

이 책을 다시 세상에 내 놓는 이유는 원자력 발전소 사고의 역사와 진실을 알리는 책이 우리나라에서 눈에 띄지 않기 때문이다. 오랫동안 아무도 이 주제에 대해서 관심을 가지지 않아 잊혀졌다. 이제라도 진실을 알리는 것이 시급하다. 세월이 흘러 이 책에서 사용한 자료보다 더 명백한 위협의 증거들이 나와 있겠지만 그래도 이 책의 가치는 줄지 않는다. 지금은 후쿠시마에서만 이 책의 예언이 현실이 되었지만, 다른 곳에서도 현실화될 가능성이 높다. 이 책의 경고는 섬뜩할 정도로 지금도 유효하다.

재출간을 앞두고 이 책의 저자 히로세 다카시 선생과 통화를 했다. 내 나이는 89세, 그의 나이도 70이 넘었다. 그는 후쿠시마 원자력 발전소 사고 때문에 밀려드는 언론의 취재에 응하느라 바빴다. 우리가 무엇을 더 바라겠는가? 그는 고등학교 다니는 손녀 이야기를 했다. 우리의 후대를 위해서 그는 이 책이 한국에서 다시 출간되어 우리에게 노출된 원자력 발전의 위협이 널리 알려졌으면 좋겠다는 희망을 피력했다. 나도 원자력의 포기라는 인류사적인 운동에 참여하는 의미에서 이 책의 재출간을 쌍수를 들어 환영한다. 애쓰신 이음 여러분들께 감사드린다.

2011년 3월 23일

김원식

옮긴이의 말

이 책 번역 원고의 마지막 손질을 하다가 안면도 사태의 소식을 들었다. 실제로 안면도에서 무슨 일을 벌이려 했던 것일까? 무엇이 그토록 주민들을 분노케 했을까?

정부의 발표에 따르면 건설하려고 했던 것은 핵폐기물 영구 처리장이 아니라 '핵폐기물의 감량처리 및 분리기술 개발을 위한 순수한 연구소'이며 안면도에 2000년까지 300만 평 규모의 서해 과학연구 단지를 조성하겠다는 것이 전부'라는 것이다.

핵문제에 관한 한, '정부의 공식적인 발표'와 '안전성에 관한 데이터'는 전혀 믿을 수 없다는 것이 이미 정설로 되어 있다. 처리장이 아닌 연구소라는 주장은 단지 말장난에 불과한 것이다. 현재 9개의 원자력 발전소가 가동 중인 우리나라는 고리 원전의 경우가 올해부터 중저준위 폐기물 저장 한계에 부딪히게 되어 있고, 울진 2호기와 영광 2호기도 각각 1994년, 95년에는 더 이상 저장하지 못하는 한계에 이르게 된다. 또 이 '연구소' 건립에 쓰겠다는 돈 500억 원이 '방사능 폐기물 관리기금"며 '순수한 연구소' 건립 계획이 굳이 '3급 비밀'로 취급되었다는 사실만 생각해 보아도 그들의 실제 계획이 무엇이었는지는 명백한 것이다.

세계적으로 원전 산업은 사양 산업이다. 세계 최대의 원전 보유국인 미국의 경우 1978년을 끝으로 신규 발전은 종말을 맞이하였다. 발전량의 절반을 원전에 의존하고 있으며 1인당 원자력 발전량이 세계 최고인 스웨덴은 2010년까지 사용하던 원전을 포함하여 모든 원전을 완전 폐기하기로 결정했다. 오스트리아는 1988년 원전을 완전히 폐기한 최초의 국가가 되었다. 덴마크는 원전을 계획 단계에서 완전히 취소해 버렸다. 이탈리아는 2000년까지 원전 의존도를 0으로 한다는 결정을 내렸다. 벨기에는 1988년 신규 건설을 백지화했다.

한편 세계적인 탈원자력 발전소 추세에 역행하여 원전 대국의 길을 걸어온 프랑스의 원전 산업은 돌이킬 수 없는 늪에 빠져 약 25조 원에 달하는 어마어마한 부채에 허덕이고 있다. 이 프랑스조차도 1970년대에는 연간 4~5기나 건설하던 원전을 이제 연간 1기 정도로 후퇴시키고 있으며, 그것도 전력이 필요해서가 아니라 공룡처럼 거대화된 원자력 산업(원자로 제작자인 프리마톰, 핵연료 회사인 코제마, 우라늄 농축 회사인 유로디프 등의 국채 회사)을 유지하기 위한 것이다.

이제껏 탄탄대로를 걷고 있는 것처럼 보였던 한국의 원자력 산업도 안면도 사태를 계기로 전환점을 맞게 될 것이다. 원전은 정부나 한국전력 측이 주장하는 것처럼 미래의 맑고 깨끗한 에너지가 아니라 유별나게 지구를 오염시키는 에너지다. 현재의 에너지 문제는 다국적 기업에 의해 조작된 것일 뿐 그것이 원자력 발전을 옹호할 수 있는 근거가 되지 못한다. 원자력 발전은 화석 연료가 고갈되어 가는 지구의 에너지 문제 해결사가 아니라 건설, 가동, 폐기물 처리 등에서 어마어마한 화석 연료를 소모하는 비효율적인 발전 방식이다. 더욱이 원자로의 가동에서부터 폐기물의 처리에 이르기까지 '안전'이라는 단어가 완전히 부적절하다는 것은 이제 세계적으로 판정이 내려진 것이다. 특히 원전 11, 12호기는 짜깁기 원자로라고 혹평이 나있을 정도로 그 안전성을 신뢰할 수 없는 형편이다.

현재 전기는 남아돌고 있다. 필요한 전력 예비율 15~30%를 훨씬 상회하는 30~40%의 전력 예비율을 가지고 있으면서 '점증하는 전력 수요에 대처하기 위해 원자력 발전소의 추가 건설은 불가피하다'는 정부와 한전 측의 주장은 더 이상 설득력을 가질 수 없다. 더구나 수력과 화력의 실제 이용률이 40% 미만에 불과하다. 이 설비를 놀려가면서 군이 원자력 발전을 고집하는 이유는 무엇일까. 화석 연료가 지구 온실효과의 주범인 것처럼 얘기하지만 원자력 발전이야말로 생산한 에너지의 두 배 정도를 바다에 폐열로 방출한다. 그렇다면 원자력 발전은 에너지 문제가 아닌 다른 의심스러운 동기에서 추진되는 것이 아닌가 하는 의혹을 갖는 것은 너무나 당연한 일이다.

이 『위험한 이야기』(이 책 초판의 제목 — 편집자)는 히로세 다카시 선생의 대표작이며 일본의 반원자력 발전 운동에 엄청난 회오리 바람을 일으켰던 책이다. 원제는 『危險な話』이고, 1987년 4월에 일본의 팔월서관(八月書館)에서 간행되었다가 대폭 가필되어 1989년 4월에 신조사(新潮社)에서 간행되었다. 이 책은 1989년에 발행된 신판을 대본으로 하여 번역한 것이다. 본문은 가필이나 수정 없이 그대로 번역하였고 자료로 쓴 신문 기사 스크랩 등은 내용의 가감 없이 편집하되 독자의 이해를 위해 약간의 내용만을 우리말로 옮기는 작업을 했다.

지난 8월에 히로세 선생께 『위험한 이야기』 한국판 발행에 붙이는 서문을 통하여 한국의 반핵 운동에 조언을 부탁드린 바 있으나, 군이 사양하시면서 다만 자신의 저작권료로 돌아올 몫을 한국의 반원전 운동에 써달라는 말씀을 하셨다. 선생의 후의에 깊은 감사를 드린다. 반원자력 발전 운동에 관한 이론적 지침이 전무하다시피한 우리 상황에서 이 책의 출판은 매우 의미 깊은 일이라고 스스로 평가하고 싶다. 이론적인 깊이도 대단한 것이려니와 원자력 발전 문제에 대해 무관심했던 대중을 단숨에 사로잡는 호소력을 지니고 있기 때문이다. 앞으로도 한국 독자들께 히로세 선생의 눈부신 저작들을 계속 소개할 계획이다. 끝으로 악필을 마다 않고 꼼꼼히 교정하고 편집하느라 수고가 많았던 편집부 여러분께 감사드린다.

1990년 12월 10일
김원식

머리말

이 기록은 어느 날, 일개 시민이 삶에 대한 불안감에 시달리게 되고, 인생철학을 생각하게 된, 하나의 사건을 여러 각도에서 해석한 것이다.

이 사건은 바로 그 날, 운명의 금요일, 한밤중에 일어났다. 우크라이나 평야 한가운데서 천지를 뒤흔드는 대폭발음과 함께 원자로가 폭발한 것이다. 이 비극의 진상은 아직도 지구상에 생존하는 사람들에게 정확하게 전달되지 않았다. 지구상에 서식하는 수많은 생물 — 그 중에서도 우리 인간들 — 에게 심각한 영향이 미치리라는 것을 알고 있으면서도, 어떤 피할 수 없는 이유 때문에 그 진상은 현재까지 은폐되고 있다.

불행하게도 재난은 벌서 우리 앞에 와 있다. 이것을 모르는 체할 수는 있다. 지금까지 그랬던 것처럼, 과거의 사건으로 망각의 늪 속에 밀쳐버리면 된다. 그러나 그럴 수는 없다. 재해는 질병으로 나타나서 우리를 덮친다. 엄마 뱃속에서 자라는 태아를 덮치고, 엄마 옆에서 실뜨기 놀이를 하는 어린이를 덮치고, 기운차게 뛰어다니는 청춘 남녀를 덮친다. 그들 중에 누군가가 병에 걸리게 되고, 그렇게 되면 그의 인생은 절망 속에 빠지고 만다.

그러한 병에 걸렸을 때 인간은 편안하게 죽음을 선택할 수 없다. 모든 것을 자기 운명이라고 체념하려 해도 참을 수 없는 고통이 찾아온다. 왜 그럴까.

이 책은 그러한 문제에 대해서 눈을 가리고 못 본 체하는 게 아니라, 인간 그 중에서 젊은 사람들이 놓여 있는 위험한 상황을 똑바로 본대로 기록해 나갈 것이다.

『원전을 멈춰라 ─ 체르노빌이 예언한 후쿠시마』의 초판을 발행한 것은 신판을 발행하기 2년 전, 1987년 4월 26일이었다. 그런데 2년 사이에 사태는 급변했다. 많은 사람들이 일어섰다. 고독한 세계에서 고민하던 사람이 이웃 친구에게 얘기하고 그것을 또 다른 사람에게 얘기하고, 이런 일이 있게 되면서 사람들은 하나둘 모여들어 마침내 사회를 변화시키는 힘으로 성장했다. 원자력 그 자체는 어떻게 되었는가, 산업계가 이에 대한 정책을 재검토하고 바꿔나가는 길로 들어섰다. 구름 사이로 한 가닥 희망의 빛이 보이는 데까지 왔다. 방사성 폐기물(죽음의 재)을 쌓아두는 장소로 결정된 아오모리, 홋카이도에서도 반대의 목소리가 들린다. 인간 한 사람의 뜻이 무엇보다도 강하다는 것을 줄곧 믿었던 내 신념은 틀리지 않았다.

이 책은 한시라도 빨리 이 사실을 여러 사람에게 전할 것을 바라는 팔월서관과 신조사, 양쪽 편집부 여러분의 열의로서 여러 가지 관행을 무시하고 서둘러서 만든 것이다. 문제가 너무 절박해서 시간을 오래 끌 수 없기 때문이다. 또 초판이 나오고 나서 2년 동안 새로운 사실이 하나둘씩 밝혀졌다. 나 자신은 지금까지 각지각처에서 개최되는 학습회에 참가해서 이 책에 기록된 내용을 자료로 제시하면서 구체적으로 전했으며 앞으로도 전할 것이다.

학습장에서는 많은 자료를 참가자에게 배포할 수 없기 때문에, 새로운 사실과 생각을 담아 신판을 만들었다. 회장에 참석한 분이나, 문제에 대해서 깊은 관심이 있으면서도 회장에 오지 못한 분을 위해서 여기 나오는 자료를 활용할 수 있도록 했다. 이것은 책의 목적이기도 하다. 특히 제2장은 체르노빌 사고 3년 후인 오늘, 독일 남부 지방 농경 지대에서 생산된 야채류에 방사능 오염이 심각해졌는데, 이것은 흡사 우리의 망각의 심리를 들여다 보기나 한 것처럼 우리의 무관심 속에서 피해가 퍼져나가는 상황을 전하는 최근의 유럽 보고도 포함 시켰다.

이런 새로운 사실을 첨가하면서 원저의 표현 중에 소위 '과학자'들 이 악용할 수 있는 부분을 '사회적으로 적확한 표현'으로 고쳤다. 그러 나 그것은 이 책을 제4장까지 읽어나가면 별 뜻이 없다고 생각할 것 이다. 여기서 문제 삼는 것은 사회 전체가 조작한 함정과 거기 빠져버 린 것을 의식하지 못했던 상황 자체에 대해서이다.

과학이라는 분야에서 용어의 정의가 얼마나 위험한 것인가, 또 여 기 신판에서 애써서 명시한 자료의 출처가 실은 얼마나 믿을 수 없는 곳에서 나온 것인가, 전체적으로 불합리한 사회구조를 파악하는 것 은 여기 제시한 문제에 접근하는 첫발이 된다.

모든 피해를 실증하는 데는 적어도 수십 년의 시간이 필요하다. 그 때까지 청춘을 잃고 귀중한 생명을 빼앗길 많은 사람들을 생각하면, 우리는 이런 어리석고 딱딱한 형식논쟁을 극복하고 극히 단순한 결 론에 눈을 돌리지 않으면 살아남을 수 없다는 것을 알아야 한다. 이제 까지 걸어온 형식주의에 의지하던 '지혜의 암흑 시대'는 사라졌다.

동시에 별개의 형태로 이 문제를 생각하는 인간의 자세가 문제로 제기된다. 알기 쉽게 말하면 인간이 입으로 말하는 사랑이라든가, 친 절이라는 것을 그 말만 가지고 판단해서는 안 된다는 것을 현명한 독 자들은 알리라고 생각한다. 행동의 결과에서 우리 한 사람 한 사람이 미래를 위해서 어떤 일을 할 수 있는가 하는 것이야말로 인생철학에서 가장 큰 물음이 아니겠는가. 미사여구라면 위선자라도 말할 수 있다.

옛날은 그러한 위선자를 악마라고 했는데, 근래에 와서도 그게 없 어진 것은 아니다. 그러한 교활한 악마들을 앉아서 보고만 있을 수 없 지 않은가. 나는 그럴 수 없다고 생각한다.

부디 한 번 우리 학습회에 나와서 내 얘기를 들어주기 바란다. 그런 바람에서 이 기록을 오늘 날짜로 남긴다.

1989년 1월 24일

히로세 다카시

제1장

체르노빌에서 어떤 일이 일어났는가

시작하면서

소개받은 히로세입니다. 사회자는 나를 작가선생이라고 소개했는데 나는 작가도 아니고 선생도 아닙니다. 이것은 체르노빌 사고에 대한 보도에 관계가 있기 때문에 우선 말씀드리지 않을 수 없습니다.

나는 그저 내 몸을 지킨다는, 아니 그보다도 내 진심을 말씀드리면 나의 두 딸의 생명을 지키려는 아비의 생물 본능 때문에 이 자리에 섰습니다. 오늘 여기 나온 여러분은 이 사회에서 상당히 진보적인 생각을 가진 분들이라고 짐작합니다. 어떤 분은 저널리즘에 관계하고, 어떤 분은 환경 문제나 소비자 문제를 걱정하고, 어떤 분은 정치에 관계하는 등 각 방면에서 활동하는 분들이라고 보는데, 오늘은 과거의 모든 지식을 백지로 돌리고 들어주기 바랍니다.

운동이 중요하다고 나는 보지 않습니다. 사실을 아는 게 중요합니다. 나 혼자, 나 한 사람으로 돌아가 주십시오. 일본 사람은 뭔가 있을 때는 곧 운동을 시작하는데 지금은 운동이 어떻다, 저널리즘이 어떻다 하는 차원을 벗어난 시대, 즉 죽느냐 사느냐 하는 절벽 위에 인류가 서 있는 것입니다.

여러분은 아마 매일매일 즐거운 생활을 하리라고 생각합니다. 그런데 내가 오늘 하려는 이야기는 꽤 심각한 이야기가 될 것이며 여러분 자신들에게 아주 중요한 이야기가 될 것입니다.

잠깐, 나는 이야기가 끝날 때까지 이 프로젝터를 이용하겠습니다. 그러니까 이왕이면 잘 보이고 잘 들리는 곳으로 자리를 옮겨주시기 바랍니다.

오늘 나는 체르노빌 원자력 발전소 사고에 대해서 얘기할 것입니다. 내용은 크게 네 가지로 나누어집니다. 체르노빌 사고에 대해서는 신문 기사 등에서 여러분도 이러저러한 것을 보았을 것입니다. 그러나 도대체 소련에서 어떤 일이 일어났는가에 대한 진상은 TV나 신문에서 거의 보도되지 않은 부분이 있습니다. 실은 중대한 사실이 감추어져 있습니다. 우리가 지금 먹고 있는 식품 속에는 체르노빌 사고 때 확산된 방사능 물질(죽음의 재)이 대량으로 들어 있으며, 그것을 우리는 먹을 수밖에 없는 상황입니다. 그래서 식품을 생산하거나 제조하는 업자가 전 세계적으로 크나큰 타격을 입었습니다. 뿐만 아니라 친소적인 국가나 사람들도 조금은 피해를 입었습니다.

그러나 이 사고를 어떻게든 조그맣게 보이게 하려는 움직임이 여기저기에서 일어나고, 나중에 자세히 말하겠지만 일본의 저널리즘도 거의 보도하지 않은 상황이 되어버렸습니다. 그러나 현실에서는 더욱 무서운 일이 진행되고 있습니다. 특히 우리 일본에서는 저널리즘이 원자력 발전소 문제에 대해서는 대단히 뒤떨어져 있어서, 내가 미국이나 유럽에 있는 사람으로부터 편지나 전화를 받아보면 도대체 일본은 어떻게 된 거냐, 신문은 아무것도 쓰지 않고 있으니 이러다간 일본이 제일 위험한 곳이 된다는 말을 듣고 있습니다. 그러니까 일본처럼 체르노빌에 대해서 아무것도 모르는 국민은 세계 어느 곳에도 없고, 일본은 세계에서 고립되었다고 할 수 있습니다.

더욱이 우리보다 더 젊은 사람들이 피해자가 되리라는 것은 틀림없습니다. 그런 뜻에서도 사고가 얼마나 엄청난 죽음의 재를 방출했는지 내 이야기를 정확하게 들어주시기 바랍니다. 체르노빌 사고는 일찍이 인류가 체험한 적이 없는 극히 심각한 사건입니다.

둘째, 어떻게 이런 큰 피해가 닥쳐오는가에 대해서 이야기하겠습니다.

체르노빌 사고는 끝났고 이제 소련이나 유럽에서는 정상적인 생활로 되돌아 갔다고 여러분은 생각하겠지요. 아닙니다. 바로 지금 유럽 전 지역에서는 엄청난 사람들이 이 피해에 말려들기 시작한 것입니다. 식료품, 예를 들어 쇠고기 등에 계속해서 위험한 세슘(Cs)이 들어가서 이제 도망칠 수 없는 데까지 오염은 전파되었습니다. 자, 이제 어떤 일이 벌어질 것인가. 여기에 대해서 지난날의 서글픈 인류의 체험을 토대로 무서운 미래를 추리할 수 있습니다.

셋째, 일본의 원전은 안전한가에 대해서 얘기하겠습니다.

아시는 바와 같이 일본에서는 1988년 말 현재 36기의 원자로가 가동 중에 있습니다. 그러한 원자력 발전소는 안전한가. 우리는 물론 안전하다고 생각하니까 살고 있는 것이지만 그것은 언제 폭발할지 모르는 것입니다. 나중에 자세히 설명하겠지만 일본의 원전은 아주 위험한 상황에 있습니다.

일본은 세계에서 제일 가는 기술을 가진 나라라고 모두들 말하는데 이것은 엄청난 조작입니다. 체르노빌 원자로가 터지기 직전까지 세계에서 제일 안전한 원자력 발전소는 체르노빌 원전이라고 자부하던 게 소련입니다. 체르노빌은 1988년까지 세계에서 첫째 가는 원자력 기지를 완성할 예정이었으며 폭발 직전까지만 해도 전 세계가 최고라고 경의를 표명했던 곳입니다. 이 이야기를 뒤집어보면 우리 일본의 원전에 대해서도 적용할 수 있는 말입니다. 멜트다운(melt down)이 일어나면 모든 사실을 알게 되는데 그때 가서 울부짖게 되겠지요. 서두에서 말해 두겠습니다. 일본의 원전은 이대로 가면 수년 내에 대참변을 일으키게 되어 있습니다. 10년, 운이 좋아야 10년입니다. 지금 최고의 기술로 운전되는 것이 아니라 이제 원자로나 파이프, 전기 계통 등 모든 부분의 부품이 낡았기 때문에 기술자가 완전히 파악할 수 없을 만큼 위험한 상황에 처해 있는 것입니다. 우리가 살아 있다는 자체가 우연한 일이라는 것을 구체적으로 증명해 보겠습니다.

마지막으로 이렇게 엄청난 사실이 왜 은폐되고 있는지, 누가 매스컴의 입을 틀어막고 있는지 그 내막을 폭로하겠습니다. 원자력 발전소가 에너지 문제의 해결이라든가 세계 평화를 유지하는 것이 아니라는 것은 사람과 돈의 흐름을 추적하면 금방 알 수 있습니다. 무지막지한 인간이, 제국주의 시대의 군벌과 직결되는 인간들이 우리를 지옥으로 초대하기 위해서 기만하고 있는 현실을 보게 되고 사실을 알게 되면 놀랄 것입니다.

　그럼 본론으로 들어가겠습니다. 시간은 단단히 각오하세요. 내가 여기 가지고 나온 자료에 대해서 모두 이야기하기 전에는 그만두지 않을 것입니다. 이거야말로 여러분이 이 회장까지 오신 목적 아니겠습니까?

체르노빌에서 어떤 일이 일어났는가

우선 체르노빌의 위치를 보세요[자료 1]. 여기 유럽에는 5억의 인구가 살고 있습니다. 바로 그 이웃 소련에서 사고가 일어났습니다. 더구나 소련 서부 일대는 인구 밀집 지역입니다. 우크라이나가 곡창 지대이고 체르노빌에서 남으로 130km쯤에 위치한 키예프라는 도시는 러시아 민족이 최초로 건설한 국가였다는 데서 알 수 있듯이, 이 지역은 인구 3억을 헤아리는 소련 민족에게도 가장 중요하고 비옥한 지대입니다. 그러한 지역 한가운데에서 세계 최대의, 사상 최악의 대사고가 일어난 것입니다.

　4월 26일 사고가 난 후의 신문을 보면,

> **4월 29일** '소련에서 원전사고'
> **4월 30일** '최악의 사고, 노심용융(爐心溶融)', '내부 4,000도…… 손도 못대'
> **5월 2일** '북유럽에 강한 방사능, 대기에서 코발트 검출'

기사 내용에 스웨덴 핵물리학자의 말을 인용한 것을 보도하고 있습

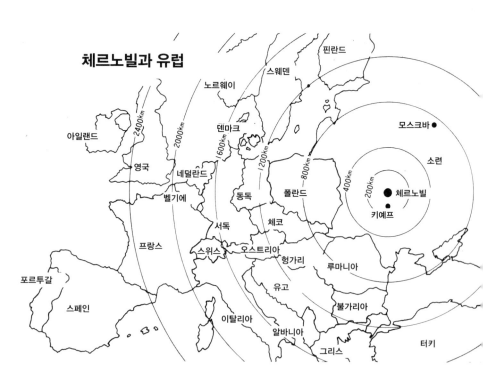

니다. 즉 스웨덴에 강하한 방사능 물질에는 루테늄, 세륨, 넵투늄 등 비휘발성 물질의 함량이 놀랄 정도로 많았으며 모두 14종의 핵물질이 검출되었다고 기사는 전하고 있습니다.

위와 같은 여러 가지 원소의 이름을 여러분은 어쩌면 처음 듣는 것일지도 모릅니다만 아주 중요한 것입니다. 이 사고의 수수께끼를 푸는 데 열쇠가 될 것이며 우리의 운명을 가르쳐 주는 것들입니다.

지금 말한 코발트(Co)라든가 넵투늄(Np)이라는 원소는 어떤 것인가? 원자로를 그림으로 그리면 이렇게 됩니다[자료 2]. 우선 여기 주전자가 있다고 생각합시다. 주전자 속에는 얼음이 들어 있고, 그것을 가스불 위에 얹어놓으면 어떻게 될까요. 이 그림의 오른쪽에 온도를 그래프로 표시했는데 0℃에서 얼음이 녹아 물이 됩니다. 즉 고체가 녹아서 액체가 됩니다. 이때의 온도를 녹는점이라고 하지요. 그리고 이 물을 계속해서 불 위에 놓아두면 100℃에서 끓어 증기 즉 수증기가 됩니다. 이번에는 액체에서 기체가 되는 것입니다. 이때의 온도를 끓는점이라고 합니다. 이러한 원리를 앞에 나온 여러 종류의 원소에 적용하면 이번 사고가 얼마나 엄청난 사고였는가 하는 것을 어느 정도 상세하게 추리할 수 있습니다. 이렇게 말하는 근거는 이번에 북유럽에서 검출된 여러 원소가 가스가 되어 하늘로 치솟아 바람을 타고 운반되었기 때문입니다. 그렇다면 몇 도에서 기체가 되는가. 이번에는 연료봉(원자로 내부에 있는)에 들어 있는 죽음의 재에 대해서 생각해 보겠습니다.

사고를 알리는 신문 기사에 나오는 코발트 60에 대해서 생각해 보면 — 코발트 60은 핵분열로 생기는 죽음의 재가 아니고 중성자 입자를 흡수한 위험한 방사성 물질입니다 — 어떻게 기체가 돼서 북유럽까지 날아갔을까요. 코발트는 철(鐵)과 같은 물질입니다. 우리가 흔히 사용하는 것인데, 예를 들면 여기 있는 마이크는 스테인리스, 즉 철

체르노빌의 폭발

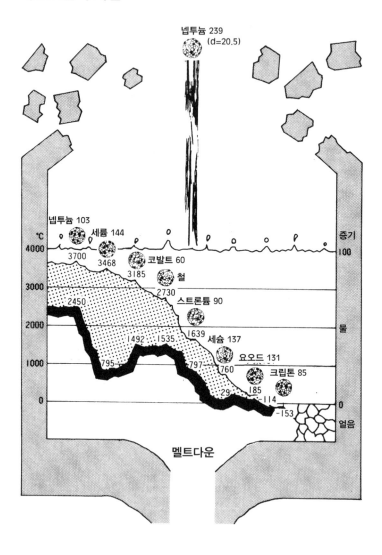

[자료 2]

이죠. 철은 용광로에서 새빨간 쇳물이 되고 그것을 주형에 부어 넣으면 여러 가지 모양이 됩니다. 그때 고체인 철이 액체인 쇳물이 되려면 1,500℃ 정도의 열이 필요합니다. 이번에는 그림의 왼쪽에 있는 그래프의 눈금 1,000℃, 2,000℃, 3,000℃, 4,000℃를 보십시오. 철이 증기가 되는 데 필요한 열은 2,730℃, 그러니까 여기 있는 철제 마이크를 가스로 만들려면 우리가 일상 생활에서는 실감할 수조차 없는 높은 온도가 필요한 것입니다. 여기 나오는 숫자는 『이와나미 이화학사전(岩波理化學辭典)』에 의해서 설명한 것입니다. 이러한 숫자는 측정방법에 따라서 어느 정도 차가 난다고 하는데 여기서는 위에 나오는 숫자로 설명하겠습니다.

　그런데 코발트도 철과 동류(同類)이므로 1,492℃, 1,500℃ 정도에서 액체가 됩니다. 그리고 3,185℃가 되어야 겨우 증기가 된다고 합니다. 그렇다면 사고 첫 보도에 코발트가 나왔다고 했는데 이것이 사실이라면 — 그 후 코발트가 나왔다는 얘기는 없으니까 코발트가 실제로 나왔는지 아닌지는 모르지만 — 만일 코발트가 대량 검출되었다면 원자료의 연료봉 내부가 약 3,200℃, 그보다 더 고온이 되었으리라고 상상할 수 있습니다. 그렇지 않았다면 가스가 돼서 밖으로 나가지 않았다는 얘기가 됩니다.

　또 좀 전에 말한 기사에 루테늄(Lu)나 세륨(Ce)은 비휘발성이라고 되어 있습니다. 예를 들면 휘발유는 그냥 둬도 휘발해서 날아가 버리는데 비휘발성이라고 한다면 그냥 둬도 휘발하지 않는 것, 그러니까 여기 있는 마이크는 절대로 휘발하지 않는 거죠. 그런데 그런 것이 자꾸 나왔다는 얘기인데 세륨은 3,500℃가 되어야 가스가 되고, 루테늄은 3,700℃가 되어야 가스가 된다고 합니다. 『금속편람』에 의하면 루테늄은 4,900℃라고 나와 있는데, 그래서 루테늄이 산소와 결합해서 산화루테늄이 되어 2,500℃ 정도에서 기화되었다는 설도 있지만 이것도 의심스러운 얘기입니다.

왜냐하면 원자로는 흑연이라는 탄소로 싸여 있기 때문에 탄소는 불길에 타올랐을 것이고 마치 촛불의 심지와 같은 상태였을 것입니다. 그러는 사이 산소를 계속해서 소모했을 것이고, 따라서 산소가 결핍된 상태였을 테니까 산화 루테늄이 증기가 되어서 방출되었을 가능성이 크다고 나는 생각합니다.

루테늄은 백금과 같은 종류이며 대단히 무거운 금속입니다. 그래서 원자로의 연료 파이프가 폭발하면서 잇따라 여러 가지 핵분열 반응이 동시병행하는 상태였다고 생각합니다. 이런 상황에서 연료 파이프가 3,000℃라든가 4,000℃, 부분적으로는 5,000℃까지 된 곳도 있었으리라고 생각할 수 있습니다. 왜냐하면 사고가 난 게 4월 26일 밤 1시 23분이라고 하는데, 나는 젊은 시절 마침 같은 4월에 우크라이나 근처를 기차로 여행한 일이 있습니다. 당시 차창으로 내다본 풍경은 황량하기 이를 데 없는 추운 계절이었습니다. 체르노빌은 위도로 따지면 홋카이도보다도 훨씬 북쪽에 있는데 한밤중 냉각된 우크라이나 상공으로 열기가 치솟았다면 어떻게 되었을까? 그게 수증기라면 냉각되어 물이 ─ 그러니까 비가 됩니다. 더 추워지면 눈이 되지요. 루테늄은 금속이니까 물보다 쉽게 고체가 되어 밑으로 떨어집니다. 그런데 그게 1,000km나 멀리 있는 스웨덴에서 대량으로 검출된 이 사실은 끓는점보다 훨씬 고온이 된 가스였을 것이라는 추리가 가능합니다. 그래서 이러한 4,000℃, 5,000℃라는 온도가 무서운 것입니다.

연료관 안에는 이런 금속 말고도 우리가 잘 아는 죽음의 재가 대량 들어 있으니까 무섭다는 것입니다. 두세 가지 예를 들면 우리가 잘 아는 무서운 스트론튬(Sr)이 있는데, 이런 고온에서라면 원자로 안에 있는 스트론튬 90(^{90}Sr)은 증기가 되어 밖으로 달아났을 것이며 그래서 일본에서도 검출되고 있습니다. 따라서 우리는 그것을 먹게 되는데 그것이 몸 안에 들어가면 척추에 쌓여서 백혈병을 일으킵니다. 그리고 세슘. 이것은 1986년 말에 유럽 전역에 공포의 바람을 몰고 왔습니다. 세슘 137은 근육에 들어가면 육종(근육에 일어나는 종양)을 일으킵니다. 그게 다량으로 쇠고기 등에서 검출되었습니다. 그리고 또 한 가지 요오드(I)가 있습니다. 사고가 난 직후 유럽에서는 어머니들이 약국으로 몰려가 요오드제를 사다가 어린이들에게 먹였는데, 바로 이 요오드는 갑상선에 암이나 종양을 일으킵니다.

　이런 것들이 어느 정도 온도에서 나오는가를 조사해 보았습니다. 스트론튬은 1,600℃에서 전부 가스가 되고 세슘은 760℃에서 그리고 요오드는 185℃에서 가스가 됩니다. 거의 물과 같은 온도에서 증기가 됩니다. 이런 것들은 이러한 고온이 되면 거의 전부 폭발적인 가스가 되어 날아간다고 보는 것이 좋습니다. 새빨갛게 타는 용광로에 물을 부었을 때 순간적으로 물은 수증기가 되어버립니다. 그와 같은 이치죠. 사실 이번 사고에서는 원자로가 폭발되었다고 하는데 원자로 안에 있는 모든 게 폭발로 날아가 버린 것을 알 수 있습니다.

　또 온도가 저널리즘의 허구성을 폭로해 줍니다. 처음부터 원자로 내에는 가스 상태의 것도 들어 있었습니다. 예를 들어 크립톤(Kr)이라든가 크세논(Xe)도 체내에 들어가면 백혈병을 일으키는 물질인데, 이런 것도 대량 들어 있었으며 이것은 보통 온도에서 가스 상태입니다. 만약 이 회장에 폭발이 일어나면 천장과 지붕이 날아가서 이 안에 있는 가스는 전부 밖으로 나가게 되죠. 그런 모양으로 원자로 안에 있는 모든 것이 방출된 것입니다.

　이 그림에 있는 것처럼 이러한 위험한 가스는 적어도 2억 퀴리쯤 되었다고 생각합니다. 퀴리는 방사능 단위인데 나중에 자세히 설명하겠습니다.

소련의 보고서

이와 같이 스트론튬이나 희귀 가스 등, 모두 200종류를 넘는 죽음의 재가 얼마나 밖으로 나왔을까요? 이것을 아는 사람은 아무도 없지만, 사고 후 4개월이 지나서 소련의 보고서★에 의하면 체르노빌은 100만 kW, 운전 개시는 1983년 12월, 그러니까 사고 발생 약 2년 6개월 전입니다. 그 사이에 교환된 연료봉은 겨우 1/4, 이러한 소련 측 숫자를 토대로 계산하니까, 가령 시운전 등으로 유효 운전 기간이 반 년쯤 단축되었다고 가정해도 사고가 발생했을 때는 약 500일치가 넘는 죽음의 재가 폭발한 4호로에 내장되어 있었다고 할 수 있습니다.

다음, 원자로의 내부 온도인데 스웨덴의 스타즈빅 에너지 공사의 과학자 팀이 발표한 전자 현미경 사진[자료 3]을 보면 북유럽에서 발견된 루테늄은 완전한 구형(球形)입니다. 이것은 한 번 가스가 되어 증발한 것이 다시 공중에서 냉각되면서 굳어지게 된 증거라고 이 그룹이 결론짓고 있는데, 최근 일본의 사이비 과학자가 '가스가 되지 않았다'는 터무니없는 거짓으로 논문을 썼으니까 주의해 주십시오. 체르노빌 사고가 난 지 2년이나 지났으니까 우리를 기만할 수 있다고 생각했을지도 모르지만, 여하튼 그 사람은 친소적인 사람이라 소련의 피해를 축소하려고 그런 거짓을 퍼뜨리고 있습니다. 그러나 그는 소련 민중을 사랑하는 게 아니죠. 진실로 사랑한다면 우크라이나에서 일어난 엄청난 피해를 좀 더 심각하게 받아들여 경고를 해야 하는데, 그게 아니라 '가스가 되지 않았다. 연료봉이 폭발로 날아갔을 뿐이다'라고 얼토당토 않은 거짓을 퍼뜨리고 있는 것을 보면 이 부류의 인간들이 얼마나 잔인한가 그 본성을 보여준다고 생각합니다.

★ USSR STATE COMMITTEE ON THE UTILIZATION OF ATOMIC ENERGY ― The Accident at the Chernobyl Nuclear Power Plant and its Consequences, Information Complied for the IAEA Experts' Meeting, 25~29 August 1986, Vienna

영국판 ‹Nature› 1986.5.15.

Ru has a melting temperature of 2,500 °C.

Initial observations of fallout from the reactor accident at Chernobyl

L. Devell, H. Tovedal, U. Bergström, A. Appelgren, J. Chyssler & L. Andersson

Studsvik Energiteknik AB, Nyköping, S-61182 Sweden

the proportion of non-volatile nuclides is surprisingly high, indicating very high temperatures in the reactor core and the absence of retaining barriers.

Electron micrograph of spherical particles from an autoradiograph hot spot (extra activity 200 counts per s). Scale bar, 2 μm.

100만kW(전기출력)의 원전에 축적된 방사성 물질(500일 운전 후)

단위 : 100만 퀴리

동위체	반감기	내장량
크립톤 85	10.76년	0.6
크세논 13	5.3일	170.0
요오드 131	8.05일	85.0
요오드 133	0.875일	170.0
텔루르 129	34.1일	10.0
텔루르 131	1.25일	15.0
텔루르 132	3.25일	120.0
세슘 134	2.00년	1.7
세슘 136	112.9일	6.0
세슘 137	30.00년	5.8
바륨 140	12.8일	160.0
스트론튬 89	50.6일	110.0
스트론튬 90	27.70년	5.2

⇨ 반감기 1일 정도 이상의 원소 859,300,000퀴리

[자료 3]

여기 스웨덴 과학자들이 제공한 사진을 어떻게 설명하겠는가 그들에게 물어보고 싶습니다. 스타즈빅의 과학자 팀의 결론에서 뚜렷하게 증명된 것은 루테늄이 액체가 되는 온도가 2,450℃니까 체르노빌 원자로 내부의 온도는 적어도 그렇게 되었다는 것입니다. 그래서 나는 2,450℃에서 증발한 성분만을 조사하고, 좀 전에 얘기한 500일분의 내장 방사능 물질을 계산하니까 이 표에서 보는 바와 같이 8억 5,930만 퀴리가 됩니다. 그래서 나는 10억 퀴리 전후라고 보고 있지만 실지로 내부 온도 2,450℃는 그 정도의 흑연 화재로 보아 너무 낮다고 생각합니다. 소련조차도 부분적으로 3,000℃에서 4,000℃라고 공식적으로 인정하면서 원자로 내부에 있는 모든 압력관이 파괴되었다고 발표하고 있습니다. 스웨덴의 숫자는 최저의 숫자일 것입니다. 온도가 더 높았다면 다른 성분도 가스가 되는 것이니까 쉽게 10억 퀴리를 넘었다고 생각합니다.

　그런데 500일분의 죽음의 재가 있었다는 것은 추측에 지나지 않습니다. 그런데다 방사능 물질은 나중에 설명하지만 생물처럼 변화하고 또 변화 현상도 원자로의 조건에 의하기 때문에 반드시 계산대로 되는 것은 아닙니다. 이것도 우리가 문제 삼아야 하지만, 원자력 관계자가 이런 계산법에 이의를 제기하면 우리는 아무런 의문도 제기하지 못하고 받아들일 수밖에 없는 사회라는 것을 알아야 합니다. 이런 때 이들은 반드시 피해를 축소하게 됩니다. 정확하게 계산하면 500일분 이상의 죽음의 재가 있었을지도 모릅니다. 여하간에 나의 견해로는 아무리 적게 보더라도 합계 10억 퀴리 내외의 방사능이 분출된 것이 사실이라고 봅니다.

　그런데 일본 최대의 『아사히 신문』 등은 '이번 사고로 방출된 방사능은 학자들의 의견이 각자 다르지만 수천만 퀴리이다'라고 썼습니다. 과학부라는 것이 있는데도 믿을 수 없을 정도로 무지합니다. 수천만 퀴리라면 사실의 몇십 분의 1도 안 되는 조그만 사고입니다. 가스만도 수억 퀴리를 넘었으리라는 것은, 원자력에 대해서 조금이라도 공부한 사람이라면 세계 최대이며 100만kW급 체르노빌 원자력 발전소가 터졌는데 그것은 너무도 당연한 양이라고 생각할 것입니다. 그런 것도 모르고 기사를 싣는 신문이라면 신용할 수 없습니다.

최근까지 신문이나 기타 보도는 수천만 퀴리가 나왔다는 소련의 보도만을 실었습니다. 이론적으로 생각해도 그럴 수 없다는 말을 나는 해왔는데, 겨우 사고 4개월 후인 8월에 IAEA(유엔에 있는 국제원자력기구)로 소련은 보고서를 제출했습니다. 그 보고서에 '크립톤, 크세논 등 가스는 원자로의 범위를 사실상 완전히 벗어나서……'라고 했습니다. 당연한 일이지만 이런 일이 있고 나서 부끄럽게도 일본의 저널리즘도,『요미우리 신문』은 3억 퀴리,『도쿄 신문』은 수억 퀴리라는 숫자를 쓰기 시작했습니다. 이제까지보다는 한 자리 수가 올랐는데 아무튼 더 이상 거짓말을 할 수 없었던 것 같습니다. 그러나 이것도 믿을 수 없습니다. 소련이 내놓은 숫자를 잘 보면 요오드의 방출량은 겨우 20%로 되어 있습니다. 물과 거의 같은 180℃에서 증발하는 것이 어떻게 수천도나 되는 원자로 안에서 20%만 증발했는지? 관도 모두 파괴되었다고 하면서 80%가 남았다니 어린아이도 속지 않을 거짓말을 아직도 하고 있습니다.

세슘이 13% 스트론튬은 겨우 4%, 실제로는 합계 수억 퀴리가 아니라 10억 퀴리 정도일 것이라고 그들은 위에서 밝힌 근거로 설명하였습니다. 이처럼 전 세계가 사고를 축소해서 적게 보이려고 한 원인은 어디에 있는가? 여기서는 우선 의문점으로 남겨두겠습니다.

그리고 또 하나 5월 2일 사고에 관한 신문 기사를 보면 북유럽에서 넵투늄이 대량 검출되었다고 했습니다. 이 넵투늄이 서독에서도 검출되어 떠들썩했다는데 이것은 비중 20.5의 금속입니다. 비중이

20.5라면 물보다 20.5배 무겁습니다. 여기 있는 컵에 물이 들었는데 나는 이것을 가볍게 들어올리지만, 이게 만일 넵투늄이라면 20.5배 무거워집니다. 대단히 무거운 금속입니다. 우리가 아는 무거운 금속은 금인데 그것은 비중 19.3입니다. 그러니까 순금보다 무거운 넵투늄이라는 금속이 폭발해서 밖으로 튀어나왔을 뿐 아니라 높은 하늘로 치솟아 구름을 타고 120km 거리에 있는 북유럽이나 서독으로 날아가 거기서 검출된 것입니다. 그러니까 폭발에 따르는 열기류가 일찍이 볼 수 없었던 엄청난 힘을 가졌었다는 것을 알 수 있게 합니다. 뜨거운 수증기처럼 된 금속이 구름처럼 상공으로 올라가 우크라이나의 냉기류에서 무거운 금속이 되어 밑으로 떨어졌어야 할 텐데도 상공으로 자꾸 치솟아 올라가 멀고 먼 딴 곳에 떨어졌으며 거기서 대량으로 검출되었다는 사실에서 우리는 이 열기류가 상상도 할 수 없는 엄청난 것이었다는 것을 알 수 있고, 여기서 잠시 냉정히 생각해 보면 아마 부분적인 핵폭발도 있었지 않았나 하는 생각도 가능합니다. 즉 반응도(反應度) 사고라는 핵분열 연쇄반응의 폭주가 있었다고 생각합니다.

또 하나 중요한 것은 원자로가 지금 얘기한 대로 3,000℃나 4,000℃라는 고온이 되었다면 그 속에 있는 연료봉의 모든 파이프가 녹아버립니다. 이때 모든 금속이 녹아서 떨어지는 것을 멜트다운이라고 하지만, 여하튼 폭발과 동시에 노심용융이 일어난 게 틀림없습니다. 소련은 아직도 "노심용융은 없었다"고 말하지만 소련의 보고서에는 '연료 일부가 하층에 있는 방으로 녹아서 떨어져'라고 했으니, 이것이 바로 모순 아닌가요?

그러면 녹아 떨어진 무거운 금속이 뜨겁게 타오르면서 큰 덩어리가 되면 어떤 일이 일어나는가? 원자로 밑바닥은 쇠로 되어 있는데 쇠는 1,500℃면 물이 된다고 말했지요. 그러니까 밑바닥이 녹아서 구멍이 생긴다는 것입니다. 그리고 그 밑에 있는 콘크리트는 두꺼운 콘크리트지만 이것도 3,000℃면 녹아버립니다. 콘크리트에 철근이 들었으니 끄떡없다고 할지 모르는데 철은 1,500℃에서 엿가락처럼 되어 물처럼 흐릅니다. 이렇게 해서 원자로 전체가 땅 속으로 깊게 파고 들어 가는 멜트다운이 일어난 것입니다.

　'북유럽에서 루테늄 등이 대량 검출'이라는 조그만 기사 한 줄에서 이상과 같은 엄청난 사실을 투시할 수 있다는 것을 여러분은 기억해 두기 바랍니다.

　그러면 이제 멜트다운이 일어난 다음은 어떻게 될까요. 그 밑에는 거대한 물웅덩이가 있고 언제나 물이 가득 채워져 있습니다. 그 속으로 작열 상태의 금속덩이가 떨어지면 물은 순간적으로 가스가 되어 대폭발이 일어나 옆에 있는 3호로도 송두리째 날아가는 더 큰 사고가 일어났을 것입니다. 거짓인지 아닌지 모르겠는데 잠수부가 밑에 들어가서 물이 담긴 풀의 마개를 빼버리는 바람에 위험이 없었다고 합니다. 사실이 그랬다면 잠수부는 죽었을 것입니다. 일본에서 그런 사고가 나면 자기 아들을 살리려고 결사대에 자원하는 사람이 나왔겠지요. 그리고 보면 소련에서 물마개를 제거한 것은 사실인 것 같습니다. 그 후에 나온 기록 영화를 보면 밑에다 터널을 뚫어 콘크리트 방어벽을 설치해서 오염을 막았다는 것입니다.

　지금까지 나온 얘기를 뒷받침하는 신문 기사를 정리하면 이렇습니다.

　　5월 1일 '상공에서 모래를 뿌리다'
　　5월 7일 소련 기자의 르포 '헬리콥터로 납과 특수한 모래를 살포', '콘크리트를 원자로에 투입'
　　5월 26일 '제어봉 조작 잘못해서'

6월 2일 '일본의 전문가들은 2백만~수천만 퀴리라고 방출량을 추정하지만 이것은 너무 폭이 커서 종잡을 수 없다', '원자로가 정지한 2시간 45분 후에는 약 31억 퀴리의 방사능이 있었다. 이것은 히로시마 원폭, 1천 개에 해당'

6월 10일 '모스크바 9일발 AP'는 9일 타스 통신은 소련 원자력 전문가 니콜라이 코체로프 씨가 IAEA 당국자를 모아놓은 레닌그라드 회의에서 체르노빌 원전 사고 대책에 대해서 설명, 사고를 일으킨 4호로 밑바닥에 납으로 된 강력한 차단물을 구축하는 데 성공했음을 발표했고 4호로 위에는 이미 모래, 붕소, 납으로 된 혼합물 4천 톤이 공중에서 투하되었다고 하였다.

체르노빌 원자로의 현 상태

여기서 아주 중대한 것을 말씀드리겠습니다.

1989년 현재까지도 원자로 내부가 위험한 상태이며 고온의 금속 덩어리가 아직도 붕괴열(핵붕괴 후의 붕괴열)로 손을 댈 수 없다고 합니다. 이 사고는 본질적으로는 아직 끝나지 않았습니다. 1986년 6월 12일에 보도된 기사에 의하면 소련의 이웃나라 핀란드에서 사고 직후의 4배나 되는 방사선이 검출되었다는 것입니다. 사고 후 1개월 반이 지났을 때, 일본 사람은 거의 모두가 체르노빌 사고를 잊어버리고 있었을 때니까 좀 이상하지 않습니까.

'체르노빌에서는 아직도 무언가 일어나고 있다. 비가 오면 여러분은 우산을 받치시오' 하는 말이 떠돌고 있었는데 그것 사실이었습니다.

소련의 보고서를 읽어보면, 5월 6일경 일본은 황금 주말이었으며 정상회담이 열렸고 계속 비가 와서 누구나 우산을 받치고 다니던 때인데, 방사능의 방출량은 본질적인 문제가 아니라고 신문은 보도하고 있었습니다. 그런데 이것은 거짓말이었습니다. 1개월 후에도 화재가 발생했다는 폭로 기사가 나왔고 5월 말에도 원인 모르는 불이 났다는 것입니다.

그리고 나서 아무 일도 일어나지 않았는가? 5월 말부터 상황은 현저하게 안정되었다고 보고서에 썼는데 6월에 다시 핀란드에서 위에서 지적한 대로 이상 방사능이 검출되었다고 했습니다. 7월에도 방사능으로 오염된 물이 대량으로 흘러나왔다는 보도가 있습니다.

이런 것을 보면 아직도 위험한 상태가 계속되고 있는 것입니다. 여기서 원자로 내부에 어떤 일이 일어났는가 추리해 보겠습니다. 체르노빌 원자로가 파괴되기 전, 그 모습은 이 그림[자료 4]과 같습니다. 일본의 원자력 관계자들은 이것이 군대 막사처럼 허술했다고 떠들어댔는데 절대로 그렇지 않습니다. 앞에서도 얘기한 바와 같이 체르노빌 원자로는 세계에서 가장 안전한 원자로라고 해서 주목받았고 소련도 이것을 자랑으로 삼아왔던 것입니다. 사고만 없었더라면 2년 후 1988년에는 세계에서 제일 가는 원자력 기지가 완성될 예정이었고, 해서 미국 에너지부에서도 경의를 표하는 등 소련은 사고 직전까지 '우리나라의 원자력 발전은 완벽할 만큼 안전하다는 것을 드디어 증명했다'고 큰소리를 쳤습니다. 지금 일본에서도 원자력 발전소는 절대 안전하다고 관계자들이 호언장담하고 있는데 우리는 이것을 기억해 둡시다. 마침내 일본에서 멜트다운이 일어난 다음, 우리는 이 말을 회상할 것입니다.

이와 같이 나무랄 데 없이 훌륭한 체르노빌 원전도 폭발이 일어나서 무서운 화재에 휩싸이게 되었습니다. 소련은 어떻게 될 것인가 몰라 겁을 집어먹고 헬리콥터를 띄우고 공중에서 모래, 시멘트, 납, 붕소 등을 닥치는 대로 뿌렸습니다. 밑에 있는 그림[자료 4]에서 보는 화살표 부분입니다. 여하튼 우선 불을 끄는 데 필사적이었습니다. 그러나 이렇게 하면 어떻게 되는가?

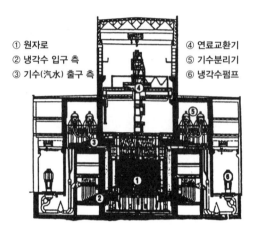

① 원자로
② 냉각수 입구 측
③ 기수(汽水) 출구 측
④ 연료교환기
⑤ 기수분리기
⑥ 냉각수펌프

용융되었던 연료의 일부가 폭발로 방출되면 자발성 연쇄반응이 발생할 위험이 있으므로 이에 대응하는 조치가 필요하다.

[자료 4]

내부는 멜트다운으로 '도가니' 상태입니다. 무서운 힘으로 방사능 가스가 분출되고 있는데 뚜껑을 덮어버리면 어떻게 되는가? 폭발합니다. 우리 가정에서 쓰는 압력솥도 완전히 뚜껑을 닫으면 폭발하게 되죠. 따라서 실제로는 시멘트로 틀어막은 것이 부서지고 내부로부터 가스가 자꾸 분출하게 됩니다.

그렇지만 일단 뚜껑을 덮은 것이라 내부에 열이 차츰 높아지면서 주위의 불이 붙은 것이 5월 말에 일어난 화재의 원인일 것입니다.

그때 나는 마음 속으로 기도했습니다. '제발 체르노빌이 제2의 폭발을 일으키지 않게 해주십시오' 하고 말입니다. 내가 이런 말을 하는 것은 소련의 보고서에 무서운 말이 있는 것을 보고 하는 것입니다. '자발성 연쇄반응이 발생할 잠재적 가능성이 있기 때문에……'라고 한 것을 말합니다. 이것을 어떻게 해석하면 좋을까요? 정확하게 말해서 핵폭발의 가능성이 있다는 것입니다.

아주 극단적인 상황을 예측해 보면 원자로 속에는 아직 연료 플루토늄이 대량 남아 있습니다. 플루토늄은 원자폭탄의 재료인데 나가사키에서 사용한 일이 있습니다. 바로 그 플루토늄이 한군데로 응집하면 스스로 핵폭발을 일으킬 가능성이 있습니다. 그런 가능성을 부정할 수 없을 정도로 아직도 원자로 내부에서 어떤 일이 일어날지 모르는 상태인데, 그렇게 되면 내부의 진행 상황은 하느님밖에는 모릅니다. 그런 플루토늄은 대단히 무거운 금속이라 녹아서 한군데로 응집할 가능성이 큽니다.

이러한 사건이 체르노빌 폭발 사고 5개월 후인 8월 29일에 미국 핸퍼드 재처리 공장에서 있었습니다. 이때는 운전원의 과실로 플루토늄이 임계량을 넘어서 한군데로 집적되자 핵분열 연쇄반응으로 핵폭발을 일으킬 직전의 사고였다고 보도되었습니다. 나가사키 원폭을 제조한 이래 세계 제일의 핵무기 공장인 핸퍼드가 터졌다면 체르노빌 같은 것은 비교도 할 수 없습니다. 아마도 인류 파멸은 결정적이었을 것입니다. 이 공장은 전에도 똑같은 케이스로 유명한 '폭발 직전의 위기상황'이었던 때가 있었습니다.

소련 우랄 지방에서는 30년 전인 1957년 폐기물에 들어 있는 플루토늄이 스스로 원폭이 되었고 진짜 폭발이 일어나서 한 개의 지역이 이 세상에서 없어져버린 사건이 있었습니다. 현재도 사람이 살지 않은 채로 방치된 곳이 있다고 미국 CIA의 기록에 있는데도 1976년에 비밀이 폭로될 때까지 감추어져 있었습니다. 우리는 체르노빌 원자로 내부에서 어떤 일이 일어날지 아무도 예측할 수 없습니다. 그러니까 체르노빌 사건은 아직 끝나지 않았고 수십 년 후에나 사람들은 그것을 처리할 수 있게 되리라는 것을 잊어서는 안 됩니다.

그래서 소련은 밀폐 공사를 진행했는데 그것은 내부에서 손을 대지 못하고 외부만 거대한 콘크리트 벽으로 포위해 버린 공사입니다. 원격 조종 장치를 이용해서(사람이 접근할 수 없어서) 벽을 만들고 내부에서 나오는 가스를 진공 장치로 흡수하면서 새나가는 것을 막고 아마 냉각도 했겠지요. 그런데 9월 23일, 『뉴욕 타임스』가 지적한 대로 이 콘크리트의 수명은 50년이니까, 나는 그보다 훨씬 단축되리라고 생각하지만, 앞으로도 계속해서 고난의 체르노빌은 죽음의 기념비로 남게 될 것입니다. 소련은 '원자로의 매장이 완전히 끝났다'고 11월에 발표했지만, 천만의 말씀입니다. 그렇게 간단하게 영구처분할 수 있다면, 지금 전 세계가 머리를 싸매고 있는 '고준위 핵폐기물과 폐로를 처분하는 문제'는 간단한 문제가 되고 말 것입니다.

한 가지 짚고 넘어가야 할 것이 있는데 소련은 사고가 나고 4개월이 지났을 때 '밀봉 공사가 시멘트 부족으로 늦어지고 있다'고 코미디 같은 거짓을 발표하면서 뒤에서는 이 공사가 커다란 위험성을 안고 있는 것을 알고 어려운 공사를 타개하기 위해 가공할 발상을 한 것 같습니다. 뉴스나 기록 영화에서 마스크도 없이 극히 위험한 구역에서 작업하는 사람들을 보았는데 그 사람들은 대개가 핀란드 방면에서 온 에스토니아 사람인 것 같습니다. 아마 위험한 줄 모르고 온 사람인 것 같은데 이런 에스토니아 사람이 수백 명이나 되며, 그들도 차차 위험을 알아차리고 저항하다가 12명이 사살되었다는 AFP 보도가 10월에 전해졌습니다. 그들뿐만 아니라 1957년 우랄 지방 핵참사 때와 같이 복역수들이 투여되었을 가능성도 있습니다. 사고 후 4개월이 되는 8월 27일에 나온 『요미우리 신문』은 '4호로는 아직도 도가니 상태'라 했고 14개월 후가 되는 1987년 6월 21일 UPI 보도는 '원자로는 아직도 끓고 있는 뜨거운 상태'라고 전하고 있는데 이것이 원자로에 대한 마지막 보도입니다. 우리가 상상할 수도 없는 무서운 시나리오가 진행되고 있는지도 모릅니다. 그 후의 상황과 자료 수집은 내가 1988년 봄까지의 외신 기사 등을 한데 묶어서 『지킬 박사로 행세하는 하이드를 찾아라』라는 책에서 추적했으니 읽어 보시기 바랍니다. 여하튼 이 문제는 일시적으로 끝날 문제가 아닙니다.

IAEA와 크렘린의 밀담

이상에서 사고의 전모를 파악했으리라 생각합니다. 소련이 8월에 IAEA에 제출한 보고서는 어느 부분을 해석해도 거짓투성이입니다. 왜 이렇게 거짓말을 해야 했는가.

　여기서 내 의견을 말씀드리겠습니다. 이 보고서를 쓴 것은 소련이지만, 소련은 그저 IAEA가 시키는 대로 썼을 뿐이라고 추리됩니다. 왜냐하면 IAEA의 인맥을 조사해 보면 그들은 거의 전부가 유럽 원자력 산업의 중심 인물입니다. 즉 표면에서는 원자력을 통제하는 중립 기관을 가장하고 있지만, 실제로는 원자력 이권으로 큰 돈을 버는 인간들이 각 기업의 대리인으로 IAEA에 참가하고 있습니다. 나는 이런 사실을 『지킬 박사로 행세하는 하이드를 찾아라』에 썼습니다.

1986년 8월 16일 『요미우리 신문』 지상 대담에서 이런 얘기를 하고 있습니다.

— 보고서에서 감추고 있는 데가 있잖아요?
모리시마: 글쎄, 좀 난처하군요.
아라이: 이 실험이 직접적 원인이 돼서 원자로가 폭발했다고 생각할 수 없지요.

보고서에서 말한 폭발의 원인이 터빈의 관성 에너지 이용 등이라는 것은 터무니없다고 할 수밖에 없습니다.

그러니까 소련은 4월 폭발 사고에 대해서 다음과 같이 말했습니다. 즉, '원자로에 무슨 사고가 생겨도 터빈은 여전히 힘차게 돌고 있다. 그것을 이용해서 발전함으로써 여러 가지 안전 장치를 작동시키고 긴급 대책을 세울 수 있게 한다. 그런데 안전 장치를 끊고 실험하고 있었다. 그때 이상이 발생한 것이다'라고 보고하고 있습니다.

그런데 어째서 이렇게 위험한 실험을 원자로에서 하지 않으면 안 되는가. 이런 일은 화력 발전소의 터빈을 이용하는 게 상식이 아닌가. 나 같으면 그렇게 안 합니다. 있을 수 있는 시나리오이지만 이것을 사실로 믿어서는 안 됩니다. 거짓말이나 정치적 허위전선(demagogy)의 원리는 그것이 있을 수 있는 일처럼 그럴 듯하게 들리기 때문에 성립하는 것입니다. 게다가 9월 말, NHK가 방송한 체르노빌 특집 프로에서 '운전원은 안전 장치를 끊지 않았다고 증언했다'는 대목이 있었지요.

사실은 그때까지 정상으로 돌아가던 원자로가 갑자기 이상하게 되더니 겨우 4초만에 폭발하고 말았다. 하나, 둘, 셋, 넷, 꽝. 이래서는 세계의 어떤 긴급 안전 장치도 폭발을 막을 수 없다.

미국이든 일본이든 또다시 체르노빌과 같은 대폭발이 일어날 수 있다는 사실이 폭로된 것입니다.

따라서 전 세계의 원자력 산업이 대단히 난처하게 될 수밖에 없습니다. 그래서 "아닙니다! 그런 게 아니라니까요!" 하고 '실험했다는 거짓 각본'을 만들어 가지고 "네가 이렇게 말해!" 하면서 IAEA가 소련에게 보고서를 쓰게 했을 가능성이 크다고 생각합니다.

그러나 한편, 사실 이런 엉터리 실험을 할 만큼 위험한 인간들이 원자력을 운전할 가능성도 완전히 배제할 수는 없습니다. 사실은 이쪽이 더 무서운 것입니다.

여하튼 IAEA는 유엔 안에 있고, 유엔은 국제 평화의 상징이라면서 어린애도 속지 않을 시나리오를 조작했는데 우리는 그것을 믿어서는 안 됩니다. 전 유엔 사무총장 발트하임의 이력에 나치즘의 그림자가 뵈는 것과 같은 것입니다. IAEA, 이것은 히로시마와 나가사키에 원폭을 투하하는 일련의 프로젝트에 참여한 자들이 전후에 즉각 유엔 안에 원자력 위원회를 만들어 원폭 산업의 독점을 획책하는 과정에서 생긴 사기업(私企業)의 대리인 그룹이 조종하는 조직입니다. 소련은 사고로 약점을 잡혔기 때문에 그들의 말을 들을 수밖에 없었지요. 소련의 보고서는 전체가 장엄한 허구입니다. 다시 말해서 '앞으로도 원자력을 계속해도 좋아. 사고는 운전원 잘못에서 일어난 거니까'라고 말입니다.

이 사진을 보십시오[자료 5]. 미국 잡지 『라이프』 1986년 12월호에 실린 것인데 소련이 공표한 사진이 차례로 변화하는 증거를 제시하고 있습니다. 잘 보십시오, 사람이 사진에서 없어지는 것입니다. 이것과 같은 일이 체르노빌 사고에도 있었습니다. 아직 원자로는 불타는데 소련이 공표한 사진에는 한 줄기의 연기도 없었습니다. 이것을 보는 순간 지금까지 그들이 말한 엄청난 거짓을 알 수 있었습니다.

사람이 사라진다: 소련의 사진 조작

Russian Photo Fakery

'61 *Now you see him. Standing between cosmonaut Yuri Gagarin (left) and rocket expert Sergei Korolev, Soviet missile chief Kirill S. Moskalenko shows up for the first launch of a man into space. The photograph appeared in a book published in the U.S.S.R.*

'81

'61 *Nelyubov (center) waits behind the suited Gagarin as he prepares for takeoff.*

'71 *His collar is still present, but Nelyubov's smudged face indicates a smear campaign.*

'61 *LIFE published the original photograph with Grigory Nelyubov (back row) among his peers.*

'83 *The stairway is yet another retoucher's solution to the historical problem of Nelyubov.*

[자료 5]

보고서의 핵심은 '죽은 자는 말이 없다'입니다. 관련자는 모두 파면되었거나 입이 봉해지거나 한 것 같습니다. 나중에 언급하겠지만 페레스트로이카의 기수로 원자력의 '공개'의 원칙을 내세운 옐친을 비롯해서 많은 간부들이 말을 못하고 있습니다. 우크라이나의 인사 이동도 극히 심각합니다. 특히 중요한 증인이 즐비한 사고 현장에서는 가장 보잘것없는 운전원이 모든 책임을 지고 있습니다. 이것은 10년 전 스리마일 사고 때 볼 수 있었던 유형이라, 이번에 소련도 그렇게 할 것이라고 생각했었는데 역시 그대로였습니다.

많은 학자들이 이 보고서를 둘러싸고 논쟁 중입니다. IAEA가 노리는 바로 그것이지요.

확산되는 죽음의 재

이제 우리는 사실을 알게 되었는데, 두려운 마음이 생깁니다. 죽음의 재는 도대체 지금 어디 있는가. 우리 몸은 안전한가.

우선, 열기류의 힘이 어느 정도였는가를 검토하겠습니다. 이것은 소련의『노보에브레미아』라는 잡지에 난 사진인데, 위에서 본 사진은 지붕이 완전히 날아가 버리고 건물이 움푹 파여서 분화구처럼 되어 있습니다[자료 6]. 당시의 신문 기사를 보면 이런 기사가 있습니다. 『프라우다』는 '30m 상공까지 불길이 솟았다' 또 '헬리콥터가 추락하는 사고로 5명의 원자력 전문가가 죽었다'라고 보도했습니다. 아마 열기류가 무섭게 솟아오르는 곳을 시찰하다가 열기류의 힘을 미처 모르고 말려들어가 추락한 게 아닌가 생각합니다. 그리고 또 '700~800m 높이까지 방사성 물질을 분출시키고'라는 기사가 있습니다. 이것을 그림으로 그렸습니다[자료 7]. 폭발 후 일어난 화재의 불꽃이 30m 정도가 올라갔는데(이것은 대단히 높은 것입니다) 이런 화재가 약 10일 간 계속되었고 죽음의 재나 탄소 등을 포함한 열기류가 검은 기둥처럼 하늘 높이 치솟았습니다. 그래서 700~800m, 1,000m ― 이것은 굉장한 높이입니다 ― 까지 올라가 거기서 상층부의 찬 공기에 냉각되고 여기서 죽음의 재가 구름을 이루게 된 것입니다. 이것은 보통 구름이 아니라 일본인이 히로시마에서 경험한 '검은 비'처럼 방사능 물질이 포함된 아주 위험한 검은 구름입니다. 사고 당일 반나절 후에 서독 관광객 1천 명을 태운 소련 항공, 아에로플로트 기가 모스크바에서 키예프로 가는 도중에 이 검은 구름에 휩싸이게 되었는데 그 구름은 방사능 구름이었다고 생각됩니다. 여하튼 이러한 고공에서 상층 기류를 타고 단번에 유럽으로, 전 세계로 죽음의 재가 확산된 것입니다.

일본 과학기술청은 '일본에 올 가능성은 희박하다'고 했는데 실로 8,000km나 멀리 떨어진 체르노빌에서 제트기류를 타고 죽음의 재는 일본까지 오고야 말았습니다. 당국은 곧 '물, 우유는 안전하다'고 발표했으나 오염은 37개의 도도부현(일본에는 47개 도도부현[都道府県]이 있다)으로……. 물론 37군데만 오염되었다는 것은 아니지요. 오염 측정 능력 관계로 37곳에 국한되었을 뿐이며 일본은 작은 섬나라이기 때문에 일본 전역이 단번에 오염되었을 것입니다. 다시 말해서 방사능 오염은 차츰 일본 전 국토에 확산된 것입니다. 여기서 나오는 숫자가 얼마나 무서운가 추적하겠습니다.

좀 전에 나는 소련의 저널리즘도 방사능 방출이 수억 퀴리였다는 것을 인정했다고 했습니다. 아니, 나는 10억 퀴리 전후라고 말했는데 대체 퀴리라는 단위가 얼마나 위험한가에 대한 여러분의 이해를 부탁합니다. 물리학자는 1퀴리 하면 일정한 에너지를 갖는다고 말합니다. 하지만 이런 것은 여러분이나 나에게는 그다지 관계없는 일이고, 다만 그게 얼마나 위험한가를 알아보기 위해서 어떤 의학적 사건을 추적해 보면 우리도 그 위험성을 피부로 느낄 수 있습니다.

이런 얘기를 하면 학자들은 '방사능의 단위는 에너지가 아니다'라

'죽음의 재' 90% 유출

26일 새벽 먼저 화학폭발, 원자로 천장이 날아가고 불길에 휩싸여 (4월 30일)

[자료 6]

5月5日

2 Radiation Billows

The shattered graphite bricks begin to burn like a giant pile of coal.
Melted fuel fissions out of control, producing radioactive isotopes that are sucked up by the convection of the raging fire into a cloud of deadly radiation.

1 A Volatile Mix Explodes

The gases build up over hours and combine with oxygen released by the ruptured pressure tubes and violently explode.
The reactor is destroyed; so is a portion of the reactor building.
Because the facility has no containment structure for protection, the nuclear inferno is now exposed to the open air.

3 Emergency Measures Falter

It is impossible to quench the fire with water, which would react with the graphite to produce flammable carbon monoxide and only fuel the flames. Heavy lift helicopters brave the radiation to dump huge quantities of lead, sand and neutron-absorbing boron onto the plant. But the measure proves inadequate, and the fires of Chernobyl continue to smolder.

7〜800m

放射性物質噴き上げ

7、8百㍍の高さまで

ソ連事故原発

5月17日

7~800m의 높이까지 방사성 물질이 분출 소련사고 원전 (5월 17일)

30m

屋根吹き飛び黒焦げ

5月6日

5月1日

ソ連事故原発

소련사고원전

지붕이 날아가고 까맣게 불타 (5월 1일)

[자료 7]

고 반드시 반론을 제기합니다. 이제부터 우리는 이런 사람을 사회적 웃음거리로 만들어야 합니다. 방사성 물질이 무섭다는 것은 그게 강력한 에너지를 방출해서 생물 즉 우리 체세포에 '절대로 완전히 회복될 수 없는 무서운 영향'을 주고, 또 염색체가 유전자에 남는 것에 문제가 있습니다. 나중에 자세한 설명을 하겠지만 빛은 인간에게 무해하며 방사선(X선)은 유해합니다. X선이 유해한 이유는 에너지가 크기 때문입니다. 이러한 방사선의 정체를 밝히기 위해서 지금부터 어떤 의학적 사건을 하나 얘기하겠습니다.

퀴리의 위험성

이것은 1962년 3월 21일 실제로 일었던 사건입니다. 미국에서 출판된 『두셋의 대참사』라는 원자로 사고를 다룬 소설에 실지로 있었던 사건이 소개됩니다. 나는 그 책을 쓴 저자에게 확인해 보았는데 미국 해군 보고서에 실려 있는 기괴한 사건입니다. 그것은 코발트 60을 둘러싸고 일어난 사건인데, 코발트 60은 맨 처음 이야기에 나오는 체르노빌 사고 첫 보도에도 있었습니다. 코발트 60이 5퀴리, 여기 5라는 숫자를 기억해두시기 바랍니다. 이게 어떤 집에 방치되어 있었습니다. 어떤 용기에 들어 있었죠. 그런데 그런 무서운 것이 있다는 것을 모르고 그 집으로 4인 가족이 이사왔습니다. 주인 남자는 서른 살, 부인이 스물일곱 살, 아들이 열 살 그리고 두 살 된 딸, 이렇게 4인 가족이었습니다.

3월 21일, 이사 와서 가족 중의 누군가 이 용기 뚜껑을 열었습니다. 그 속에 들어 있는 캡슐을 아들 녀석이 자기 바지 주머니에 쑤셔 넣고 놀러 나갔습니다. 그런데 어느 날 엄마가 아들 바지 주머니에서 이상한 물건을 발견했습니다. 빨래하려고 그랬는지도 모르지요. 바지 주머니에서 그것을 꺼내가지고 불행하게도 부엌에 있는 어떤 서랍에 넣어버렸습니다. 그날이 이사온 지 10일째 되는 4월 1일, 이날을 첫째 날로 정하고 며칠째, 며칠째라고 이야기하겠습니다. 이 4인 가족이 걸어간 운명을 설명하면, 열 살 난 아들이 16일째가 되는 날 건강이 너무 나빠져서 입원하게 됩니다. 다음 17일째 이 집 주인의 어머니, 그러니까 입원한 아들에게는 할머니가 되는 부인이 같이 살려고 이 집으로 왔습니다. 그런데 할머니는 부엌에 들어갔다가 이상한 것을 발견했습니다. 무색투명한 유리로 만든 물그릇이 검게 되어 있었는데 물론 그 원인을 알 까닭이 없지요. 코발트가 방사선을 방출해서 유리가 파괴되는 현상이 나타난 것입니다.

그대로 그들은 살아가고 있었는데 입원한 아들이 25일째 점점 병세가 악화되어 자꾸 토하고 식욕이 부진한 증세가 나타나서 의사가 자세한 진찰을 해보니 왼쪽 넓적다리가 괴사(壞死)되어 있었습니다. 아마 아들이 코발트 캡슐을 바지 주머니에 넣었을 때 방사선의 영향으로 그 부위에 병변이 생기고 조직이 완전히 파괴되어 썩은 것처럼 자색을 띤 검은색이 되었을 텐데, 이것을 의사가 발견한 것입니다. 아들은 4월 1일에서 29일째 되는 날 사망했습니다.

양친은 슬퍼했습니다. 그런데 아버지가 자기 부인의 손을 보니까 손톱이 새까맣게 되고 잇몸에서 피가 나오는 것입니다. 그래도 부인은 참고 살았습니다. 그러나 108일째 되는 날은 참을 수 없어서 입원했습니다. 입원하자 정신을 잃었으며 현기증과 열이 심해서 어찌된 영문도 모른 채 다음 날 병원에서 사망했습니다. 그때는 두 살짜리 딸도 전신이 완전히 파괴되어 140일째가 되는 날인 입원 이틀 만에 사망했습니다. 이렇게 세 식구를 잃은 주인 남자는 딸이 사망한 지 이틀째 되는 날 자기 모친과 함께 입원했습니다. 의사가 검사해 보니까 정자(精子)가 완전히 없어진 상태였으나 2주일 후에는 일단 퇴원했습니다. 그러나 병원에 남은 주인의 어머니는 195일째 되는 날 폐에서 대량의 출혈을 일으키면서 사망했습니다. 한 사람 남은 이 사람은 어떻게 되었을까. 아마 이 사람도 사망했다고 생각되는데 소식을 알 수 없습니다[자료 8].

이것이 바로 방사성 물질 5퀴리, 코발트 60이 5퀴리가 있는 데서 생활하면 어떻게 되는가를 보여주는 구체적 사건입니다. 여기서 5퀴리에 5명 사망이니까 1퀴리에 한 사람이 죽는다고 생각하는 분이 있을지 모르지만 그런 것이 아닙니다. 지금 이 회의실 한가운데 코발트 60이 5퀴리가 놓여 있다고 가정하고, 우리가 여기서 합숙 생활을 계속하면 전원이 지금 이야기에 나오는 5인 가족과 같은 운명이 됩니다.

뿐만 아니라 전원이 같은 운명을 걸어가고 난 다음 다시 이것을 모르는 많은 사람이 와서 생활하면 또 같은 운명이 기다릴 것입니다. 그러니까 코발트와 같은 방사성 물질은 방사선을 방출하는 기간에는 얼마든지 사람을 죽일 수 있습니다. 이것은 체르노빌과 같은 모양으로 죽음의 재가 전 세계에 확산되고 그것이 인간의 체내에 들어가면 그 중에서 어떤 사람이 죽게 되고, 그 사람이 화장터에 보내지면 화장된 데서 나오는 죽음의 재가 또 다른 사람을 죽이게 됩니다. 이렇게 실제로 몇백만 명이라도 죽일 수 있는 그러한 단위가 지금까지 이야기한 퀴리입니다. 그러니까 앞으로 체르노빌 사고로 몇 사람이 죽을 것이라는 숫자를 각 방면의 학자가 추정하고 있지만 이런 숫자를 계산한다는 자체가 실은 비현실적인 이야기이고, 언뜻 보면 과학적이지만 사실은 극히 비과학적인 것입니다. 이런 계산은 할 수 없습니다.

그러면 멕시코 사건에서 5퀴리의 1만 배로 생각해 봅시다. 10배도 100배도 1천 배도 아니고 1만 배, 엄청난 분량인데 5만 퀴리가 됩니다. 5만 퀴리라는 대량을 지구상 여기저기 1만 군데에 뿌려놓으면 5억 퀴리, 수억 퀴리…… 이러한 죽음의 재가 실제로 지구상에 확산되었습니다. 체르노빌 사고로 말이죠.

죽음의 재란 무엇인가

코발트 60, 5퀴리의 무서움

『두셋의 대참사』에 보고된
멕시코에서의 사건:
방사성 물질 5퀴리가 있는 곳에서
인간이 생활하면 어떻게 되는가?

1962년

3월 21일　코발트 60, 5 퀴리가 방치된 집에
　　　　 4인 가족이 이사오다. 아들, 코발트
　　　　 60을 주머니에 넣다.
4월 1일　 어머니, 코발트 60을 부엌에
　　　　 놓아두다.

- 16일째　아들 입원
- 17일째　할머니 동거
- 25일째　아들의 왼쪽 넓적다리 괴사
- 29일째　아들(10세) 사망
- 108일째　어머니 입원
- 109일째　어머니(27세) 사망
- 138일째　딸 입원
- 140일째　딸(2세) 사망
- 142일째　아버지와 할머니 입원
- 156일째　아버지 퇴원
- 195일째　할머니(57세) 사망
　　　　　아버지(30세) 소식 불명

[자료 8]

앞서 말씀드린 것처럼 체르노빌 사고에서 나온 죽음의 재가 소련 발표를 믿는다 하더라도 줄잡아 수억 퀴리를 넘는다는 말인데, 그것이 무엇을 의미하는지 이제 이해가 가리라고 생각합니다. 무서운 분량의 죽음의 재가 전 세계에 확산된 것입니다. 이래도 괜찮을까요? 우리가 그 안에 살고 있는데 말입니다. 전 인류의 머리 위에 죽음의 재가 구름을 타고 날아온 것입니다. 어떤 일이 일어날 것인가 자세히 검토해 보겠습니다. 이미 우크라이나를 중심으로 동유럽권에서는 병실 안에서 소리 없는 비극이 시작되었습니다. 10년 후에 통계를 내보면 알 수 있지만 지금은 상상할 수밖에 없습니다.

죽음의 재란 어떤 것인가 알아보아야 합니다.

우리 일본인의 감각에서는 방사능 하면 금방 히로시마·나가사키 원폭에서 입은 피해로 직결되는데, 사실은 지금 우리가 대하는 원자로의 재해는 좀 모양이 다릅니다. 히로시마·나가사키에서는 단 한 발씩 두 발의 원폭으로 그렇게 엄청난 참변이 일어났는데 그 원인은 주로 폭풍과 열선과 방사선이 신체에 타격을 준 데 있습니다. 육체의 외부에 무서운 작용이 가해진 것입니다.

그러면 그때는 죽음의 재가 어떻게 되었을까요. 원폭에서 나온 죽음의 재는 버섯구름을 타고 넓게 흩어져서 어디로 갔는지 정확하게 모릅니다. 나가사키에서 예를 들면 니시야마 지구에서는 지금도 원폭 재료 플루토늄이 꽤 많이 발견되어 조사의 필요성이 요청되고 있으며, 히로시마에서는 시코쿠로 꽤 많이 흘러갔다는 이야기도 더러 들립니다. 여기에 대해서는 피폭자에 대한 사회적 차별 문제가 아직 뿌리 깊게 깔려 있기는 하지만 의학적 입장에서 냉철하게 논의되고 추궁되어야 한다고 생각합니다.

단지 이번 체르노빌 사고와 비교해서 죽음의 재에 의한 피해만을 따진다면 히로시마·나가사키의 수백 배 규모가 체르노빌 사고가 아닌가 생각합니다.

연료봉에는 우라늄 235가 들어 있었습니다. 번호 235라는 이상한 말만 들어도 대개 머리가 아프다고 하는데 사실 이것은 간단한 것이니까 미리 겁을 내지 말고 내 이야기를 들어주십시오. 밥풀을 뭉쳐서 주먹밥을 만들 때를 생각합시다. 235개 입자로 주먹밥을 만들었다고 생각해주세요. 이렇게 우라늄의 경우 중성자와 양자 두 가지 입자 235개가 원자핵을 만들고 있으며 그것이 우라늄 235라는 이름을 갖게 된 것입니다.

우라늄은 자연에 존재하는 제일 큰 원자입니다. 제일 작은 원자는 수소이죠. 그런데 우라늄 235는 아주 별난 성질이 있습니다. 밖에서 중성자라는 입자가 알맞게 날아와서 부딪치면 두 개나 세 개로 깨집니다. 예를 들어서 235개에 하나가 흡수되어 236개, 그것이 둘로 쪼개져 118개씩 되는 것입니다. 그리고 우라늄에는 또 한 가지 우라늄 238이 있습니다. 5와 8이니까 3개가 많다는 얘기인데 이것은 밖에서 중성자가 부딪쳐도 깨지지 않습니다. 그 대신 부딪친 중성자 한 개가 흡수되어 239개가 되는데 이것이 우라늄 239입니다. 이것은 아주 짧은 시간이 지나면 구조가 변화해서 넵투늄 239라는 원자가 됩니다. 이것이 바로 이번에 북유럽에서 대량 검출된 순금보다 무거운 금속입니다.

그런데 넵투늄은 며칠 지나면 또 원자 모양이 변해서 플루토늄 239가 됩니다. 넵투늄은 로마 신화에 나오는 넵튠 그러니까 바다의 신입니다. 희랍 신화에서는 포세이돈이라고 합니다. 플루토늄은 플루톤, 즉 지옥의 신의 이름이지요. 바로 이 플루토늄 239도 밖에서 중성자가 부딪치면 핵분열이 일어나서 열을 내게 됩니다[자료 9].

보통 원자로에서는 우라늄과 플루토늄이 여기저기서 쪼개지면서 발전을 합니다. 아시는 바와 같이 우라늄은 히로시마 원자탄의 재료

우라늄 235

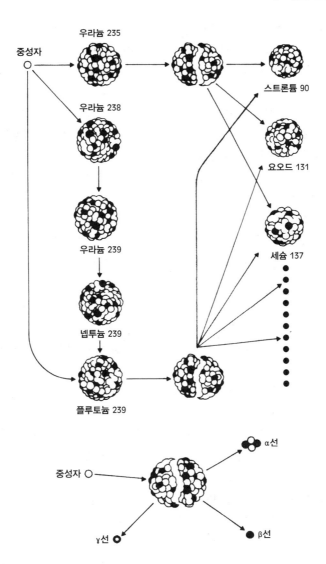

이고 플루토늄은 나가사키 원자탄의 재료인데 여기서 우리가 알아야 할 것이 있습니다. 많은 사람들이 반핵 운동을 하면서도 반원전 운동은 돌아보지 않았습니다. 참으로 괴상한 일입니다.

핵전쟁은 핵무기의 단추를 누르느냐 안 누르느냐인데 여기에서는 앞으로 인류의 선택이 희망을 줄 수도 있습니다. 그렇지만 원자로에서 이미 수십 년 전에 누른 단추에 대해서는 우리는 까마득하게 모르고 있었던 것입니다. 원자로에서 소리 없는 핵전쟁이 벌어지고 있었던 것입니다. 이제 지금에 와서 원자로가 지구 전역에서 깨지기 시작해서 마침내 폭발하는 시대가 온 것입니다.

그리고 폭발할 때 나오는 것이 심각한 문제를 갖고 있습니다. 우라늄과 플루토늄이 쪼개져서 전기가 되는데 그러면 쪼개진 부스러기는 어떻게 되는가, 그것과 우리 인간의 육체와 어떤 관계가 있는가. 그것이 문제입니다.

좀 전에 우라늄이 118씩 쪼개진다고 했는데 이렇게 똑같은 두 개로 깨지지 않습니다. 실제에 있어서는 두 개나 세 개 일정하지 않고 어떤 부스러기가 90개가 되면 그것이 스트론튬 90이 됩니다. 또 131개의 부스러기가 되면 요오드 131이고, 137이면 세슘 137이 됩니다.

신문을 보니까 우유에 요오드가 없어졌으니까 방사능은 안전하다는 식으로 썼는데 이 점은 엉터리이고 사실을 말하자면 요오드는 200종이 넘는 죽음의 재 중의 한 종류에 불과합니다. 그밖에도 많은 죽음의 재가 있습니다. 재라고 하니까 우리 하늘에서 내리는 눈에 보이는 재가 아닌가 하고 생각하기 쉬운데, 그런 게 아니고 눈에 보이지 않는 가스가 된 것도 있고 액체인 것도 있고 거의 눈에 보이지 않는 미세한 먼지나 금속일 때도 있는, 이렇게 여러 가지 모양을 모두 합친 것을 일본에서 죽음의 재라고 불러오고 있는 것입니다.

몸속의 시한폭탄

죽음의 재는 특이한 성질을 가지고 있습니다. 핵분열 때문에 두 개로 깨졌을 때 새로 생긴 원자는 불안정한 까닭에 안정된 것이 되려고 합니다. 안정된 게 될 때까지 움직이면서 큰 열과 방사선을 방출하게 됩니다.

방사선에는 알파선(α-ray)이 있습니다. 이것은 원자핵을 이루는 중성자와 양자가 두 개씩 합계 네 개가 붙어 있으며, 이것이 나왔을 때 이것을 알파선이라고 부릅니다. 플루토늄에서 나오지만 이 책상 위에 놓아두고 내가 여기 서서 이야기를 해도 안전합니다. 플루토늄은 엄청난 맹독물인데도 안전합니다. 왜냐하면 플루토늄이 방출하는 방사선 즉 알파선은 공기 속에서 0.04m밖에 날아갈 수 없습니다. 겨우 4cm이지만 이게 내 몸 안에 들어가면 이야기는 달라져서 큰일이 납니다.

그리고 베타선(β-ray)이 있습니다. 베타선이라는 것은 여기 있는 기계에 붙어 있는 전기 코드에는 전기가 통하고 있는데 전기에서 나오는 전자가 공간으로 방출되면 이것을 베타선이라고 합니다. 베타선도 방사성 물질에 따라서 다르지만 공기 중에서는 수 미터밖에 나가지 않습니다. 이것은 스트론튬에서 방출됩니다. 그런데 실제로는 체르노빌 사고 때 방출된 스트론튬은 식료품에 들어 있기 때문에 먹을 때 오염됩니다. 이것은 밖에서 측정해도 거의 알 수 없지만 이렇게 우리가 먹으면 심각한 문제가 일어납니다.

또한 감마선(γ-ray), 좀 전에 말한 멕시코 사건을 일으킨 코발트 60이나 체르노빌 사고로 오염된 식품에서 가장 크게 문제가 된 세슘 137에서 나오는 감마선은 모든 것을 뚫고 멀리 날아갑니다. 이것을 전기를 이용해서 발생시킨 것이 X선인데 의료에 사용하죠. 여기서 감마선과 X선의 정체를 설명하겠습니다. 여러분은 지금 여기 있는 기계의 광선을 보고 있습니다. 이것은 광자라는 빛의 입자가 여러분의 망막에 닿아서 '아 빛이다' 하고 느끼게 합니다. 이러한 광자가 거대한 에너지를 지니고 날아가면 여러분의 눈으로 볼 수 없습니다. 그러나 수정체가 파괴되고 '백내장'을 일으켜 실명하게 됩니다.

방사선이란 대체 무엇인가? 대단찮은 입자가 강력한 에너지를 지니고 날아갔을 때 우리 육체를 파괴합니다. 이것이 방사선입니다. 입자가 날아가는 현상, 강력한 에너지를 지닌 입자가 날아가는 현상, 이러한 상태를 거기 방사선이 있다고 합니다.

이번 체르노빌 사고에서는 수억 또는 수십억 퀴리의 죽음의 재가 전 세계에 내려쌓여 눈에 보이지 않는 그림자처럼 우리를 둘러싼 것입니다. 그러면 흡사 아메바처럼 우리를 포위한 200종류가 넘는 죽음의 재가 어떻게 우리 육체에 침입하는가를 관찰하기 위해서 우선 요오드를 예로 들어 설명하겠습니다. 요오드는 우리 목에 있는 갑상선에 축적됩니다. 이번 사고 때 폴란드나 서유럽에서는 엄마들이 아이들에게 요오드제를 먹였습니다. 왜 어린이들에게 먹였는가. 요오드는 특히 어린이나 젊은 사람에게 흡수되는 것이라, 죽음의 재의 한 가지인 요오드가 몸 안으로 들어오기 전에 요오드제를 먹여서 체내에 요오드가 꽉 차게 하면 위험한 요오드가 들어올 수 없습니다. 일본에서도 사고가 나면 어린이와 젊은이에게 이것을 먹입니다. 갑상선에서 호르몬을 만들죠. 성장기에 있는 어린이나 젊은이에게는 호르몬이 대량으로 분비됩니다. 요오드는 호르몬을 만드는 데 필요합니다. 우리 같은 성년보다 호르몬 분비가 대량으로 필요한 어린이나 젊은이는 요오드가 필요하니까 죽음의 재 중에서 요오드를 흡수하는 힘이 강합니다. 그런데 육상에는 요오드가 거의 없고 바다에 많습니다. 그래서 해초를 먹어야 하는 것입니다.

인간과 같은 육상 동물들은 요오드가 조금만 있어도 곧 흡수하는 힘을 가지고 있습니다. 그런데 그게 위험한 요오드, 즉 죽음의 재라

할지라도 이번 사고 때처럼 온통 지구상에 요오드가 가득해지면 대량으로 체내로 흡수해버립니다. 안타까운 얘기지만 인간의 육체는 방사선을 감지할 수 없으니까 '위험한 요오드'와 '안전한 요오드'를 구별하지 못합니다. 그래서 갑상선에는 보통 때의 몇백만 배라는 위험한 요오드를 농축하는 것입니다. 그렇게 되었을 때 갑상선이 종양과 암에 걸릴 운명에 빠져들어 갑니다.

또 여성의 경우에는 난소에 플루토늄이 들어가서 태아에게 영향을 주게 되고 남성의 경우에는 정자에 영향을 줍니다. 플루토늄은 폐에 들어가서 폐암을 일으킵니다. 어느 때는 흡수된 플루토늄이 골수에 들어가는데 이것은 동물 실험에서 나타납니다. 등뼈에 있는 골수에서는 피를 만드는데 거기 들어가면 백혈구를 파괴하고 백혈병을 일으키는 등 여러 가지 해악을 미치게 됩니다.

스트론튬 이것도 등뼈에 농축됩니다. 세슘은 근육에 들어가서 근육종을 일으키게 됩니다.

지금까지 말한 것은 두세 가지 예에 불과합니다. 여기 인체도를 보십시오.[자료 10]. 사람은 각각 음식에 대한 기호가 다르고 나이나 남녀·성별 등이 서로 다르기 때문에 가지가지 모양으로 체르노빌에서 나온 죽음의 재를 몸 안에 받아들였습니다. 따라서 우리는 시한폭탄을 몸 안 어딘가에 장치하고 살아간다고 할 수 있습니다. 더구나 그것은 언제 터질지 모르는 시한폭탄입니다.

최근 무서운 이야기를 들었습니다. 여기 제시한 인체 그림에 그린 것처럼 죽음의 재는 각기 수명이 있는데 후두에 농축되는 요오드는 반감기가 겨우 8일, 일주일 정도입니다. 여기 요오드 두 개가 있는데 그 중 하나가 방사능을 잃고 안전한 것이 될 때까지 겨우 일주일, 이것은 확률적으로 그렇다는 얘기입니다. 그런데 남태평양 비키니 해역에서 핵실험이 있었을 때 그 일대의 많은 주민이 갑상선에 장애를

방사성 물질과 방사선

체내 어디로 어떤 방사성 물질이
잔류하고 어떤 방사선을 계속
방출하며 어느 정도의 시간이 지나야
반으로 줄어드는가.

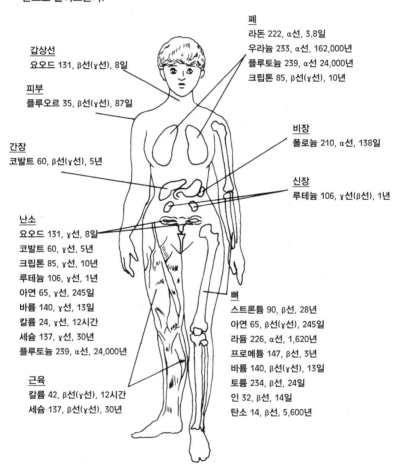

폐
라돈 222, α선, 3.8일
우라늄 233, α선, 162,000년
플루토늄 239, α선 24,000년
크립톤 85, β선(γ선), 10년

갑상선
요오드 131, β선(γ선), 8일

피부
플루오르 35, β선(γ선), 87일

비장
폴로늄 210, α선, 138일

간장
코발트 60, β선(γ선), 5년

신장
루테늄 106, γ선(β선), 1년

난소
요오드 131, γ선, 8일
코발트 60, γ선, 5년
크립톤 85, γ선, 10년
루테늄 106, γ선, 1년
아연 65, γ선, 245일
바륨 140, γ선, 13일
칼륨 24, γ선, 12시간
세슘 137, γ선, 30년
플루토늄 239, α선, 24,000년

뼈
스트론튬 90, β선, 28년
아연 65, β선(γ선), 245일
라듐 226, α선, 1,620년
프로메튬 147, β선, 3년
바륨 140, β선(γ선), 13일
토륨 234, β선, 24일
인 32, β선, 14일
탄소 14, β선, 5,600년

근육
칼륨 42, β선(γ선), 12시간
세슘 137, β선(γ선), 30년

일으켰습니다. 그러니까 체르노빌이나 유럽 어린이들은 틀림없이 갑상선암이 많이 발생할 것입니다. 벌써 그런 증후가 나타났을 것입니다. 스리마일 사고 직후에 일대의 많은 주민들이 갑상선암에 걸렸다는 보고가 있었습니다.

반감기가 8일이니까 8일마다 반, 또 8일에 반…… 이렇게 감소하면 체르노빌에서 나온 요오드는 3개월이 지난 7월 말에는 대부분이 안전한 것으로 변했다고 합니다. 그런데 갑상선의 유전자가 입은 상처는 지금 그 어린이들의 몸 안에서 소리 없이 성장하고 있는 것입니다. 이것이 마침내 커다란 암세포 덩어리가 되었을 때 비극은 찾아옵니다.

17세, 19세 되는 내 딸도 그 사고가 났을 때 어쩔 수 없이 우유를 많이 마셨는데 걱정입니다. 나중에 설명하겠지만 지금에 와서 그 숫자를 조사해보고 무서워졌습니다. 반감기가 짧다고 해서 안심할 수 있는 것은 아닙니다.

하물며 스트론튬 90이나 세슘 137은 반감기가 각각 28년, 30년이니까 100년 간은 위험합니다. 지금 이 세상에 금방 태어난 아기가 100세가 될 때까지 마음을 놓을 수 없다는 이야기죠. 그리고 플루토늄의 반감기는 2만 4천 년인데 이쯤 되면 반영구적이죠.

이것을 그래프로 그리면 이렇게 됩니다[자료 11]. 전형적인 그림이지만 체르노빌급, 즉 세계 최대급 100만kW 원자로는 일본에도 도카이무라, 후쿠이, 니가타 등 전국에 걸쳐 있는데 원자로 1기를 일 년간 가동했을 때, 놀라지 마세요. 자그마치 173억 퀴리의 죽음의 재가 나온다고 합니다. 단 1기가 그렇다는 것입니다.

가지가지 죽음의 재가 수명이 짧은 것부터 소멸되면서 그래프는 급하강하고 있습니다. 그래도 1년 후 아직 1억 퀴리 남짓하게 남아 있습니다. 문제는 이때부터죠. 이때부터 그래프는 거의 내려가지 않고

체르노빌 사고로 방출된 죽음의 재의 변화

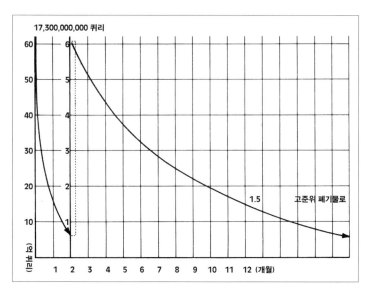

[자료 11]

옆으로 길게 뻗어나가면서 반영구적으로 꺼지지 않는 죽음의 재만이 남습니다. 이것은 너무 위험한 것이라 '고준위 폐기물'이라고 부릅니다만, 마침내 인류는 이것 때문에 절멸하리라는 생각들을 하게 되었습니다. 이것은 단순한 맹독 물질이 아니라 넣어둔 용기에 구멍을 뚫는 것입니다. 그러니까 체르노빌에서는 그런 무서운 맹독물이 폭발로 쏟아져 나와 전 세계를 뒤덮고 말았다는 이야기입니다.

　당국은 무책임하게 이것을 안전하다고 합니다. 그럼 안전 기준을 생각해봅시다. 앞의 이야기에서 나는 몸 밖에 있는, 여기 책상 위에 플루토늄이 있는 경우와 그것을 먹는 경우는 전혀 다르다고 했는데 그건 이런 것입니다. 물리학에서 말하는 이론으로 피폭량의 문제입니다(피폭에는 피폭[被爆]과 피폭[被曝] 두 가지가 있습니다. 전자는 원수폭에 의한 직접적 섬광이나 폭풍 등을 맞았을 때를 말하고, 후자는 육체적 피해 없이 방사선을 맞거나 체내에 죽음의 재가 침입했을 때를 말합니다. 그러나 엄밀히 구별할 수 없는 피해가 많습니다. 이 책에서는 그저 피폭이라고 표기합니다). 예를 들어 여기 코발트라는 방사성 물질이 한 개 있다고 합시다. 내가 2m 거리에서 있다가 1m 거리로 가까이 가면 어떻게 될까요. '피폭량은 거리의 제곱에 반비례한다'는 물리학의 법칙이 있습니다.

거리가 반이 되면 제곱에 반비례하니까 2×2=4 즉 4배가 됩니다. 거리가 반이 되면 두 배의 피폭량이 아니라 피폭은 4배가 된다는 것입니다.

이 경우는 방사성 물질이 외부에 있을 때의 이야기이고 이번에는 외부에서 받은 경우와 그것을 호흡으로 폐 속에 끌어들였을 때 내부에서 피폭되는 경우를 비교해 보겠습니다. 1m 거리에 있는 분진을 공기와 함께 마셔버렸다고 합시다. 그러면 폐 내부에 들어가서 흡착됩니다. 1m 즉 1,000mm, 그것이 폐 내부 점막에 흡착되면 거기는 얇은 점막이 있을 뿐이니까 1/1,000mm가 됩니다. 그러면 1천×1천=1백만으로 제곱이 되며 계산상으로 실로 1조 배의 피폭량이 됩니다. 물론 현실적으로 세포의 손상이나 주위에 변화가 일어나게 되어 이렇게 단순한 수치로 나타낼 수는 없습니다. 그러니까 피폭의 정의(定義) 그 자체에 문제가 있습니다[자료 12].

또 체르노빌 사고 두 달 후에 이바라키 현 도카이무라에 있는 동력로·핵연료 사업단에서 국제 사찰단 사람들이 플루토늄을 마셔버린 사건이 있었습니다. 이 사람들은 상당 분량의 플루토늄을 마셨다는 거죠. 신문보도에서 당국자는 피폭량이 기준치 이하니까 안전하다고 했는데 터무니없는 이야기입니다. 이 사람들은 거의 100% 폐암이 된다고 할 수 있습니다. 그런 말을 하는 근거는 이때 기준치의 계산이 어

피폭량은 거리의 제곱에 반비례한다.

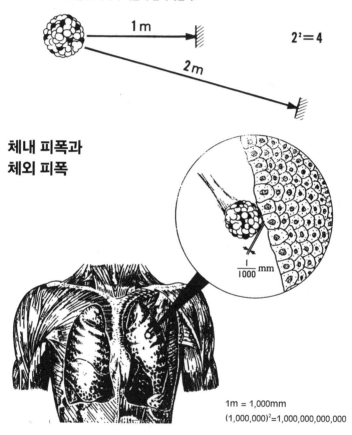

$2^2 = 4$

체내 피폭과
체외 피폭

$\frac{1}{1000}$ mm

1m = 1,000mm
$(1,000,000)^2 = 1,000,000,000,000$

[자료 12]

떻게 된 것이냐 하면 플루토늄을 마셨을 때 마셔버린 플루토늄이 방출하는 에너지를 폐 내부 전체의 면적에 평균해서 계산하는 것인데 실제로 암세포가 생길 때는 그런 모양으로 생기는 게 아닙니다. 그러니까 실제적으로는 전면적이 아니라 극히 조그마한 부분에 착 달라붙어 주위에 있는 5~6개 세포를 완전히 파괴해버리는 것입니다. 플루토늄이 방출하는 방사선은 그리 멀리 날아가지 않습니다. 거꾸로 말하면 멀리 가지 않는 대신 가까이 있는 세포에 모든 에너지를 집중해서 정상적 세포 기능을 완전히 파괴하고 거기다 이상 세포인 암세포를 만들어버리는데 이것이 플루토늄이 가지는 무서운 점입니다. 이렇게 생긴 암세포는 소리 없이 증식합니다. 물론 당장 내일 폐암이 되는 게 아니라 몇 해 지나서 어느 날 진찰해보니까 폐암이 되는 것입니다. 더구나 이러한 인과관계는 도저히 밝혀낼 수 없고 그냥 고통 속에 죽게 되는 것입니다. 여하튼 원자력 발전소가 '안전하다'고 뇌까리는 소위 학자들이나 박사님들의 가면을 벗기는 가장 좋은 방법은 이 사람들에게 플루토늄을 마시게 하는 것입니다. 그들이 정한 안전량을 마실 수 있는지……, 이 문제는 이렇게 절박한 문제입니다. 어느 면에서는 의식의 문제가 됩니다. 전에 똑같은 논쟁이 미나마타병에서 있었습니다. 미나마타병의 환자가 가해자들 공장의 '질소' 폐용액을 갖다가 회사 간부들에게 마시라고 했습니다. 그때 그들은 마시지 못했습니다. 피해 때문에 고통받는 분들의 마음은 그런 것입니다. 여기 참다운 과학과 이론이 필요한 것입니다. 피해자의 위치에서 보면 소위 전문가, 학자들은 참다운 과학에서 멀리 있는 사람들입니다.

　이제부터 나는 체르노빌의 시한폭탄을 추리하는 작업에 들어가겠습니다.

제2장   재해의
        예측과 현실

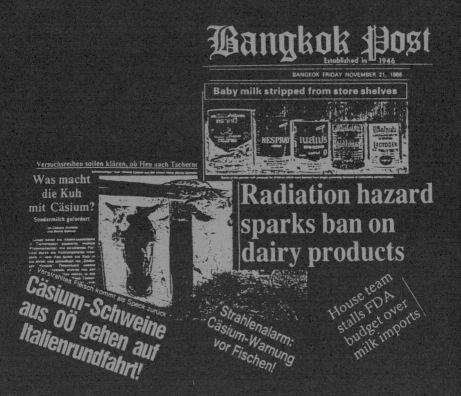

남태평양의 자료

신문 지상에는 '쏟아진 죽음의 재는 수소폭탄 실험과 맞먹는다'라는 기사가 실렸습니다. 지난날 원폭 실험, 수폭 실험 때 방출된 죽음의 재와 비교하고 있습니다. 우리도 해봅시다.

이것은 세계 각지에서 있었던 핵폭발의 기록사진인데 맨 밑에 있는 것이 남태평양 비키니에서 있었던 원폭 실험 사진입니다[자료 13]. 이 실험 후에 닥쳐온 비극은 지금 우리가 처해 있는 현실을 생각할 때 체르노빌 피해가 얼마나 심각한 것인가 가르쳐주고 있습니다. 비키니 섬, 그 중의 롱겔라프 섬에 살던 주민들에게 갑상선 장애가 빈발하고 있습니다. 그래프로 보면 쉽게 알 수 있습니다[자료 14]. 이 사람들에게 갑상선 장애가 발생한 것은 핵실험이 있고 나서부터인데 그것은 그래프 가로축에 숫자로 표시한 바와 같이 9년째부터입니다. 원인이 된 요오드는 반감기가 8일, 수명이 아주 짧은 것이죠. 수명만 보아서는 비교적 안전하다고 생각하기 쉬운데 그게 아닙니다. 그러니까 실험하는 며칠 동안에 갑상선에 농축되었다는 사실! 그때 입은 세포의 상처가 9년이나 지나서 갑상선에 장애를 일으키게 된 것입니다. 이것만 보아도 우리는 흡사 시한폭탄을 몸 안에 장치한 것 같은 상태라고 말한 의미를 이해할 것입니다.

지금 소련 사람들이 건강한 것 같지만 9년쯤 지나면 갑상선 장애가 눈에 보이게 될 것입니다. 체르노빌 사고 때 방출된 요오드의 양을 생각하면, 원자로 내부에 내장되어 있던 것이 모두 방출된 것으로 추정되기 때문에 소련과 유럽 전역의 어린이들에게 심각한 영향이 나타날 것이라고 확신합니다.

비키니의 경우는 9년째부터 장애가 나타나기 시작했고 — 물론 그 전부터 장애는 있었지만 최초의 발견은 그 정도에서 시작했습니다 — 약 15년경에 일제히 발생하면서 많은 사람들이 고생을 했습니다.

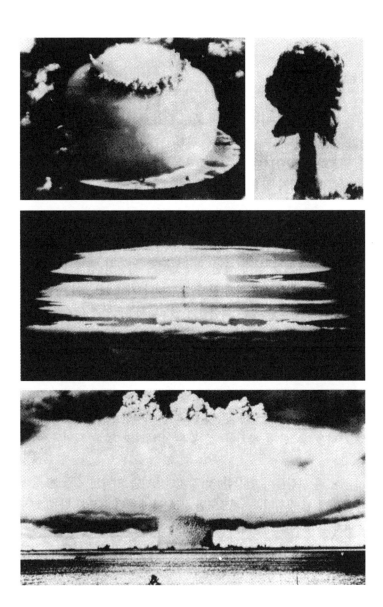

[자료 13]

체르노빌의 시한폭탄

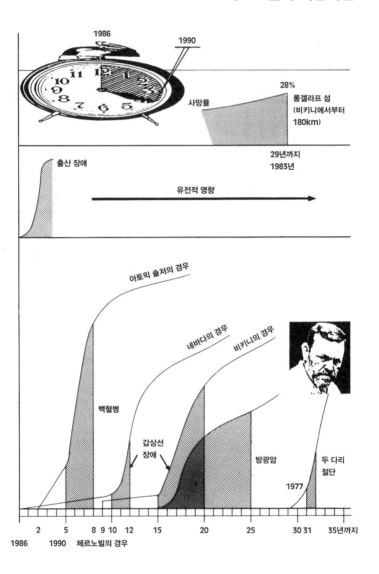

[자료 14]

그러니까 종양이나 암이 발생한 것입니다. 암은 제거하지 않으면 살 수 없으니까 수술을 해서 갑상선을 제거해야 합니다. 그렇게 하면 호르몬 분비가 안 되니까 호르몬 주사를 맞고 간신히 연명하고 있다는 보고가 있습니다.

시한폭탄은 갑상선에만 장치된 것이 아니죠. 비키니에서 180km나 떨어진 롱겔라프 섬에서는 — 물론 여기는 실험 때 안전하다던 곳인데 — 29년 후가 되는 1983년의 자료를 보면 실로 28%가 암이나 백혈병 등 갖가지 병, 즉 지금까지 그 섬에서는 볼 수 없었던 병으로 사망했습니다.

실로 1/3에 가까운 사람이 암 등의 병으로 사망했다는 통계가 나왔으며 그것은 앞으로 더욱 올라가리라는 것입니다. 일설에는 앞으로 40년이 지나면서 절정에 달하리라고 합니다. 일본은 인구가 1억 2천만 명인데 롱겔라프 섬 주민과 같은 죽음의 재를 받았을 때는 28%, 즉 3천만이 앞으로 사망한다는 계산이 나옵니다. 이런 일이 남태평양에서 모두가 보는 앞에서 실제로 일어난 것입니다. 그러나 이것은 몇 년 전의 통계입니다. 이 섬은 인구가 적어서 전 세계는 이 문제를 가볍게 보고 있지만 다른 측면에서 보면 28%의 뜻을 알 수 있을 것입니다. 이 숫자는 4인 가족 중 한 사람이 죽임을 당한다는 그야말로 무서운 사실을 보여주는 것입니다.

또 이것은 여성의 경우인데, 사산, 유산 등 출산 장애가 꽤나 발생했습니다. 그리고 태어난 어린이가 갖가지 장애를 나타냈다고 하는데, 예를 들면 눈이 하나인 단안증(單眼症)이나 심장이 약한 증세 등 유전적 영향이 병행하고 있는 것입니다.

아토믹 솔저(atomic soldier)의 백혈병

지금까지 얘기한 것은 주민의 경우인데 핵실험은 또 한 가지 불행을 가져다 주었습니다. 그것은 핵실험을 실행한 당사자인 미국 군인들, 즉 원폭 훈련병들로 이들을 아토믹 솔저라 합니다. 실로 이 사람들의 반수 가까이가 이야기한 것 같은 갖가지의 장애를 나타낸 사실이 폭로 되는 바람에 큰 문제가 제기되었고 전 미국이 떠들썩했던 것입니다.

몇 해 전인 1982년 신문을 보면 비키니에서 피폭된 미국 군인 아 토믹 솔저의 한 사람 존 스미자만이 일본의 히로시마 등지를 방문하 여 피폭의 참상을 호소했던 기사가 있습니다. 그는 두 다리를 절단했 습니다. 또 왼손이 야구 장갑처럼 부었습니다. 스미자만 씨는 아토믹 솔저 전 미국 피폭자 협회 회장이었는데 일본에 다녀간 다음 해에 사 망했습니다.

이 사람의 경우를 시한폭탄 그림[자료 14]과 비교해보면, 자각증상 이 피폭 후 한 달쯤 되어서 나타났다고 하니까 아주 오랫동안 고생하 다가 양 다리를 절단한 게 31년째와 32년째입니다. 이렇게 오랜 기간 재해가 계속됩니다.

또 다른 비키니의 아토믹 솔저는 자기 자식 9명이 모두 엄청난 장 애를 가지고 태어난 예도 있습니다.

여기서 나는 이야기를 미국 본토 네바다 주에서 있었던 핵실험으 로 돌리겠습니다. 네바다는 서부에 있는 사막 지대로 여기서 핵실험 을 했을 때 사진이 있습니다[자료 15]. 사막 한가운데서 핵실험을 하는 데 군인들은 사진과 같은 자세로 보고 있었습니다. 일본 사람이라면 누구나 알만한 일이지만 ― 핵이니 원자로니 하는 문제에 아무런 관 심도 없는 사람들도 히로시마·나가사키에 대해서는 모두 잘 알고 있 으니까요. 이렇게 가까이서 보고 있다가는 피폭되어 큰일이 난다는 것을 알고 있었지만 ― 미국 군인들은 그런 것도 모르고 (당국은 알 고 있으면서 알려주지 않았습니다) 있었던 것입니다. 한 군인은 귀를 틀어막고 있는데 아마 이렇게 하면 안전하리라고 생각한 것 같습니

[자료 15]

다. 하기는 지금 우리가 원자력 발전소는 안전하다고 생각하는 것과 같습니다.

여하튼 이렇게 해서 엄청난 피해가 났습니다. 이 군인들에게 제일 많이 발생한 병은 백혈병인데 이것은 2년 후부터 현저하게 나타납니다. 그러니까 체르노빌 사고에서 2년 후 1988년쯤 해서 우크라이나 주변에서는 백혈병이 나타나도 이상할 것은 없습니다.

이렇게 아토믹 솔저들에게는 5년에서 8년 사이에 백혈병이 절정에 이르고 점점 증가했습니다. 그것으로 끝난 것이 아니며 현재도 계속되고 있습니다. 어떤 경우에는 방광암이 15년에서 25년이라는 범위에서 나타났습니다. 즉 백혈병, 갑상선 장애, 방광암, 근육종 등 갖가지 질병이 각양각색으로 나타났으며 어떤 경우에는 자손들에게 유전적인 영향으로 겹쳐지면서 피해는 점점 커지고 있습니다.

이런 것을 보면서 우리는 무엇을 생각하며 어떤 일을 점칠 수 있는가. 현재 뉴스에 나오는 소련 사람이 아무렇지도 않은 것처럼 보이지만, 지금도 피해가 소리 없이 진행되고 있는 것입니다.

이런 상황을 보면서 아무래도 이상한 게 있습니다. 미국의 아토믹 솔저가 모두 20만 혹은 30만이라고 하는데, 이렇게 많은 피폭자들에게 이렇게 큰 피해가 닥쳐왔는데 어째서 이것이 1980년이 돼서야 겨우 사회적 문제가 되었는가 하는 것입니다. 그러니까 1946년부터 핵실험이 시작되었는데 자그마치 40년 가까이 지난 후에 겨우 사회적 문제가 되었습니다. 자유의 나라라는 미국에서 이렇게 많은 세월이 지나서야 모두 알게 된 것은 왜 그랬을까 하는 생각을 하게 된 것입니다. 더구나 10만 명 정도의 피해자가 있으면서 왜 몰랐을까.

우선 핵실험에 나간 아토믹 솔저는 핵실험 현장에서 꽝하고 원수폭이 폭발하는 장면을 가까이에서 본 후에 모두 자기 고향으로 돌아갔습니다. 어떤 사람은 펜실베이니아로 어떤 사람은 워싱턴으로 도 어떤 사람은 플로리다로 돌아가서 살았습니다. 그런데 어느 날 백혈병에 걸렸죠. 이삼 년이 지나서죠. 어떤 이는 10년 후에 갑상선암으로 쓰러졌고 또 어떤 이는 30년이 지나서 두 다리를 절단했습니다. 이렇게 모두 자기 고향에서 각각 뿔뿔히 흩어져 병이 났으니까 전혀 알 수 없었던 것입니다.

담배를 너무 피웠으니까 또는 너무 약을 좋아했으니까 하고 각자 병이 난 원인을 생각했을지도 모릅니다.

그런데 우리도 동창회라는 것을 합니다. 그런 식으로 군인들도 OB모임 같은 것이 있어서 미국 각지에서 모여들어 이것저것 얘기하는 가운데 "나도 암에 걸렸어", "자네 아이들도 그래?", "그 친구도 죽었다는군" 하면서 한 사람씩 죽어갑니다. 그러다가 차츰 과거의 무서웠던 핵실험을 생각하게 되었고 그래서 아토믹 솔저 피폭자 협회라는 모임이 생기고, 또 남편을 잃은 미망인들이 소식을 교환하는 과정에서 마침내 무섭고 몸서리쳐지는 숫자가 떠오르게 된 것이 현재 상황이라 할 수 있습니다. 즉 재해가 발생한 것과 그것이 사회적으로 공감되는 일이 전혀 다른 차원에서 일어난 것입니다. 미나마타병에서도 다이옥신의 경우에도 모두 그러한 비극으로 고생하면서 사회적 공감을 얻는 데 더욱 큰 고통을 치뤘는데, 방사능의 경우에는 피해가 발생할 때까지 시간이 걸리기 때문에 더욱 무섭습니다.

그러니까 소련도 체르노빌에 대한 재해를 끝까지 은폐하리라고 봅니다. 그렇지만 폴란드 같은 데서는 꽤 초기 단계에서 명백한 피해 정보가 나왔습니다.

미래에 대한 예상은 과거를 돌아보면 됩니다. 1989년 3월 28일은 스리마일 사고 10주년입니다. 지금 여러분은 10년 전의 그 사건을 거의 모두 잊어버렸을 것입니다. 그러나 지금이 10년 후, 우리가 본 방사능의 시한폭탄 그림[자료 14]에는 백혈병이 나타날 때입니다. 교토 세이카 대학 나카오 하지메 교수와 아이린 스미스 씨는 체르노빌 사고 직후 6번째 주민 조사를 하려고 미국에 갔을 때 전에 만났던 사람이 차례로 사망했다고 합니다. 즉 우리가 까마득하게 잊고 있을 때 피해는 절정에 도달한 것입니다. 그러니까 앞으로 5년 지나면 전 세계는 체르노빌을 잊어버릴 때인데 그때야말로 피해가 절정에 달한다는 것을 지금부터 기억해 둡시다. 이런 피해는 권총으로 총격 당하거나 비행기가 추락하는 것처럼 뚜렷하게 나타나지 않습니다. 병실에서 소리 없이 일어납니다. 따라서 누군가 전 세계를 통계적으로 조사해야 하는데 그게 쉬운 일이 아니라는 것도 기억해 둡시다.

방사능의 무서운 선택

원폭 실험에 동원된 군인들은 우리가 보기에도 너무나도 당연한 피폭을 당했습니다. 오히려 히로시마나 나가사키에서 피폭된 사람과 비슷한 조건에서 맹렬한 폭풍과 열선을 받았죠. 그렇지만 아토믹 솔저와 달리 우리는 직접적 열선을 받지 않았습니다. 체르노빌의 죽음의 재를 체내에 받아들인 것이니까 그들의 피해는 참고가 안 될지도 모릅니다. 그런데 네바다에는 우리와 같은 인간 집단이 과거에 있었던 것입니다. 핵실험장에서 멀리 있었던 주민들을 조사해 봅시다. 거기도 죽음의 재가 내렸을 것이니까요. 이번 체르노빌 사고 때와 같은 상태에 있었던 사람이 많이 있을 것입니다.

이것은 핵실험을 강행한 미국 원자력 에너지 위원회(AEC)의 비밀 보고서에 기록된 것인데 죽음의 재가 어떻게 확산되었는가를 보여주는 하나의 본보기가 될 것입니다[자료 16]. 나는 AEC 즉, Atomic Energy Commission을 간단히 '원자력 위원회'라고 번역했는데, 이 기관이 바로 위험한 핵실험을 강행한 후 1977년 현재의 원자력 규제 위원회(NRC)가 탄생할 때까지 존속된 역사적인 기관입니다. 그래서 나는 오늘의 원자력 발전이나 에너지 문제의 발단이 이 조직에 있었다는 것을 보여주기 위해 일부러 '원자력 에너지 위원회'라 부르는 것입니다. 이 지도는 미국의 네바다 주, 유타 주, 애리조나 주 등 미국의 서부와 그 이웃에 캘리포니아 주가 있으며 또 거기는 아시는 바와 같이 영화의 도시 헐리우드가 있고 올림픽이 열린 LA., 그리고 대도시 샌프란시스코가 있는 지역이며, 네바다 주와 캘리포니아 주 사이에는 시에라 네바다 산맥이 있습니다. 네바다 주에 G라고 표기한 데가 그라운드 제로(Ground Zero)라고 부르는 폭탄이 떨어지는 지점입니다. 여기서 꽝하고 버섯구름이 치솟을 때는 동쪽으로 바람이 불 때입니다. 원폭을 폭발시키면 그림의 오른쪽으로 죽음의 재가 확산되는 것입니다. 그러니까 서쪽에 있는 대도시로 향한 바람이 불 때는 많은 인간이 위험하다고 해서 원폭실험을 하지 않았던 것입니다.

때문에 죽음의 재는 서쪽으로 확산되지 않았습니다. 해도 너무 했죠. 풍하 주민(downwind people, 바람이 불어가는 곳에 사는 사람들)이야말로 엄청난 재난을 입었습니다. 그쪽은 사막과 농경 지대니까 인구 밀도가 희박합니다. 인구 밀도가 희박하다는 것은 사람이 없다는 것이 아니고 거기도 엄연히 사람이 산다는 것을 의미합니다.

네바다의 핵실험
(같은 비율로 축소된 일본 지도를 겹쳐보면)

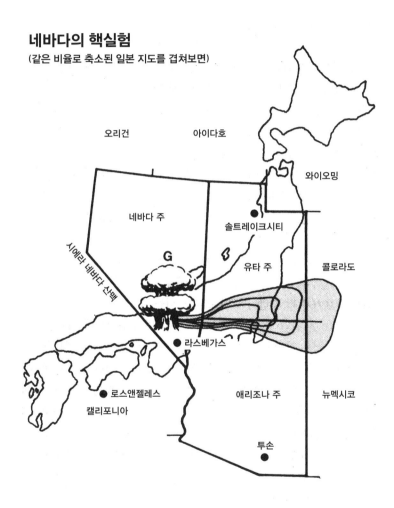

[자료 16]

이러한 생각은 원자력 발전소의 입지 선정 때도 적용됩니다. 언제나 인구 밀도가 희박한 소도시나 마을이 목표가 됩니다. 앞서 이야기한 것처럼 네바다에서 핵실험을 강행한 원자력 에너지 위원회가 지금은 원자력 규제 위원회라고 이름을 바꾸었는데, 지금도 그 기관에서 원자력 발전소를 추진하고 있으며 일본의 전력 회사들도 NRC와 한통속이니까 이런 것은 그들의 당연한 술책이라 할 수 있습니다. 그러나 그게 바로 인간이 우매한 점입니다. 도쿄에 원전을 만들면 금방 위험하다는 것을 알게 되니까 그것을 먼 곳에 만듭니다. 하지만 나중에 후회하게 됩니다. 네바다의 '풍하 주민'(미국에서 이렇게 이상한 이름을 붙였습니다)의 경우는 다음과 같습니다.

여기 표시된 죽음의 재의 확산은 지도의 등고선처럼 밖에서 안으로 들어가면서 피폭량이 높아지고 있습니다. 미국, 미국이 얼마나 큰가, 조금은 이해하기 바라면서 이야기를 하겠습니다. 어떤 핵실험에서 죽음의 재가 이런 모양으로 확산되었죠. 거기다 일본 지도를 겹쳐 보면 일본은 참으로 조그만 섬나라입니다. 이때 피폭량을 측정한 위험 범위가 600km, 내가 사는 도쿄에서 아오모리 현의 시모키타 반도 끝까지가 600km쯤 되니까 요컨대 일본의 반이 몽땅 들어갑니다. 그만큼 큰 지역에 죽음의 재가 확산되는 것입니다. 그런데 실제로 동부에 있는 뉴욕 주와 북부 캐나다에서도 상당량이 검출되었고, 마침내는 전 세계에 퍼질 만큼 먼 데까지 죽음의 재가 운반되었습니다. 따라서 멀리 있다고 해서 안심할 수 없습니다. 그리고 특히 이 경우에는 풍하 지역이 어디냐 하는 것이 문제였습니다. 풍상(風上) 지역(바람이 불어가는 곳)에서 가까운 곳에 있는 사람보다 풍하 지역에서 먼 곳에 있는 사람이 피폭량이 많으니까, 문제는 단순한 거리에 있지 않습니다. 어디가 풍하 지역이냐 하는 것은 이번 체르노빌에서도 생각해야 됩니다. 물론 여기 네바다의 풍하 주민들도 걱정되었기 때문에 당국에서는 여기 이러한 홍보물을 주민들에게 돌렸습니다[자료 17]. 요즘도 원전에 대해서 전력 회사가 여러 가지 홍보물을 돌리고 있지만 30년 전 핵실험장에서도 똑같은 짓을 했던 것입니다. 내용을 읽어보면 "'가이거 계수관(Geiger counter)'은 미량의 방사능을 측정하는 기계니까 그게 끽끽하는 소리를 낸다고 해서 두려워해서는 안 됩니다. …… 여러분은 TV에서 보도하는 핵실험 계획을 보고 있으면 안전합니다. 우리가 빈틈없이 안전을 확인하고 있으니까 걱정할 것 없습니다" 등등 이러한 안전 홍보 문구가 하나 가득 적혀 있습니다. 이게 1957년, 지금부터 30년도 더 옛날 영어 문장인데 지금 여기서 번역해서 들려드리겠습니다. 잘 들어보세요. 괜찮지요?

> 이러한 피폭량은 우리가 자연으로부터 받는 방사능 100밀리렘(연간)과 비교해서 그것과 거의 다를 바 없는 안정량입니다. 또 의료용으로 사용되는 방사능보다 훨씬 약한 것입니다. 높은 산에 오르면 240밀리렘(연간)을 받는 곳이 많이 있습니다. 인간의 체내에도 원래 방사선을 방출하는 물질이 들어 있습니다. 뿐만 아니라 우리가 목표로 하는 것은 이런 숫자가 아니라 네바다 실험장 밖에서 주민이 받는 방사능을 제로(0)로 하는 것입니다. ―'원자력 에너지 위원회'

어떻습니까. 이 글은 지금 전력 회사에서 배포하는 홍보물과 똑같지 않아요? 끝에 있는 '원자력 에너지 위원회'를 '도쿄 전력'이나 '간사이(관서) 전력'으로 바꿔 놓으면 됩니다. 여러분! 지금도 주간지 같은 데서 홍보하는 것을 볼 수 있잖습니까. 그러니까 그것은 30년 전에 미국에서 네바다의 풍하 주민에게 배부한 홍보물을 그대로 베껴다가 그림으로 그린 것입니다. 나는 전부터 전력 회사는 어째서 이런 의학적

they are carried transversely by the winds. The la,

Many persons in Nevada, Utah, Arizona, and nearby California have Geiger counters these days. We can expect many reports that "Geiger counters were going crazy here today." Reports like this may worry people unnecessarily. Don't let them bother you.

Effect on Geiger Counters

Geiger counters are designed to detect radiation of very low intensity. Most register only as high as 20 milliroentgens (twenty one-thousandths of one roentgen) an hour. A Geiger counter can go completely off-scale in fallout which is far from hazardous, although the fallout might make prospecting difficult for a few days.

ATOMIC TESTS IN NEVADA

UNITED STATES ATOMIC ENERGY COMMISSION MARCH 1957

BULLETIN
ATOMIC TEST
SHOT SCHEDULED
FOR 5 AM
TOMORROW

Every Test Is Evaluated

Every test detonation in Nevada is carefully evaluated as to your safety before it is included in a schedule. Every phase of the operation is likewise studied from the safety viewpoint.

An advisory panel of experts in biology and medicine, blast, fallout, and meteorology is an integral part of the Nevada Test Organization. Before each nuclear detonation, a series of meetings is held at which this panel carefully weighs the question of firing with respect to assurance of your safety under the conditions then existing.

AEC가 주민들에게 나눠 준 홍보 책자

[자료 17]

으로 근거가 없는 위험한 말을 지껄여대는지 의아하게 생각했는데 핵실험의 피해를 조사하면서 마침내 수수께끼가 풀렸습니다. 아무런 근거도 없이 옛날 미국이 한 말을 선전에 이용했던 것입니다.

　그러면 이러한 홍보물을 읽게 하고 또 읽은 네바다에서 어떤 일이 벌어졌는가. 이것이 우리가 마음에 걸리는 문제입니다. 이것은 남의 일이 아니니까요.

　여기 나는 그 문제에 관한 공식적인 답변을 하나 가지고 있습니다. 미국 의회 보고서, 일본으로 말하면 국회 보고서에 해당하는 것입니다[자료 18]. 그런데 이상한 제목이 붙어 있습니다.

　'잊혀진 기니피그(The forgotten Guinea Pigs)'라고 되어 있습니다. 기니피그는 돼지가 아니라 모르모트를 말합니다. 의학에서 생체 실험에 쓰는 모르모트를 '기니피그'라고 하는데, 잊혀진 모르모트는 풍하 주민을 생체 실험의 대상으로 했다는 것이고 그것을 미국이 망각하고 있었다는 의미입니다. 의회 조사단이 풍하의 네바다 주, 유타 주, 애리조나 주를 조사해보니까 방대한 피해자가 있었으며, 이것이 1980년 8월에 작성된 것이니까 1980년대에 들어와서 겨우 이런 피해를 알게 되었다는 이야기입니다. 과학자는 증언대에 서서 이렇게 말하고 있습니다.

　"우리는 오랜 기간 동안 100배에서 1,000배의 계산 착오를 했다"고.

　이 말은 죽음의 재가 체내에 농축되는 위험성에 대해서 한 말입니다. 미국 사람은 이러한 낌새를 알고 있었고 또 거의 같은 시기에 스리마일 사고를 체험했기 때문에 원자력에서 물러서기 시작했습니다. 일본에는 미국의 표면적인 것밖에 전해지지 않지만 그들은 일본보다 훨씬 앞서서 나갈 뿐 아니라 말로는 하지 않더라도 위험을 알아차리고 있다는 것을 이런 미국의 국회 보고서를 읽으면 알 수 있습니다. 그러면 이 보고서가 폭로한 모르모트의 체험을 검토하겠습니다.

90th Congress }
2d Session } COMMITTEE PRINT { COMMITTEE.
PRINT 96-IFC 53

미 의회 보고서

"THE FORGOTTEN GUINEA PIGS"

A REPORT ON HEALTH EFFECTS OF LOW-LEVEL
RADIATION SUSTAINED AS A RESULT OF THE
NUCLEAR WEAPONS TESTING PROGRAM CON-
DUCTED BY THE UNITED STATES GOVERNMENT

REPORT

PREPARED FOR THE USE OF THE

COMMITTEE ON
INTERSTATE AND FOREIGN COMMERCE
UNITED STATES HOUSE OF REPRESENTATIVES

AND ITS

SUBCOMMITTEE ON OVERSIGHT AND
INVESTIGATIONS

AUGUST 1980

U.S. GOVERNMENT PRINTING OFFICE
68-703 O   WASHINGTON : 1980

For sale by the Superintendent of Documents, U.S. Government Printing Office
Washington, D.C. 20402

*actions were taken to minimize thyroid
milk contaminated with radioiodine . . .*

hat the AEC was aware of potential
ation of radionuclides through the
3 and that, despite such knowledge,
ovide better protection for residents
unds:

some awareness in the Atomic Energy
ne seriousness of these problems, in 1953
e St. George area [which] were very con-
to sample the milk, actually took it back
of knowledge, did attempt an analysis on
here was some awareness of this.

*   *   *   *

t there must have been some awareness
cems to be pursued to the end where you
we need for our scientific studies.

ulating on the necessity for altering
the permissible standards for internal radiation exposure, resistance
was met within the Atomic Energy Commission. In testimony before
the Subcommittee, Dr. Harold Knapp detailed his discovery in 1963
that the original estimates of the internal hazard posed by radioactive
fallout were understated drastically by the government:

... for 11 years we had missed by a factor of 100 to 1,000, perhaps, the doses
to the thyroid of infants and young children that drank milk from cows that
were grazing downwind in the fallout areas down around the Nevada Test Site.

Dr. Knapp testified that the AEC's immediate reaction to his dis-
covery was "to find ... why [his] conclusions might not be true."
Still further, he asserted, "the Division of Operational Safety dragged
its feet ... to prevent the report from being published."
Referencing a memorandum written by Nathan H. Woodruff (then-
Director, Division of Operational Safety, AEC), Dr. Knapp charged
that the government refused to change the internal radiation stand-
ards owing to the concern that past judgments and evaluations made
by the AEC then would be called into question. In pertinent part of
the memo, Nathan Woodruff advised A. R. Luedecke (then-General
Manager, Division of Operational Safety, AEC) as follows:

모르모트가 된 풍하 주민

네바다의 폭탄이 떨어지는 지점에서 250km 거리에 비바 군이 있는데 거기서 초등학교 교편을 잡는 한 선생님이 아무래도 이상하다고 생각한 나머지 기록을 했습니다. 그 지역에 암과 백혈병이 많이 발생한 것입니다. 이것이 그 선생님이 만든 기록의 복사본인데 그 중 몇 장을 지금 보여드리겠습니다[자료 19]. 250km라는 거리를 기억해주십시오. 물론 핵실험장에 가까운 네바다 주변의 피해는 엄청난 예도 많이 있지만 이분이 살던 곳은 아주 먼 곳이니까 직접 열선을 받은 곳은 아닙니다. 윗 부분, 루키미어(leukemia)라 쓴 데가 백혈병이고, 백혈병에 걸린 사람의 이름을 메리 루 메링이라는 여선생이 타이프로 친 것입니다. 내가 *표를 한 사람은 이미 사망이라고 쓴 사람입니다. 여기서 사망 시기를 보면 1953년에서 79년까지입니다. 한 10년 전까지죠. 그러나 피해가 79년에 끝난 것이 아니고 이 선생님이 기록을 한 게 79년까지라는 것이니까 질병은 지금도 계속되고 있습니다.

1953년 네바다에서 핵실험이 시작되고 2년 후니까 앞서 이야기에서 나오는 아토믹 솔저와 같이 역시 2년 후부터 백혈병이라는 시한 폭탄은 터지기 시작한 것입니다. 또 여선생님이 만든 이 목록은 백혈병만이 아니고 …… 가만있자, 이 종이를 한 장씩 보면서 제목을 읽어가겠습니다. 전립선암, 결정암, 임파선 계통의 암, 임파육종, 뇌종양, 폐암, 피부암, 간암, 자궁암, 난소암, 이렇게 모든 암이 발생한 것입니다[자료 20]. 갑상선 장애는 대략 10년 후부터 12년 후가 절정입니다. 이 시한폭탄도 앞서 이야기에서 비키니의 보고 시기 9~15년 후와 일치합니다. 그러니까 시한폭탄은 꽤 정확하다는 것을 알 수 있습니다.

그 여선생님은 목록을 작성하고 자필로 메모를 남겼는데 거기다 이렇게 썼습니다[자료 21].

LEUKEMIA
백혈병

Bohn, Donald living
1668 W. 100 N.
Provo, Utah 84601

* Bradshaw, Susan age 33
1977년 died July 1977.
Husband: Karl Bradshaw
Cedar City, Utah

* Briggs, Joseph died Sept. 25, 1978
1978년 Next of kin: LaVine Briggs
Beaver, Utah

* Grey, Julie May age 2
1957년 died 1957
Parents: Don and Mary Lou Grey
Bishop, Calif.

* Hancock, Elgar died 1959
1959년 Beaver, Utah

* Harris, Leroy W. died Jan. 30, 1973
1973년 Next of kin: Edith Harris
Beaver, Utah

* Hutchings, Howard died June 10, 1965
1965년 Lived in Overton, Nevada during test
Wife: Bonnie Chisholm
975 Airport Rd.
Fallon, Nevada

* Jensen, Jessie died 1976
1976년 Sevier Co.

* Norwood, Dennis had a daughter
1971년 dye in St. George (Brenda June) 1971

* Muir, Elgar died 1958
1958년 Next of kin: Mabel Muir
Beaver, Utah

* Muir Ernest died Jan 1979
1979년 Wife: Lenore Muir
Beaver, Utah

* McMullin, Clarence died Oct. 23, 1958
1958년 Wife: Dora McMullin
Beaver, Utah

* Patterson, Cloe died 1959
1959년 Beaver, Utah

* Reynolds, Paul died 1953
1953년 in Provo, Utah

* Shieck, Don died 1977
1977년 in Milfor   ing those y

* Smith, Edwin died 1974
1974년 Beaver, Utah

* Smith, Garth age 8
1959년 died Jan. 7, 1959
Father: Clark Smith
Beaver, Utah

* Willden, Emorette A.
1967년 died Dec. 23, 1967
also had skin cancer
Daughter: Mrs. Alton Roberts
Beaver, Utah

Waters, Zina still living
Sevier Co.

백혈병에 대한 보고서

많은 사람이 유산을 했다. 그리고 많은 기형아가 무수히 태어났다. 그런 어린이는 거의 다 사망했다. 그리고 그 어린이들에 대한 것은 이 목록에 들어 있지 않다. 정부는 마땅히 그에 대한 목록을 만들 의무가 있다.

여선생님이 말하고 싶은 것은 암이나 백혈병만이 피해가 아니라는 것입니다. 암이나 백혈병은 통계를 작성하기 쉬운 것이라 유별나게 거기에만 주목하게 되는데 사실 그것은 빙산의 일각에 불과합니다. 실제로 이 지역 사람들의 증언을 읽으면 아이들의 학력이 갑자기 떨어졌다든가 눈이 멀었다든가 하는, 기록에는 없는 피해자가 많이 있다는 것을 알게 됩니다. 그리고 여선생님의 목록을 잘못 해석해서는 안 됩니다. 그분의 목록은 피해자의 극히 일부분일 뿐 통계적인 것은 아닙니다. 무수한 사람이 모두 똑같이 등골이 오싹하는 무서운 보고를 하고 있습니다. 나중에 소개하겠지만 청문회 기록도 있고 또 저널리스트가 만든 조사보고서가 있습니다.

여기 있는 잡지책은 미국의 『라이프』인데 이것이 그녀의 말을 뒷받침해 줍니다. 1980년 6월 풍하 지역에 살던 주민들에 관해서 몇 페이지씩이나 사회 문제로 특집을 꾸몄습니다. '원폭 실험이 가져다준 무서운 보상'이라는 대특집입니다.

첫째 페이지에 우선 영어로 'The downwind people'이라는 제목하에 한데 모여서 찍은 주민들의 사진이 있습니다[자료 22]. 물론 몇 백만 피해자의 일부죠. downwind란 풍하(風下)를 말하며 '풍하 주민'이라는 이름이 붙은 이 사람들은 흡사 실험용 모르모트처럼 큰 피해를 입었습니다.

다음 페이지에는 어느 풍하 지역에 특히 죽음의 재가 확산됐다는 기사와 함께 어린이들이 나란히 선 사진이 있습니다. 이 어린이들

보고서의 목록

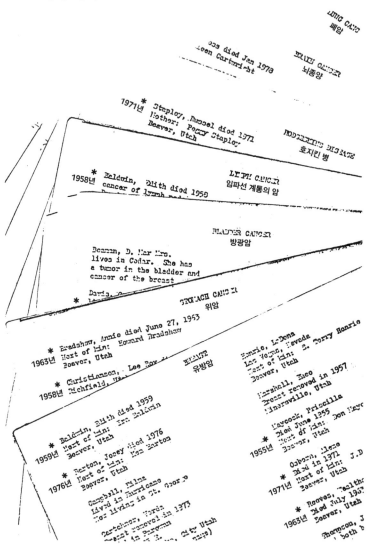

LUNG CANC
폐암

...oss died Jan 1978
...een Cartwright
BRAIN CANCER
뇌종양

1971년 * Stapley, Russel died 1971
Mother: Peggy Stapley
Beaver, Utah
HODGKIN'S DISEASE
호지킨 병

1958년 * Baldwin, Edith died 1959
cancer of lymph nod...
LYMPH CANCER
임파선 계통의 암

BLADDER CANCER
방광암

Beaman, D. Mar Mrs.
lives in Cedar. She has
a tumor in the bladder and
cancer of the breast

Davis, ...
STOMACH CANCER
위암

* Bradshaw, Annie died June 27, 1953
1963년 Next of kin: Edward Bradshaw
Beaver, Utah

* Christianson, Lee Roy ...
1958년 Richfield, Ut...
BREAST
유방암

Henrie, LaDona
Las Vegas, Nevada
Next of kin: E. Gerry Henrie
Beaver, Utah

Marshall, Enco
Breast removed in 1957
Minersville, Utah

* Baldwin, Edith died 1959
1959년 Next of kin: Mrs. Baldwin
Beaver, Utah
Maycock, Priscilla
Died June 1955
* Next of kin: Don Hayc
1955년 Beaver, Utah

* Barton, Josey died 1976
1976년 Next of kin: Ken Barton
Beaver, Utah
Osborn, Aleme
Died in 1971
* Next of kin: J.D
1971년 Beaver, Utah

Campbell, Edna
Lived in Hurricane Georg
Now living in St...
* Reeves, Healthc
Died July 1963
1963년 Beaver, Utah

Cartchner, Verda
Breast removed in 1973
...in ... , City Utah
...urse)
Thompson, J
, both b

보고서에 첨가된 자필 기록

During this time there were many miss-carriages and lots of deformed babies. Some are still alive but many died. - These are not listed But should be.

There was many cattle born with birth defects such as no bones in legs and some with three to five legs. ... cattle came in off the range with large spots of hair missing off their backs.

At the time of the explosions the combustion was so great that the doors on our house would open and the dishes in the cupboard would rattle.

There was a large grayish pink cloud hanging over the west hills for several days. Everyone was quite worried about it. At the time of the combustion the cows would put their tails up over their backs and run ...

이 어찌 되었다는 것인가요. 실은 이것은 선천적으로 지능이 모자라는 어린이로 태어난 아이들인데 가운데가 선생님입니다[자료 22, 아래 사진]. 먼저 이야기에서 나는 우유에 들어 있는 요오드가 체내로 들어가서 갑상선에 장애를 일으킨다고 말했는데 요오드는 또 한 가지 작용을 합니다. 임신 중의 엄마가 위험한 요오드를 대량 섭취하면 체내의 태아가 성장 이상을 일으켜 지능이 모자라는 아이가 돼서 태어난다고 합니다. 그런 어린이의 탄생이 아주 많다는 사실을 『라이프』 기사는 보도하고 있습니다.

요오드는 그런 작용을 하기 때문에 이번 체르노빌 사고가 났을 때도 전 유럽에서 임신 중절 수술을 요구하는 여성이 대량으로 나오게 하는 비극을 초래했습니다.

지금 내가 이야기하는 것은 모두가 체르노빌의 풍하 주민(여기에는 전 인류가 해당됩니다)에게도 적용되는 이야기입니다.

왜냐하면 네바다의 핵실험에서 희생된 풍하 주민은 폭탄이 떨어지는 지역에서 200km 이상이나 떨어진 곳에서 이러한 비극을 체험한 것입니다. 히로시마·나가사키에서와 같은 열선 피폭이 아니라 체르노빌 사고에서와 같은 죽음의 재에 의해서 그렇게 되었다는 말입니다.

『라이프』 이야기를 계속합니다. 다음 페이지에는 목동의 사진이 나옵니다. 그 사람이 소유하던 1,500마리나 되는 양떼가 핵실험에서 나온 죽음의 재 때문에 모두 몰살당하자 '내 양이 죽은 것은 버섯구름 때문이다'하고 소송을 냈는데, 이에 대해서 원자력 에너지 위원회는 '이렇게 약한 방사능으로 양이 죽다니 그럴 리가 없다'고 반론했다는 얘기인데, 사실은 AEC가 인과관계를 부정하면서 뒤로 몰래 양의 사체를 갖다가 해부하고 조사했다는 것이 밝혀졌습니다. 이것이 그 당시 비밀리에 작성된 AEC의 비밀 보고서입니다[자료 23].

원폭 실험의 무서운 대가

[자료 22]

보시다시피 중요한 데는 먹으로 까맣게 여기저기 지웠는데 1950년 전후부터 태평양에서 강행한 핵실험에서도 이런 수많은 보고서가 나왔습니다. 그 중에서 1957년에 나온 어떤 보고서에서 또 하나 내가 가지고 있던 수수께끼의 답이 튀어나왔습니다. 화살표를 한 이 문장이죠[자료 23, 아래 왼쪽]. 해부를 담당한 사람이 울프 박사…… 울프라면 늑대가 양을 해부한 셈인데 역시 '이렇게 약한 방사능으로 죽을 리가 없다'고 썼습니다. 이것은 비밀 보고서이니까 그들의 본심을 썼죠. 정직한 마음으로. 그 다음에 가서 '그러나 깜짝 놀랄 만큼 농도가 높은 방사성 물질이 농축되어 있다'고 했습니다. 이 보고서는 지금부터 30년 전의 것입니다.

죽음의 재가 위험하다는 것은 그들이 히로시마·나가사키의 피폭자를 조사했으니까 잘 알고 있습니다. 그러나 이러한 몇만 배나 되는 농축현상에 대해서는 그들도 잘 모르고 있었습니다. 이것은 인류사의 귀중한 발견입니다. 그렇지만 이것을 발표할 수는 없었죠. 왜냐하면, 풍하 주민에 대해서 책임을 져야 하니까 그런 것입니다. 그래서 '극비'라는 도장을 찍어서 이 보고서를 창고 속에 감추고 자물통을 채워두었습니다. 최근의 공청회 기록을 보면 당시의 AEC 관계자가 그러한 증언을 하고 있습니다.

만약에 30년 전에 이것을 발표했더라면 현재와 같이 원자력이 폭발적으로 늘어나지는 않았을지도 모르죠. 아무리 사실이 밝혀져도 사회가 그것을 모르면 발견한 보람은 없는 것입니다. 이제 와서 미국 사람은 창고에서 고문서를 끄집어냈고 연구가 늦었다는 후회를 합니다. 전 세계의 원자력 관계자들은 죽음의 재가 농축된다는 데 대한 연구를 거의 하지 않았었는데 그 대답이 나온 것입니다. 우리 인간들은 위험한 지식을 가지고 오늘에 이르렀습니다. 이 보고서야말로 원자력 당사자가 다른 원자력 관계자에게 보이는 경고의 메시지라고 할 수 있을 것입니다.

AEC 141/7

COPY NO. 31

AEC 비밀 보고서

~cember 13, 1950

ATOMIC ENERGY COMMISSION

LOCATION OF PROVING GROUND FOR ATOMIC WEAPONS

Note by the Secretary

1. At Meeting 504 on December 12, 1950, after consideration of a report on the above subject presented by the Director of Military Application, the Commission approved the recommendation of the report. Attached for information is the report as approved at Meeting 504.

2. It should be noted that Appendices "A" through "F", as shown in the list of enclosures, are not attached to this report, but are on file in the Division of Military Application. Appendix "G", the memorandum to the National Security Council Special Committee, was dispatched on December 13, 1950.

ROY B. SNAPP
Secretary

DISTRIBUTION	COPY NO.
Secretary	1
Commissioners	2 - 6
General Manager	7
General Council	8
Biology and Medicine	9
Information	10
Intelligence	11
Military Application	12-26
Security	27
Santa Fe Operations	28,29
Secretariat	30,31

Laboratories, Hunter's Point, California. Doctor Wolff's preliminary report on radioassay of skin, wool, bone and thyroid from old ewe, No. 7, and thyroid from 2-year old No. 6 indicated that on the basis of only Beta radiation the dosage read, extrapolated back to one hour following the detonation would have been 0.1 to 0.5 reps per hour, and the total integrated dosage to the skin would have been less than 5 reps. Such integrated dosage is considered not likely to have caused any appreciable pathology. The thyroid tissues from Ewes No. 7 and No. 6 revealed 1.3 and 0.58 microcuries per gram of tissue, respectively. Extrapolating back to the midpoint of the first week following the May 24 detonation, the thyroid glands of these ewes received a total integrated dose of 800 and 200 reps respectively, with the 800 dose approaching the threshold for acute damage. The concentration of radioactivity in these thyroid glands as of June 9, 1953, exceeds by a factor of 250 to 1000 the maximum permissible concentration of radioactive iodine for humans.

Radioassay on bone specimens on Ewe No. 7 as of June 17 was 3.2×10^{-4} microcuries per gram. Doctor Wolff pointed out this is approximately 50% greater than the maximum permissible concentration of strontium 89-90 for humans, based on the National Bureau of Standards Handbook No. 52.

In summation, Doctor Wolff feels the levels of radiation are not sufficient to produce any serious acute syndrome or pathology, but the greater significance being the surprisingly high concentration of radioactive elements which had become fixed in the thyroid tissues and bone.

[자료 23]

역사의 내부 고발입니다.

그 일대의 피해 지역에서 또 한 군데 소개할 곳이 있습니다. 미국의 피폭 문제로 가장 유명해진 곳입니다. 앞서 나온 비바 군처럼 폭탄이 떨어지는 지점에서 220km 거리에 세인트 조지라는 읍이 있는데 1979년 4월, 주민들의 청문회가 열렸습니다[자료 24]. 때마침 스리마일 사건 때문에 전 미국이 공포에 휘말린 와중에 청문회가 있었습니다. 여기 두꺼운 문서를 가지고 온 것은 여러분에게 보여드리기 위해서 입니다. 이것을 모두 읽어보고 사실 나는 두려움에 시달렸습니다. 세인트 조지에서는 핵실험이 있고 나서부터 주민 200명이 암에 걸리고 그 중 반수가 사망했다는 것을 나는 알고 있습니다. 사막 한가운데 있는 소읍에서 말입니다.

이 소읍에 대해서 이야기하면서 내가 여러분에게 부탁하고 싶은 것은 다음과 같은 사실입니다. 내가 원자력의 위험을 얘기할 때 많은 젊은이가 이런 말을 합니다. "인간이란 어차피 어리석은 것이니까 원자력 발전소는 언젠가는 세계 여기저기서 폭발하게 마련이다. 지구는 언젠가는 끝장나게 되어 있으니까 그런 데 신경쓴다고 될 일인가. 그보다 지금 즐겁게 사는 것이 현명한 거야"라고 하면서 노스트라다무스적인 말을 합니다.

그러한 염세적인 입장에서 경솔하게 말하는 사람들이 있는데 여기서 풍하 지역에 있는 세인트 조지 주민의 증언을 조금 읽어 보겠습니다. 이 증언을 읽으면 인간은 그렇게 간단히 죽을 수 없다는 것을 알게 됩니다. 고생에 고생을 거듭하면서도 서로 도우며 살아갑니다. 모두 자식을 사랑하고 눈물을 머금고 생지옥 같은 이 세상을 참으면서 살아갑니다. 이것을 생각해주시기 바랍니다.

이것을 모르는 사람이라면 실제로 원전이 눈앞에서 터졌을 때 미친듯이 울부짖을 것입니다. '지구는 어차피 끝장날 테니까' 하고 가볍

세인트 조지 공청회 주민들의 증언집

```
 1
 2              SPECIAL TOWN MEETING
 3        CONDUCTED BY SENATOR ORRIN G. HATCH
 4
 5
 6
 7
 8
 9
10
11              REPORTER'S TRANSCRIPT
12                     OF
13                 PROCEEDINGS
14        Taken on Tuesday, April 17, 1979
15            At 6:00 o'clock p.m.
16   At Convention Center of the Four Seasons Hotel
17              St. George, Utah
18
19
20
21
22
23   Reported by:  Laurie Webb, C.S.R.
24
25
```

Associated Reporters of Nevada
527 SOUTH FOURTH STREET
LAS VEGAS, NEVADA 89101

[자료 24]

게 말하는 사람은 진짜 지구의 지옥 같은 종말이 오면 고통받게 될 자신을 아직도 모르기 때문입니다. 인간은 그렇게 간단히 죽지 않습니다. 지구가 어느 순간 없어지는 게 아니라면.

어떤 사람은 이렇게 말합니다.

나는 외아들을 암으로 잃었다. 1968년이었는데 아들은 다리에 종양이 생겼다. 이 세상에 아무리 사람이 많더라도 나에게는 아들 이상의 존재를 생각할 수 없다(이 사람의 말에서 내가 감동을 받았는데 그것은 그가 아주 중요한 것을 가르쳐주었기 때문입니다. 체르노빌의 피해자가 몇십만이라도 이 숫자가 자꾸 불어나서 이제 일백만 명 단위의 피해자가 예상되기에 이르렀지만, 이런 숫자가 문제의 핵심이 아니라 내 딸 하나가 피해자가 될 때 나의 슬픔은 그것으로 충분합니다. 여러분도 같을 것입니다. 수가 문제가 아닙니다. 나는 내 딸이 걱정됩니다. 보통 살인 사건이나 항공기 사고에서는 모두 이러한 당연한 개인 감정이 이해되는데 어찌해서 원자력에 한해서만 살인이 사회 문제로 탈바꿈해서 추상적인 숫자로 처리돼야 합니까. 이것은 오히려 사건을 보도하는 저널리즘이 정신적으로 타락했다는 것을 나타낼 뿐입니다. 그들이 무슨 소리를 해도 어림없는 일입니다. 나는 결코 용서하지 않겠습니다. 가해자는 TV나 신문에서 하고 싶은 말을 유창하게 지껄이는데 명색이 기자란 자들은 그들에게 전혀 분노의 소리를 보내지 않고, 분노는커녕 그들의 말을 하나에서 열까지 믿어버리면서 그들의 비위나 맞추려고 합니다. 모든 원자력 관계자의 말만을 우선시합니다. 실은 그들이 이제 공공연한 살인자요 가해자라는 것이 명백해졌는데도 추궁조차 하지 않습니다. 침이라도 뱉고

싫은 저널리즘이 아닌가요. 아들 한 사람쯤 잃은 것을 가지고
뭘 그러는가 하고 그들은 말하고 있습니다. 이제 그만하고 그
사람의 말을 계속하겠습니다). 15세가 된 아들의 다리를 끊어
야 한다는 것은 참을 수 없는 고통이었다. 그러나 다리는 절단
되었다. 어느 날 밤 아버지는 아들을 목욕탕에 데리고 들어갔
다. 그런데 아들이 일어서려다 남은 다리가 또 부러졌다. 그 다
리에서도 종양이 생긴 것이다. 아들은 죽었다.

또 한 사람의 증언을 들어보겠습니다.

어머니가 백혈병으로 죽었을 때는 12시간 동안 출혈이 멈추
지 않았다. 최후가 왔을 때 이제 수혈하지 말라면서 어머니는
죽어갔다. 나의 처도 갑자기 백혈병으로 죽었다. 불행하게도
우리는 1950년 이곳으로 이사했다(다음 해 1951년부터 네바
다에서 핵실험이 시작되고 이 사람은 풍하 주민이 된 것입니
다).

또 한 사람의 증언은 다음과 같습니다.

가족은 모두 죽었다(이 사람은 11명의 친척을 모두 암으로 잃
었습니다). 큰아버지 한 분만 100세가 넘었지만 아주 건강한
데 그분만이 이 지역에 살지 않았다. 나의 생각으로는 이러한
모든 피해는 빙산의 일각이다. 이제 시작에 불과하다. 임파선
암과 백혈병은 이제 나타나기 시작했다. 그러나 다른 암은 진
행 중이다.

이렇게 말하고 있습니다. 다른 암이 진행 중이라는 것은 1980년대에 와서 재판을 제기하면서 그가 한 말입니다. 현재 이곳 일대에서 피해가 진행 중입니다. 마지막으로 소개한 사람은 세인트 조지 읍의 장의사입니다. 그러니까 실제로 사망한 사람이 어떤 병으로 사망했는지 의학적으로 자세히 진단한 결과를 말하는 것입니다.

　이러한 상황에서 간신히 1984년, 최근의 사건이지만 미국에서 '핵 실험의 피해를 인정한다. 유타 주 연방 지방 재판소에서 풍하 주민의 암에 대해서 피해자 10명에게 30억 원을 배상하라'는 판결이 있었습니다. 물론 10명만 암이 된 것은 아니죠. 몇만 명이나 피해를 입었지만 재판에서 원고를 24명으로 줄여서 제소한 것인데 그 중 10명에게만 피해가 인정된 것입니다. 그러나 이것은 획기적인 판결이죠. 1980년대에 와서 겨우 폭탄이 떨어진 지역에서 멀리 거주하는 사람의 방사선 피폭 문제에 대해서 세계 최초로 재판소는 인과관계를 인정한 것입니다.

　이 재판에는 상당한 압력이 있어서 예정보다 일 년이나 늦게 판결이 났다고 하는데 그 후에 상급심, 최고심으로 올라가면서 정치적 압력이 커져서 역전되는 게 아닌가 하고 걱정을 했습니다. 그런데 서글프게도 그런 예측은 적중되어 1987년 4월 20일과 1988년 1월 11일의 공소 재판과 최고 재판 양쪽 다 주민이 패소했습니다. 믿을 수 없지만 사실입니다. 움직일 수 없는 피해 사실이 있는데도 이 지경이니 방사능으로 당하는 살인 사건은 절망적이죠. 인과관계의 증명 때문에 말입니다.

　여러분, 아이들의 잠든 얼굴을 보면서 늘 이 생각을 하십시오.

존 웨인은 왜 죽었는가
여러분에게 친숙한 얘기를 하겠습니다. 여기 이 사진의 얼굴을 아시죠[자료 25]. 영화 배우 존 웨인입니다. 옷을 벗은 게 그의 아들 마이클과 패트릭입니다. 화살표로 표시한 이것은 무엇일까요. 이것이 바로 가이거 계수관입니다. 방사능 측정기를 이상스러운 듯이 세 부자가 보고 있습니다. 왜 그럴까? 그 이유는 이 스냅 사진을 찍은 장소와 시간을 조사하면 알 수 있습니다. 언제 어디서 찍었는가. 그들은 사실은 방사능 피해 지역인 세인트 조지 읍에서 겨우 십여 킬로미터 거리에 있는 영화 촬영소에서 로케이션 중이었습니다. 1954년 때마침 대기 중 핵실험이 한창인 때라 로케이션 대원들도 가이거 계수관을 소지했는데, 그것이 끼익끼익 하고 소리를 내는 곳에서 찍은 기념 사진입니다. 그들은 여기 무슨 광맥이라도 있는 줄 알고 기념 사진까지 찍어 두었는데 그런 것이 아니었습니다. 이 일대는 죽음의 재가 쌓이는 곳이었습니다.

세인트 조지 읍에서 가까운 곳에서 칭기즈칸 이야기인 「정복자」라는 영화의 로케이션을 할 때 모래먼지 투성이가 되어 말을 타고 싸우는 액션을 찍고 난 후에 그들은 그곳의 모래를 트럭에 싣고 헐리우드로 돌아갔습니다. 거기서도 그 모래를 스튜디오에 깔고 세트 촬영을 하고 다시 그 모래를 헐리우드 거리에 깔았습니다. 그래서 지금도 그 영향이라고 생각되는 꽤 많은 방사능이 부분적으로 헐리우드에서 검출되고 있습니다.

그리고 존 웨인만 그런 것이 아니라 많은 배우가 네바다 핵실험장 근처 일대에서 무수히 많은 서부극을 찍었습니다. 나는 좀 이상하게 생각되는 구석이 있어서 이때의 영화 관계자들을 조사해 보았더니 놀랍게도 암발생률이 같은 영화 관계자보다 이상하리만치 높았습니다. 그래서 네바다에서 핵실험이 시작된 1951년 이후에 사망한 헐리우드 영화 관계자의 사인을 모두 조사하고 로케 현장과 대조해서 통계를 잡아 보았습니다. 그 중에서 최근 1978년에서 1983년까지의 숫

방사능에 정복된 '정복자'들

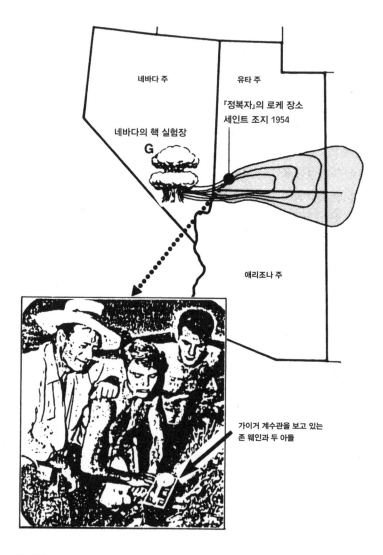

[자료 25]

자를 보여드립니다[자료 26]. 들쭉날쭉하지만 10명 중 몇 사람이 암으로 죽었는가를 조사한 결과 헐리우드의 영화 관계자의 경우 10명 중 평균 4.35명이라는 놀랄 만큼 높은 숫자가 나왔습니다. 실은 미국 전체에서 암으로 사망하는 비율은 그 숫자의 반, 즉 10명 중 2명 정도가 평균치입니다. 그러니까 두 배나 되는 비율로 암사망자가 발생했는데, 이것은 아마 영화 관계자들이 서부 로케이션에서 극히 위험한 상황에서 로케를 감행한 결과라고 생각합니다. 그러니까 존 웨인뿐 아니라 많은 유명 영화 관계자들이 핵실험에서 나온 방사능의 영향으로 암에 걸려 사망했다고 나는 생각하는 것입니다. 그리고 이 그래프가 무엇을 말하는가, 이것은 일본의 암사망률을 보여주고 있습니다[자료 26, 아래]. 이 그래프도 차츰 높아지고 있는데 정말로 걱정되는군요. 이것은 단지 농약이나 대기 오염 때문일까요. 아니면 방사능에 의한 상승 효과 때문일까요.

이제 충격적인 결론을 말씀드리겠습니다. 여기까지 비키니와 네바다의 핵실험에 관해서 장시간 이야기하면서, 그것이 체르노빌 피해와 어떤 면에서 구체적으로 연관되는가. 우리는 아직도 반신반의합니다. 나는 안전하다고 생각하고 있습니다. 그런데 여기 1986년 9월 23일 체르노빌 사고가 난 지 5개월 후에 나온 『뉴욕 타임스』는 하나의 무서운 결론을 보도했습니다[자료 27]. 이러한 중대한 기사가 일본에서는 보도되지 않았습니다.

미국에서 최고 수준이라는 원자력 연구기관 로렌스 리버모어 연구소가 발표한 연구 결과를 살펴보면 '1986년 4월 26일, 체르노빌에서 방출된 죽음의 재는 그 분량에 있어서 과거 인류가 감행한 모든 핵실험에서 방출된 죽음의 재를 합한 것과 같다'고 합니다.

비키니와 네바다의 엄청난 피해에 대한 이야기를 지금까지 했는데 이것은 미국의 핵실험에 관한 것이고 소련도 대단히 많은 핵실험을 했습니다.

병으로 죽은 사람 중에 암으로 인한 사망률

(10인에 대한 비율)

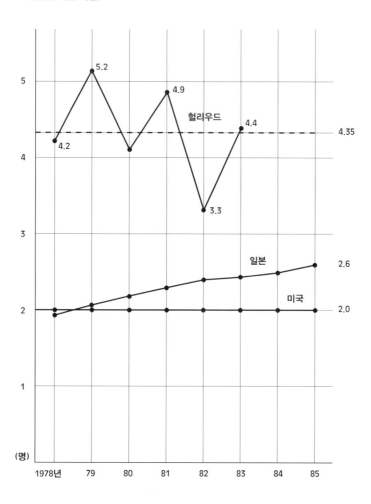

[자료 26]

New York Times

NEW YORK, TUESDAY, SEPTEMBER 23, 1986

REACTOR FALLOUT IS SAID TO MATCH PAST WORLD TOTAL

LONG-TERM EFFECTS CITED

Emissions From Chernobyl Found to Equal Those of All Bombs and Tests

By STUART DIAMOND

The nuclear disaster at Chernobyl emitted as much long-term radiation into the world's air, topsoil and water as all the nuclear tests and bombs ever exploded, according to a new study of the April 26 Soviet accident.

The study, by the Lawrence Livermore National Laboratory in California, says the Soviet reactor may even have emitted 50 percent more radioactive cesium, the primary long-term component in fallout, than have the total of all atmospheric tests and bombs. Cesium does not decay into harmless substances for more than 100 years and has been associated with health effects such as cancer and genetic disease.

Nuclear bombs emit much more radiation that can cause severe immediate problems, but it lasts only days or weeks. Nuclear plants, by contrast, have more substances that can persist much longer in the environment, posing a continuing, although smaller, threat to life.

And the report says that even "entombing" the ruined reactor in concrete may not resolve the health questions because the concrete enclosure may have a design life of only 50 years, far less than the life of the radioactive material inside.

More than 8 tons of highly radioactive material was emitted from the accident, and some of it was deposited hundreds of miles away, according to the report.

"Where will the crews live?" Dr. Kouts said in an interview. "How will they get to and from the reactor? How will their radioactive clothes get laundered every day? These are not trivial matters."

Chernobyl Study Finds Heavy Contamination

중국은 신장성 위구르 자치구 로프놀 근처에서 핵실험을 했는데 최근 이 일대의 유목민들에게 암이 빈발한다는 보도가 있었고, 방사능의 위험성이 밝혀짐에 따라 마침내 이 지역 주민들이 반핵무기 운동을 시작했다는 보도가 있습니다. 중국 같은 나라에서 반핵무기 운동이 일어난 것을 보면 방대한 재해가 일어난 것 같습니다.

프랑스는 아프리카의 사하라 사막에서, 그리고 현재도 남태평양의 무르로아 환초에서 위험하고 무서운 핵실험을 계속하고 있는데 여기서도 주민에게 암이 다발적으로 발생하기 시작했습니다. 비밀리에 프랑스 본국 병원으로 많은 암환자를 보내고 있었다는 이야기입니다.

핵실험을 반대하는 환경 보호 단체 그린피스의 배가 1985년 7월 10일 프랑스 정부의 손으로 폭파된 살인 사건을 모두들 알고 계시겠죠. 영국은 오스트레일리아에서 강행했으며 역시 아토믹 솔저가 다수 암으로 사망했습니다.

이렇게 모든 핵실험에서 나온 죽음의 재와 맞먹는 분량이 체르노빌 사고에서 일순간에 방출되었다는 사실이 무엇을 뜻하는가? 그러나 우리는 이것을 확인할 방법이 없습니다. 미국 원자력 당국의 발표도 체르노빌에서 방출된 '세슘 137만도 히로시마 원폭의 500배'라고 했습니다.

교토 대학 고이데 히로아키 선생에 따르면 '세슘 137의 경우는 히로시마 원폭의 800발에서 1,200발에 상당한다'고 합니다. 핵실험은 내가 어렸을 때 시작된 것입니다. 나는 1989년 46세이니까 30~40년 전부터 시작된 핵실험은 지구를 병들게 한 것입니다. 그런데다 체르노빌이 일순간에 그것을 해치웠으니까 과거 수십 년에 걸친 핵실험의 피해를 우리 세대가 모두 합쳐서 짊어져야 하는 운명에 놓였습니다. 자업자득이라 할까요. 그런데 세인트 조지와는 비교가 안될 만큼 큰 피해가 소련의 우크라이나에서 있었습니다. 체르노빌 주변의 출입 금지 구역은 고작 30km입니다. 세인트 조지는 폭탄이 떨어진 지역으로부터 220km 거리에 있다는 것을 생각할 때 도대체 어떻게 될까요. 유럽 전 지역이 심각한 영향권에 있습니다. 모든 시한폭탄 타이머의 스위치를 일제히 눌러버린 상황인데 과연 어떤 일이 일어날까? 인류는 아직 모르고 있습니다. 처음 보도에서 '일본에 확산된 죽음의 재는 비키니 수폭의 100배나 되었다'고 기상청 기상 연구소가 발표했습니다. 사고 직후에 '수폭에 필적한'이라는 보도가 그 후 2년이 지나서 100배가 된 것입니다. 과학 시대라면서 이렇게 터무니없는 과학 시대입니다. 그러면 여기서 실제로 일어난 일을 조사해 봅시다.

우유와 식품 문제

일찍이 인류가 경험하지 않은 대량의 죽음의 재가 단번에 체르노빌 폭발에서 방출되었습니다. 세계의 식량은 '어떻게' 오염되고 우리는 '무엇'을 먹어야 하는가. 이제부터 현실적이고 구체적인 숫자와 식료품의 유통 구조를 추적하겠습니다. 심각한 식품 이야기입니다.

일본은 어떤가. 엄마젖에서 요오드가 검출되었습니다. 시판 우유에서도 나왔지만 정부는 '안전하다'고 선언했습니다. 이건 정말 엉터리입니다.

이 그래프를 보면 자꾸 내려가고 있죠[자료 28]. 부유진(浮遊塵) 즉 대기 중에 떠다니는 먼지에 방사능이 저하됐다고 해서 안전 선언을 한 것인데 이래도 됩니까. 처음에는 비행기로 부유진을 모아다가 방사능을 측정했는데 이것은 옳았습니다. 그런데 얼마 있다가 또 비행기를 띄워가지고 방사능을 측정했는데 이것은 무의미합니다. 무거운 것은 모두 지상으로 내려왔으니까 말입니다. 체르노빌 사고 후 일본은 황금 주말이 있었고 비가 왔죠. 그리고 정상회담이 있었고 그때도 비가 내렸습니다. 우리는 모두 우산을 받치고 나다녔습니다. 그 비에 섞여서 먼지는 모두 떨어졌는데도 비행기로 부유진을 채취해다 방사능 측정을 했으니 무슨 뜻이 있습니까. 멍청한 짓이죠. 이제 땅에 떨어진 먼지를 측정해야 하는데 말입니다. 사실은 그 후에는 측정을 그만두었습니다. 이제부터 피해가 시작되는 위험한 상태인데 말입니다. 안전 선언이란 뒤집어보면 이제부터 우리 주변에 죽음의 재가 확산되어 피해가 일어난다는 위험 선언이었습니다.

죽음의 재는 목초 같은 데 쌓입니다. 그런데 소가 이것을 먹고 방사성 세슘이나 요오드로 오염됩니다. 그것이 불행하게도 우유에 스며들어 갑니다. 왜 우유에서 검출되느냐고요? 엄마소는 새끼에게 최고의 영양을 먹이려는 모성본능에서 젖 속에 자기의 모든 것을 부어

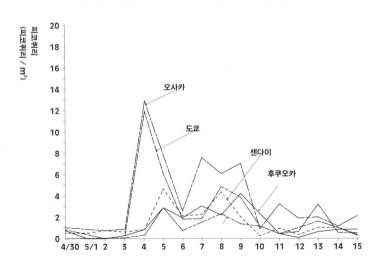

일본의 부유진 평균치

기상대에서 밝힌 대기 부유진에서의 방사능 (β선)

[자료 28]

넣습니다. 그래서 영양이 높고 맛이 있으니까 우리는 마시고 있습니다. 그러니까 우유 속에는 세슘이나 요오드가 대량으로 농축됩니다. 또 죽음의 재가 지상에 축적된 후에 비나 눈에 씻겨서 냇물로 흘러들어 갑니다. 그게 호수에 흘러들어 가면서 축적됩니다. 모든 농업용수는 이러한 하천이나 호수에서 취수된다는 것을 생각합니다. 그리하여 이런 것들은 마침내 바다로 흘러들어가 바다를 오염시킵니다. 그리고 지하수는 복류수(伏流水)가 되어 하천과 호수와 연결됩니다. 물은 빙글빙글 순환하는 것입니다. 이래서 체르노빌 사고로 오염된 물과 연관되어 우리가 먹는 작물이 생산됩니다.

　인간의 감각은 믿을 수 없는 것입니다. 우리는 시일이 지나가면서 오염물이 어디론가 깨끗하게 흘러가버리고 우리 환경이 조금씩 안전해진다고 생각합니다. 확실히 흙만 가지고 생물을 키운다면 그럴 수도 있겠죠. 그러나 지금 본 것처럼 물의 흐름을 따라가 보면 끝에 가서 식품에 부딪치고 인간은 그것을 수확해서 다시 먹는다는 것을 알 수 있습니다. 옛날에는 단순한 오염물은 긴 순환경로를 지나는 동안에 안전하게 분해되어 자연 정화되는 것도 있었습니다. 그러나 수명이 긴 죽음의 재는 여전히 그대로 남아서 위험한 상태로 돌아옵니다.

　예를 들겠습니다. 쌀, 보리, 옥수수 등 곡류는 식물의 씨앗입니다. 씨앗이라 하면 동물의 새끼와 같은데 식물의 씨앗인 쌀, 보리, 옥수수 등은 씨앗이라 영양이 풍부해서 우리가 먹습니다. 거기 방사성 물질이 농축됩니다. 감자도 마찬가지로 씨감자를 심는 것입니다.

　목초는 아직 부드러울 때 동물이 먹죠. 무를 먹는 것은 잎이나 뿌리에 영양이 있기 때문입니다. 여름에 먹는 토마토나 오이 같은 과채류는 모두 씨가 들어 있죠. 가을에는 배나 감 등 모든 과일에 씨가 있습니다. 커피도 씨, 콩도 씨, 다시 말해서 인간이 먹고 마시는 영양가가 높은 부분은 모두 오염된 환경에서는 식물 본래의 본능이 작용해서 방사성 물질이 씨에 농축됩니다. 더구나 동물과 식물은 서로 의지하고 관계를 맺으면서 살고 있습니다. 동물이 배설한 것은 식물에 비료가 되고 식물이 낳은 과실은 동물이 먹습니다. 우리는 방사성 물질이 날로 희석되어 간다고 생각하지만, 그런 것이 아니라 사실은 동물과 식물은 좁은 세상에서 빙글빙글 서로 주고받고 하면서 생태계를 이루고 있습니다. 그러니까 그러한 방사성 물질이 시간이 흐를수록 농축되어 갑니다. 이것을 먹이사슬이라고 하죠. 이것은 누구나 아는 사실인데 유독 여기 핵실험장에서는 그것을 무시해서 엄청난 피해를 일으켰습니다.

그러면 체르노빌 사고 후에 우리는 이상에서 이야기한 먹이사슬을 현실에 적용해서 생각하고 있습니까. 자기 아이들의 문제를 방사능과 연결시켜서 생각하고 있습니까. 그렇지 않습니다. 지금 우리는 세상살이의 소용돌이 속에서 이러한 상식을 잊어버리고 말았습니다. 머리로는 알고 있는 것처럼 생각하면서 사실은 아무것도 모르는 것입니다. '그런 것은 다 안다'고 하지 말고 내 이야기에 귀를 기울여 주십시오. 그래서 나는 몇 번씩이나 나의 책에 인용한 실례를 하나 말씀드립니다.

노먼 랜스델의 저서 『원자력과 에너지 혁명』에 이런 얘기가 있습니다[자료 29]. 미국 컬럼비아 강에서 어떤 과학자가 방사능을 측정했습니다. 이 강줄기 상류에 앞서도 이야기한 바 있는 플루토늄 핵폭발을 위기일발로 모면한 핸퍼드 재처리 공장이라는 원자력 공장이 있습니다. 강으로 흘러들어 오는 방사성 물질은 극소량일지도 모르죠. 그러나 강물의 농도를 1로 할 때 플랑크톤에서 2천 배, 그 플랑크톤을 먹는 물고기에서 1만 5천 배, 그리고 강기슭을 뒤뚱뒤뚱 걸어다니는 오리가 물고기를 먹으니까 자그마치 4만 배로 농축됩니다. 이런 자료가 있습니다. 그래서 강변에 사는 물새의 알 그 노른자에서 1백만 배로 농축된 것을 발견했습니다.

컬럼비아 강(미국)에서의
방사능 농축 데이터는……

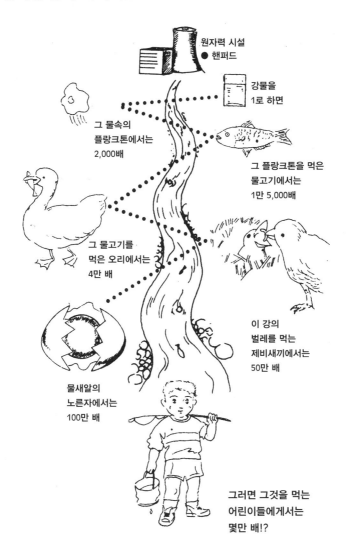

원자력 시설
● 핸퍼드

강물을
1로 하면

그 물속의
플랑크톤에서는
2,000배

그 플랑크톤을 먹은
물고기에서는
1만 5,000배

그 물고기를
먹은 오리에서는
4만 배

이 강의
벌레를 먹는
제비새끼에서는
50만 배

물새알의
노른자에서는
100만 배

그러면 그것을 먹는
어린이들에게서는
몇만 배!?

이런 일이 실제로 있을 수 있는가, 나는 이 숫자를 보고 거짓말이 겠지 했는데 그런 게 아니었습니다. 이런 일은 생태계에서 실제로 일어납니다. 우리 일본 사람이 너무도 잘 아는 미나마타병을 생각해봅시다. 이 경우는 죽음의 재가 아니라 유기수은에 의해서 30만 명이라는 많은 분들이 미나마타에서 피해를 입었습니다. 그런데 아직도 대부분이 환자로 인정받지 못하고 있습니다. 나는 최근에 처음으로 미나마타에 가서 병원을 방문했습니다.

현재도 태아성 환자들이 병상에 누워서 말도 못하고 사춘기를 지나, 30세가 된 지금도 처절한 삶을 살고 계십니다. 태아성 환자들은 어떻게 그런 피해를 입었을까요, 지금까지 이야기한 방사능의 메커니즘과 비슷합니다. 당시 수은으로 엄마들의 젖이 오염되었던 것입니다. 나는 현지에서 무서운 말을 들었습니다. "수은을 몸 밖으로 내보내고 싶거든 아이를 낳아라" 또는 "유산시켜라." 아기가 출산될 때 엄마 몸 안에 있는 수은을 모두 태아가 흡수해 가지고 태어난다는 것입니다. 그러니까 엄마는 건강한데 아기는 태어날 때부터 미나마타병에 걸린 것입니다.

먼저는 우유 이야기를 했지요. 젖은 모체가 아기에게 먹이는 정제물(extract)이라고 했는데 여성에게 그보다도 중요한 것은 난자입니다. 물새의 경우는 알의 노른자인데 거기 자기의 모든 정제물을 집중시킵니다. 그것이 생물의 모체본능이죠. 그래서 난자에 1백만 배라는 믿어지지 않는 농축이 이루어져 다음 세대까지 영향을 주게 됩니다.

죽음의 재를 운반하는 제트기류

구체적인 경로를 보면 죽음의 재가 체르노빌에서 제트기류에 실려서 일본까지 8,000km를 날아왔는데 단면도를 그리면 이렇게 된다고 생각합니다[자료 30]. 지구가 있고 체르노빌에서 꽝하고 폭발이 일어나자

죽음의 재가 제트기류를 타고

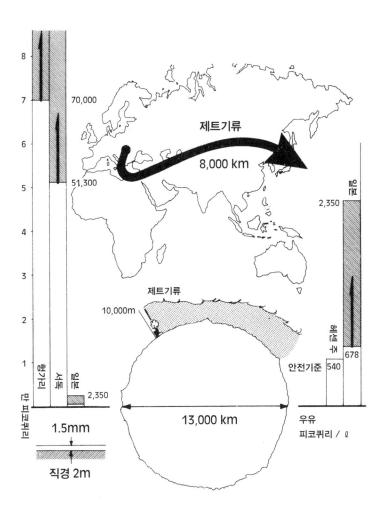

상승기류가 엄청난 힘을 가지고 있었기 때문에 1만m 상공의 제트기류까지 올라가서, 그것에 실려서 죽음의 재가 일본까지 왔다고 생각합니다. 지구상의 대기는 대략 1만m까지 있는데 그곳을 지나가는 맹렬한 기류가 바로 제트기류입니다.

이 그림에는 잘못된 데가 있습니다. 일부러 틀리게 그렸죠. 아시겠어요? 지구의 직경이 이 정도라면 1만m 높이가 이렇게 크지 않습니다. 1km라도 높은데 그 10배니까 아주 높지만, 끝이 없다고 생각하는 하늘, 이를테면 이 지구 그림을 2m 직경의 공으로 확대해도 1만m나 되는 끝없는 하늘의 높이는 1.5mm밖에 안 됩니다. 엷은 구름이 낀 날 점보제트기를 타고 상공에서 보면 구름의 흐름과 지상의 관계를 알 수 있죠. 여하튼 얇은 껍질 같은 공기층 안에 우리 모든 생물은 갇혀 있는 것입니다. 심해 5천m를 합쳐도 생물권은 2mm밖에 안 되죠. 더구나 일본 열도는 한줌밖에 안 되는 조그만 곳인데, 여하튼 지구 전체를 그런 관점에서 보았을 때 꽝하고 폭발할 때 터져나온 죽음의 재가 빙글빙글 도는 기류를 타고 지구를 몽땅 덮어버린 것입니다.

그렇게 해서 일본까지 운반된 방사능의 양은 안전한 것이었는가. 서독의 헤센 주는 엄격한 기준을 정한 곳입니다. 안전 기준, 아니지 그 이상 가면 위험하니까 위험 기준이라고 할 수 있습니다. 여하튼 소위 안전 기준은 우유 1리터당 요오드 분량으로 540피코퀴리를 넘어서는 안 된다, '넘는 것은 절대로 마셔서는 안 돼!' 이렇게 되어 있습니다. 피코는 1조분의 1, 1조분의 1이라고 웃지 마십시오. 멕시코 사건에서 설명한 대로 1퀴리라면 엄청난 단위였습니다.

나는 솔직하게 말해서 이 기준도 신용하지 않습니다. 540까지는 안전하고 541부터는 위험하다는 한계선을 설정할 수 없습니다. 젖먹이나 어린이의 경우, 성인보다 10배도 더 위험하리라는 것은 요오드의 섭취량을 생각하면 금방 알 수 있습니다. 성인의 10배를 섭취하는 어린이는 540이 아니라 54가 돼야 합니다. 그러나 여하간에 하나의 기준으로 이 숫자를 사용합시다. 어린이를 둔 분은 위험성이 10배라는 것을 생각하고 들어주시기 바랍니다.

일본에서는 우유에서 얼마나 나왔는가 말씀드리면 시마네 현에서 최고치 678이라는 과학기술청 발표가 있습니다. 그래프[자료 30]에서 우측을 보면 알 수 있듯이, 이것은 헤센 주의 안전 기준을 훨씬 웃도는 것입니다. 바로 우리 일본에서 말입니다. 게다가 도쿄 대학의 고이즈미 요시노부 교수가 산양젖을 가지고 측정한 바 2,350이라는 엄청난 수치가 나왔다고 하는데 이것은 치바 현의 산양젖입니다. 이 수치는 헤센 주의 안전 기준을 4.35배나 웃도는 것인데 아마 우유에서도 같은 조건이었을 것입니다.

교토 대학의 고이데 선생도 측정하고 나서 하는 말이 당국의 발표는 너무 낮다는 것입니다. 요오드를 여과지로 모아서 이것을 분석할 때 고의로 필터에서 적당히 처리한다는 것이죠. 실제로 100% 완전히 채취할 수 없으니까 그처럼 과소분석을 하게 됩니다. 고이데 선생이 주의 깊게 측정한 바로는 당국 발표의 10배라는 높은 수치가 나왔다는 사실을 어머니들은 어떻게 생각하시나요?

따라서 아무리 적게 잡아도 위험 한계의 수 배라는 수치의 우유를 우리는 마시고 살았다는 이야기가 됩니다…… 그나마도 안전, 안전하면서 말입니다.

그리고 보면 어린이나 젊은 청년들은 수십 배가 넘는 분량을 섭취할 것입니다. 더구나 폭발 후 일주일이 되던 날 5월 3일 죽음의 재는 이미 일본 상공에 도달했는데 그 사실도 당국은 감추고 있었습니다. 지금에 와서 그런 사실을 알게 된 나는 젊은 사람들을 걱정하게 되었습니다.

서유럽의 오염

일본이 그처럼 위험했는데도 우리는 싫다좋다 하기 전에 그런 줄 모르고 마셔버렸다는 이야기가 되는데 그러면 유럽에서는 어떻게 되었을까요. 제트기류의 화살표를 이번에는 반대로 돌려 체르노빌로 한 발 한 발 가까이 가보겠습니다.

이번에는 그래프의 왼쪽을 봅시다[자료 30]. 앞의 이야기에서 나온 치바 현 산양젖에서 검출된 수치를 이렇게 조그맣게 그리지 않으면 비교가 안 될 정도입니다. 서독은 실로 5만이라는 수치가 나왔는데 이것은 헤센 주의 100배입니다.

이제 동유럽으로 가볼까요. 헝가리에서는 7만이란 수치가 나왔죠. 엄청난 수치지만 7만이라는 수치를 가지고 많은 학자들이 "믿을 수 없다. 실제는 더 높았을 것이다. 이것은 당국이 발표한 것인데 어느 정도 줄잡은 수치다" 하고 말합니다. 실제로 당국이 아닌 학자가 측정 조사한 수치에서는 이것을 훨씬 능가하는 수치가 나왔습니다.

그래서 유럽 전역에서는 여러분은 잘 모르는 이야기지만 얼마 전까지만 해도 야채를 그냥 먹을 수 없는 상황이 계속되었습니다. 아니, 그런 상황이 이제 끝났다는 것이 아니라 심각한 사태가 현재도 계속되고 있다는 사실을 1989년까지 날짜순으로 추적해 보겠습니다. 우선 사고 직후 1986년 5월, 서독에서 잎을 먹는 야채 출하 정지, 네덜란드에서는 시금치, 이탈리아에서는 생야채 판매 금지, 프랑스는 시금치 판매 금지, 오스트리아에서 양상치, 양배추, 콜리플라워, 콩, 완두, 토마토 등 요컨대 모든 야채가 독을 뒤집어 쓴 것이니까 잎을 먹을 수 없습니다. 그리고 모든 식물은 뿌리에서 죽음의 재를 흡수하니까 과일 부분도 먹을 수 없습니다. 유럽을 여행한 사람이 귀국해서 하는 말이나 또는 저널리즘에 종사하는 일선 기자가 귀국해서 보고하는 것을 보면 '아냐, 이제 유럽에서는 벌써 평상 생활로 돌아갔다구.

세슘 137의 반감량

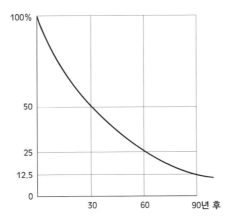

[자료 31]

체르노빌의 영향은 말끔히 가셨어요' 하면서 이제 아무렇지 않다고 하지만 이 사람들, 머리가 좀 이상한 게 아닌가요? 지금부터 심각해질 텐데 말입니다. 조금씩 체내축적이 높아질 텐데 말입니다.

밭에서 일해 본 사람은 곧 알 수 있는 일입니다. 즉 4월 말에서 5월에 마침 야채가 싹을 틔울 때 체르노빌의 죽음의 재를 뒤집어썼으니 농가에서 이것을 수확했지만 출하 금지당한 것입니다. 그 후 곧 씨를 뿌리고 야채를 생산할 수 있었는가요? 농담이겠죠, 유럽 사람들이 무엇을 먹었는지 추리해보겠습니다.

시장에서 전과 같이 야채가 판매되고 있을 것입니다. 그러나 그것이 어느 밭에서 수확한 것입니까. 기자들이 그것을 모르다니 일본의 앞날이 걱정됩니다. 자기가 농사를 짓는 입장에서 생각하면 알 만도 한데 말입니다.

농가에서는 자기가 경작한 야채를 그대로 둔 채 갈아엎어 버린 것입니다. 이런 얘기를 하면 반드시 웃는 사람이 있는데 그 다음 이야기를 자세히 듣고 나면 웃은 것을 후회합니다. 우리 일본 사람은 지금 무엇을 먹느냐 하겠죠. 그럴 법도 합니다. 유럽 각국 정부는 쓰레기 처리장을 마련해주었다지만 그런 장소를 따로 마련할 필요가 없을 만큼 전체가 오염되었으니까 처분이니 뭐니 해도 처분할 곳이 없다는 것을 깨닫고 체념한 것입니다. 사실은 문자 그대로 유럽 전체의 흙이 오염되었으니까 표토를 전부 깎아버려야 하는데 그것은 불가능합니다. 그런 게 아니더라도 원전이 쌓아두고 있는 핵폐기물 드럼통, 바로 그 노란 통을 어떻게 처리할 것인가 하고 머리를 싸매고 있는 판에 유럽 전체의 표토가 모두 폐기물이 되어버렸으니 그것을 깎아낸다면 엄청난 분량이 되죠. 그래서 체념해버리고 '안전하다'는 선언을 발표해서 정부와 농민들이 묘한 타협을 한 것입니다. 양자가 다같이 속수무책인데 그렇다고 오늘내일 사이에 사람들이 퍽퍽 쓰러져 죽는 것도 아니니까 암묵적인 동의가 성립된 것입니다. 그래서 그런 방사능으로 오염된 밭에 다른 작물의 씨가 파종되었습니다. 얼마 안 가서 그 밭에서 수확한 것을 출하하는 사태가 왔습니다.

특히 농경 지대를 갖고 있는 북유럽의 핀란드, 스웨덴 같은 나라가 큰 타격을 받았죠. 그리고 서독의 뮌헨 근처, 우리가 맥주를 마실 때 생각나는 호프의 산지 뮌헨도 방사능 오염이 되었는데, 수확한 것은 먹어서는 안 된다, 수확하지 마라, 수확한 것도 버려라 하고 법석을 치른 농가에 정부가 약간의 보상금을 지급해서 적당히 무마했다는 이야기가 전해졌습니다. 그러니까 체르노빌에서 멀리 떨어진 비교적 오염이 덜됐다고 생각되는 스페인이나 남쪽 이스라엘 같은 곳에서 여러 가지 야채를 예년보다 대량으로 수입한 것입니다. 하지만 그것도 일시적인 것이고 현지에서 보내온 편지에 의하면 오염을 깨끗하게 망각하고 농사를 다시 시작했다는 것입니다. 그런 상황이 오늘까지 이어지고 있습니다.

식물이 이 지경일 때 그것을 먹고사는 동물은 어떻게 되겠는가, 우리는 이제 그것을 예측할 수 있습니다. 핀란드에서 새가 날개를 퍼덕이며 떨어져 죽었다는 소식을 들었습니다. 체르노빌 방면에서 온 철새들은 오염이 심각했다는 것입니다. 그리고 스웨덴의 목초 지대의 사슴고기에서 방사성 세슘이 대량 검출되었습니다. 유럽의 북서쪽 끝에 있는 영국에서도 양의 도살을 금지했습니다. 이것도 세슘이 원인입니다. 최근의 외국 통신을 조사해보았는데 여기서는 오염이 가지각색으로 계속된다고 합니다.

이탈리아도 유럽에서는 변두리에 있어서 체르노빌에서 먼 곳인데도 식용 토끼를 수만 마리나 처분했습니다. 이러한 동물들에게서 공통되는 점은 방사성 세슘이 원인이라 합니다.

다음으로 이어지는 이야기는 예상한 대로 두 달쯤 후부터 나타나는 어류 오염에 대한 것입니다. 강이나 호수에 방사성 물질이 조금씩 흘러들어 가서 스웨덴에서 물고기의 오염이 보도되었는데 그것도 세슘입니다[자료 31]. 그런 상황은 1989년에 들어와서도 점점 더 넓은 범위로 확산되어 나갑니다. 동물을 보면 새, 어류, 염소, 양, 토끼, 소, 사슴 등 모든 동물고기에 세슘이 들어 있습니다. 이런 것은 모두 식용이니까 인간이 먹게 되면 근육에 침입하는데, 세슘은 반감기가 30년이니까 상당히 높은 확률로 근육종을 일으킬 운명에 있습니다. 그래서 각국 정부는 식용금지를 발표했지만 반감기가 30년이니 30년 후에 반이 된다는 것이고 보면, 체르노빌 사고가 난 지 3년이 지난 지금까지 세슘의 90% 이상이 아직도 지구에 존재하고 있습니다. 1세기 즉 100년이 지나도 1/10이 감소될 뿐입니다.

그리고 앞의 이야기에 나온 처분된 수만 마리 토끼가 간 곳은 어딜까요. 사체를 어떻게 처분했는가 묻는 것인데 이것을 추궁하면 역시 으시시한 한기가 듭니다. 그러니까 방사능 즉 죽음의 재는 결코 끝이 없습니다.

최근의 얘기를 하겠습니다. 내 친구가 서베를린에서 흙을 가져왔는데 이것을 교토 대학의 고이데 선생이 분석해보니까 역시 대량의 세슘이 검출되었습니다. 고이데 선생의 말씀은 "서베를린에서 세슘 137의 강하량은 과거에 강행된 모든 대기권 내 핵실험 때마다 서베를린에 강하한 총량과 같다"고 했습니다.

세슘뿐만이 아니라 스트론튬 등 무수한 죽음의 재가 있으니까 학자들의 계산에 의하면 1천 명 중에 1명이 위험하다, 즉 죽는다는 무서운 숫자가 나왔습니다. 여기서 '1천 분의 1'의 '1'을 뽑는 사람은 흡사 복권을 뽑는 것과 같습니다. 동서독의 인구 합계는 8천만 명, 일본 인구의 3분의 2인데, 곱셈을 해보면 사망자를 계산할 수 있죠. 그렇지만 고이데 선생의 말씀은 그렇게 단순한 이야기가 아니라는 것입니다.

고이데 선생은 "피해자의 약 70%는 20세 이하가 될 것이다"라고 말합니다. '1'의 카드를 뽑을 확률은 나이가 어릴수록 높아진다는 이야기죠. 어린들, 젊은이들이 오염된다는 것입니다. 지금 유럽의 어머니들의 마음이 얼마나 심각한지 짐작할 수 있습니다.

이렇게 되면 드릴 말씀이 없습니다.

8월에 들어서자 '아직도 계속되는 체르노빌의 여파'라는 보도에서 순록고기가 식용 금지된 소식이 들어왔습니다. 이것도 세슘인데 북유럽 노르웨이, 스웨덴 등 라플란드라는 아름다운 환경, 그야말로 공해는 찾아볼 수도 없는 지방에 거주하는 일대의 주민들이 생활할 수단을 빼앗기고 먹을 것이 없어졌다는 것입니다.

순록은 양치류나 이끼류를 먹기 때문에 가을이 가까워지면서 오염된 버섯을 먹었기 때문이라지만 나는 그 때문만도 아니라는 생각입니다. 순록은 방목할 때 바다를 건너가서 섬에서 자라는데 바다의 오염이 차츰 확산되는 것이 아닌가 생각합니다.

유럽에서 온 소식에 의하면 7개월이 지난 11월 21일에 노르웨이는 순록고기의 위험 기준을 10배로 상향 조정해서 라플란드 사람이 먹을 수 있게 했다는 것입니다. 믿을 수 없지만 위험하다는 것을 알면서 먹지 않을 수 없는 데까지 쫓기고 있는 것입니다.

그리고 9월이 되자 스위스 호수에서 어획을 금지시켰습니다. 같은 날의 기사에는 체르노빌에서 여전히 다량의 방사능이 계속해서 누출된다는 소식을 실었고 그 후에는 중요한 관련 기사는 끊어졌습니다. 우리 일본에서는 아무것도 보도된 것이 없을 정도로 체르노빌에 대해서 망각하고 있었습니다.

자아, 여러분은 이상과 같은 서유럽의 상황을 듣고, 정말이지 일본에 태어나서 다행이라는 생각을 하겠죠.

그런데 그런 생각은 너무 낙관적입니다. 일본은 칼로리로 따져서 식량의 70%를 수입에 의존한다고 합니다. 실제 이 숫자는 계산하는 곳에 따라 변하고 매년 다르다고 하지만 여하튼 대부분의 중요 식품이 외국에서 들어온다는 것은 틀림이 없습니다. 그러면 어디서 들어온다고 생각합니까.

나는 술을 좋아하는데 안주로는 생선을 가장 좋아합니다. 그 중에서도 회를 즐겨 먹으니까 일본 생선을 먹습니다. 그러나 요즘은 원양어업이 판을 치니까 때때로 좀 고급으로 왕연어를 안주 삼아 한잔하게 되는데 이 생선은 캐나다산뿐 아니라 북유럽산도 수입됩니다. 아니, 이런 이야기는 위험하군요. 여러분은 금방 왕연어만 생각하시게 되죠. 술집에 가면 위스키에 물을 타서 마시는데 물은 프랑스산 광천수입니다. 어떤 백화점에나 유럽 물산 코너가 있습니다. 와인에서 치즈 등 무엇이든 다 있습니다.

어느 날 어떤 분이 나한테 취재하러 왔다가 쿠키를 주고 갔는데 이러저러한 얘기를 하고 나서 봉지를 뜯어보니까 유럽 제품입니다. 또 다른 분이 고기 통조림을 선물로 주었는데 그것도 유럽 제품이고 제조 날짜가 4월 3일 것과 5월 3일 것이었습니다. 폭발이 4월 26일인데 제품 날짜에 신경을 쓰는 나 자신을 의식하고 한참 생각에 잠겼습니다. 유럽에 사는 사람은 어떨까 하는 생각에서죠.

중요한 이야기를 하겠습니다. 우리는 아무 데도 달아날 곳이 없습니다. 좁아터진 지구에 꼭 갇혀 있으며 게다가 식량을 유통시키는 것은 거대한 다국적 기업입니다. 치키타 바나나의 '유나이티드 브랜즈', '아지노 모토'와 제휴한 '제너럴 푸드' 또는 '네슬레' 등 거대 기업이 전 세계의 식량 식품을 모아다가 이러저러한 상표를 붙여서 다시 전 세계로 분배합니다. 따라서 통조림에 유럽산이라는 글씨가 있다고 해도 원산지가 어딘지 절대로 알 수 없습니다. 가공한 업자만이 알고 있습니다. 빵을 만든 밀가루도 나는 의심하죠. 그러니까 체르노빌의 죽음의 재가 어디로 갔는가에 대해서는 절대로 알 수 없습니다. 보는 데서 재배한 것이나 방사능 측정한 것 이외에는 무엇이든 안전하다는 등 무책임한 말은 하지 않는 것이 현명합니다. 젊은이들은 아무래도 밖에서 사먹어야 직성이 풀릴 테니까 더욱 무방비 상태에 놓여 있다고 하겠습니다.

실제로 5월 3일에는 벌써 죽음의 재가 일본에 도착했으며, 금방 다시마 같은 해초에 몇만 배라는 요오드의 농축이 맹렬한 속도로 확산되었는데도 우리는 그것을 모르고 있었죠. 간사이 지방에서 위험을 피한답시고 '요오드의 우동'을 내놓은 메밀 국수집이 있었는데 그것을 먹은 사람이 오히려 위험했는지도 모르는 일입니다.

그보다 이런 상황에서 인간은 무엇을 배워야 하는가 하고 냉정히 생각하는, 그런 인생관이야말로 우리가 마땅히 가져야 할 태도가 아닐까요. 도시 사람들은 식료품을 선택할 수 없습니다. 그러니까 농업은 중요한 것입니다. 제3차 농지 해방을 경솔하게 입에 담는 오마에 겐이치 따위가 제일선에서 떠들고 있는데 그 사람이야말로 그가 말하는 '국적(國敵)'이 아닐까요. 그 자신이 원자력 산업체인 맥킨지라는 컨설턴트 회사 출신인 것을 생각하면 실로 무서운 세상입니다. 맥킨지사의 중역 로버트 프라이는 IAEA의 미국 대표입니다.

한편 일본의 수입 식량은 90% 이상이 무검사, 아니 서류 심사만으로 국내에 유통되는데 이것은 방사능뿐 아니라 모든 식품 첨가물도 마찬가지입니다. 후생부의 요코하마 검역소에는 검사원이 겨우 7명, 전국의 식품위생 감시원의 경우 75명이라고 하는데 이것은 1988년 현재의 숫자입니다. 그래서 무작위 검사가 실제로 시행된 것은 수입 식품의 4.3%밖에 안 된다고 합니다. 아닙니다. 그보다도 더 무서운 것은 이러한 죽음의 재를 방출하는 원자력 산업의 존재 그 자체입니다. 이것이 최대최후의 문제입니다.

이 그래프를 보십시오.[자료 32]. 옆으로 거리가 표시됩니다. 체르노빌을 0으로 하고 거기서 차츰 멀어지는데 위에는 피폭량이 표시됩니다. 이 그래프는 사고 후 5일째, 즉 5월 1일 NHK가 특집 프로에서 스웨덴 스톡홀름 대학의 로데 박사가 추산한 수치를 내가 그림으로 그린 것입니다. 체르노빌에서 1,200km 떨어진 여기가 스웨덴의 스톡홀름입니다. 지금까지 설명한 무서운 오염 상황은 이 주변 이야기입니다. 그 중에서도 특히 스웨덴은 심각하다고 합니다.

폴란드의 오염

그러면 이제 동유럽권을 지나서 지도[자료 32]의 오른쪽으로 따라가면서 소련으로 들어가 우크라이나 곡창 지대로, 그리고 체르노빌로 한 발자국씩 접근하면 어떤 일이 일어나는지? 그다지 마음에 내키지 않습니다. 그러나 눈을 똑바로 뜨고 보아나갑시다. 아무래도 지금까지 이야기한 스웨덴이나 서독과 비교해서 체르노빌의 오염은 수십만 배에서 수백만 배에 달할 것 같습니다.

체르노빌에서의 거리에 따른 피폭량

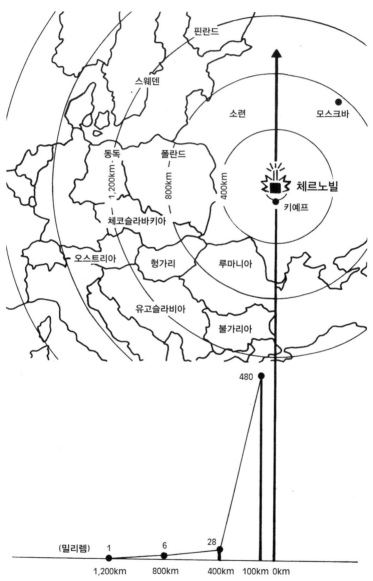

[자료 32]

이웃나라 폴란드만 해도 그 심각성은 한 단계 높았습니다. 체르노빌에서 나온 죽음의 재가 직격탄처럼 덮쳤기 때문에 우유를 마실 수 없는 상황이 꽤 오래 계속되었습니다. 그리고 유고슬라비아에서는 임신부들이 임신 중절 수술을 받으려고 병원으로 몰려들었습니다. 사고 후 3개월이 될 때 들은 이야기인데 유럽 전 지역에서 사고 직후에 임신 중절 수술을 받은 여성이 평년의 10배나 되었다고 합니다. 이것은 통상적인 임신 중절과는 의미가 다릅니다. 그 여성들의 마음속을 살펴보세요. 그 무렵에 서독에서 온 데보라 고즈만이라는 여성에게 들었는데 그녀의 친구 중에서 임신한 여성은 사고 후 곧 남쪽으로 피신했다고 합니다. 이런 상황이니까 동유럽 등에서는 정신적으로도 아주 무서운 일이 일어났다고 봅니다.

이것은 거의 보도되지 않은 일인데 바웬사로 유명한 '자유노조'가 낸 성명서에는 이렇게 쓰여 있습니다.

사고 이틀째쯤 해서 이상 방사능이 검출되었다. 처음에는 통상치의 3배 정도이던 것이 금방 6천 배로 뛰어 올랐으며 비가 오기 시작하자 급속히 풀이나 흙에 오염이 확산되어 나갔다. 우유, 양젖, 치즈, 시금치, 꽃다발까지 오염되었다.

나는 오늘 여기서 저널리즘을 심하게 비판했습니다만, 한 가지 소식만은 이 일대의 진실을 옳게 전하는 뉴스를 실었습니다. 8월 19일 『아사히 신문』의 일면 톱기사로 '반점 모양으로 농축된 죽음의 재가 폴란드 전 국토에'라는 것입니다. '주변의 수백 배' 이것은 '열점(hot spot)'이라는 것인데 직경이 수십 미터에서 수백 미터의 지역이며 그 안으로 한 발짝 들여놓으면 거기는 높은 방사능이 있습니다. 그러한 '열점'이 젖소의 얼룩 무늬처럼 전 지역에 분포되어, 서로의 거리가 200m

도 안 된다니까 전 지역이 그런 것이나 다름없습니다. 이 기사를 그림으로 그리면 하나의 모형 같지만 방사능이 높은 탑처럼 집중되어 있습니다[자료 33]. 그런데 실제는 이런 탑이 이보다 더 밀집되어 있기 때문에 여기 한 발 들여놓으면 대단히 위험하게 됩니다.

이 그림은 공상소설이 아닙니다. 이러한 지역 중에는 아름다운 폴란드의 도시가 있으며 어쩌면 쇼팽의 생가도 있겠죠. 젊은이는 일광욕을 즐기고 바웬사도 야루젤스키도 있을 것입니다. 이러한 사실적 영상을 이 그림에 오버랩시키면 거기서 폴란드 사람들이 오가고 생활하고 있는 광경을 생각할 수 있습니다.

'열점'에는 위험한 방사능이 가득합니다. 오늘 내 이야기의 처음 부분에 나온 4,000~5,000℃에서 가스가 되는 루테늄이 있습니다. 루테늄은 높은 방사선을 방출하는데 덩어리마다 2만 7천 피코퀴리에서 그 10배인 27만 피코퀴리라고 합니다. 그것이 무엇인지 우리는 알 수 없습니다. 그것이 얼마나 위험한 것인가 원자로의 위험 구역에서 일하는 노동자와 비교하지 않으면 알 수 없습니다.

아래 그림을 보면[자료 33, 아래] 이것이 원자력 발전소의 위험 한계치 26,160피코퀴리입니다. 1㎡에 이 정도의 방사능이 있는 곳에서 일하면 위험합니다. 그런데 폴란드 사람은 가장 낮은 루테늄 입자 하나를 마시기만 해도 원자로의 위험 구역에서 작업하는 사람보다 위험한 상황에 있는 것입니다. 입자가 클 때는 10배를 넘는다고 합니다. 더구나 원자로의 위험 구역에서 일하는 사람의 작업 기준은 일정 조건에서 규정 시간의 약 4분의 1 이상 일해서는 안 된다고 되어 있습니다. 즉 4시간 동안에 1시간, 8시간 동안에 2시간 이상 일하면 안 됩니다.

그런데 폴란드 사람은 그런 조건을 지킬 수 없습니다. 왜냐하면 그들은 줄곧 이러한 살인적 상황에서 살아야 하니까요. 건조한 유럽은 바람이 불면 먼지가 일고, 먼지에 섞여 있는 방사능 낙진(죽음의 재)

폴란드의 열점 (hot spot)

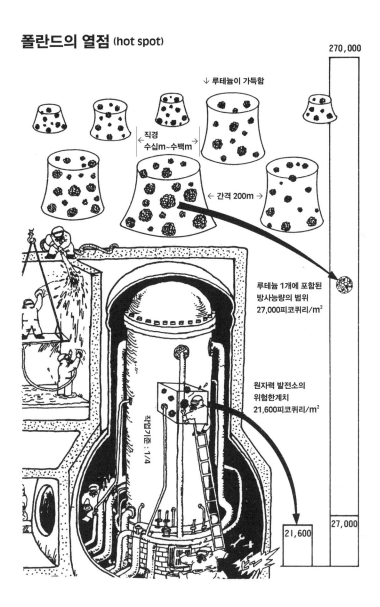

270,000

↓ 루테늄이 가득함

직경
수십m~수백m

← 간격 200m →

루테늄 1개에 포함된
방사능량의 범위
27,000피코퀴리/m²

원자력 발전소의
위험한계치
21,600피코퀴리/m²

작업기준 : 1/4

21,600

27,000

도 먼지와 함께 사람의 폐 속으로 빨려들어갈 위험이 있습니다. 일본에서는 원전에서 일하는 노동자가 자꾸 병에 걸려서 쓰러지는데도 인과관계를 증명할 수 없기 때문에 입막음하려고 뒤로 쥐어주는 돈을 받거나, 때때로 완전히 무시당하고 죽어갑니다.

수년 전 나는 오사카의 가마가사키에 며칠 동안 있었습니다. 거기서 일하는 분들은 "방사능으로 죽어도 증명할 길이 없다"는 말을 했습니다. 지금도 나는 그 말을 잊을 수 없습니다. 그분들은 "부루에 깔려 죽으면 증명할 수 있지만 푸루 때문에 백혈병에 걸리면 증명할 수 없다"는 말을 하는 것이었습니다. 부루는 불도저, 푸루는 플루토늄을 말합니다.

이것이 육체 노동자의 절실한 감정입니다. 여기저기 여러 곳으로 위험한 노동에 종사하기 위해 나서는 노동자를 생각하면 좀 전에 이야기한 작업 기준이란 쓸데없는 장식입니다. 여하튼 폴란드는 더 어려운 상황이 될 것 같습니다. 벌써 많은 망명 사건이 줄을 잇고 있습니다.

감춰진 소련의 오염과 대량의 사망자

이제 내 이야기는 목적지 소련에 당도했습니다. 가장 위험하다고 생각되는 소련은 어떻게 되었을까요. 그런데 소련을 보면 아무 일도 없는 것 같습니다. 안심해도 좋습니다.

'모스크바에서의 노동절, 키예프에서도 울긋불긋한 행렬'이라는 기사가 나왔습니다. 5월 1일 노동절, 그날은 체르노빌 사고 후 5일 째, 그때 체르노빌에서는 큰 화재가 연일 계속되고 있었습니다.

'체르노빌에서는 영화관도 문을 열고'라는 기사를 보면 유구무언, 할 말이 없을 수밖에 어처구니없다고나 할까. '체르노빌에서는 농사일을 다시 시작…… 키예프에서는 드니에프르 강 모래사장에서 모두 일광욕을 하고 있습니다.' 이게 진실일까요. 모두 건강한 듯이 보이는데 반은 진실이고 반은 거짓말입니다. 다시 말해서 이 사람들에게 위험하다는 말을 해주지 않았기 때문에 실제 이런 행동을 하고 있다는 점에서는 믿을 수 없는 일이기는 하지만 그것은 진실이고, 한편 보도 자체가 외국에 나갈 것에 대비해서 많이 조작된 두 가지 측면이 있을 것입니다. 모든 것은 우리 눈을 속이기 위해서, '사고는 대단치 않아요' 이러한 인상을 주려고 하는 계산된 연극이라면 좋겠는데 사고 뒷수습에 끌려나왔다가 사살되었다는 에스토니아 사람을 생각하면 소련이란 나라는 자기 국민에게 크나큰 과오를 범하고 있다고 생각합니다. 미국의 '잊혀진 모르모트'가 소련서도 재현되고 있는 것입니다.

여하튼 실제로 사고는 사망자가 19명, 21명, 25명, 26명이라고 보도되면서 증가 추세에 있었습니다. 그러나 최종적으로는 31명에서 끝났습니다. 이것은 미국에서 로버트 게일 박사가 파견되어 골수 이식 수술을 받은 보람도 없이 사망한 사람들입니다. 골수 이식 수술이란 건강한 사람의 골수를 환자에게 주입하는 수술인데 실제로 이 사람들만이 아니고 입원 환자 129명 중 80명이 중환자라고 보도된 것을 생각할 때 중환자가 모두 완치되었다고 생각할 수 없습니다. 뉴스에서 사라진 게 아니라 이 세상에서 없어졌을 가능성이 더욱 큽니다.

내가 이렇게 말하는 것은 사고의 사망자 수와 보도된 날짜와의 관계를 그래프로 그리면 알 수 있습니다[자료 34]. 이렇게 일직선으로 늘어가던 사망자가 한때 35명까지 갔다가 그 후부터 보도가 없었다고 유럽에서 온 정보는 말해줍니다. 그러다가 발표된 것은 사망자는 28명으로 줄었다가 1986년 말에 가서 다시 31명으로 늘었습니다. 모르기는 해도 아마 사망자가 갑자기 증가했기 때문에 발표를 중지한 게 아닌가 하고 나는 생각합니다. 피폭된 후 2개월이 특히 위험한 고비가 되는 것과 부합되기도 해서 말하는 것입니다.

그날 이후 (체르노빌 사고로 인한 사망자의 추이)

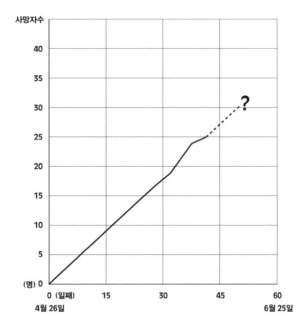

[자료 34]

그런데 사망자 중에는 소방관이라든가 키예프와 모스크바에서 달려온 의사, 이런 사람들이 숫자에 들어 있습니다.

그래서 나는 이런 당국자가 아니라 우리 같은 보통 사람 즉 주민들은 어떻게 되었는지 마음에 걸리는 것입니다. 그것을 알고 싶은 것은 우리가 실지로 원전이 폭발되었을 때 어떤 일이 벌어지는가 알고 싶어서입니다. 일본은 9월 1일 간토(관동) 대지진을 기념해서 '방재의 날'로 정하고 있는데 여러 가지 훈련을 하고 있죠. 또 최근에 미하라산의 예기치 못한 화산 폭발도 있는 터에 멜트다운 즉 원자력 발전소가 폭발했을 때 어떻게 대피하는가. 원자력 발전소 폭발은 '방재의 날'

에 벌이는 여러 가지 훈련 대상에 들어 있지 않은데 그래도 되는 것인지?

당국에서도 대책을 세울 길이 없기 때문입니다.

소련의 실상을 좀 더 보겠습니다. 사고 당시의 기사를 대강 훑어나갈 테니까 듣고만 계십시오.

'1천 대의 버스로 4만 명 피난', '8만 4천 명이 피난', '2만 5천 명이 피난' 그러다가 '피난자 총수는 9만 2천 명에 달한다', 대체 어느 것이 사실인지? 그리고 내가 마음에 걸리는 기사는 실제로 사망자 수가 명백하게 '54명이나 된다'는 것인데 중간에 없어져 버렸습니다. 게다가 피난길에서 주민들이 군대와 충돌했다는 기사도 있었습니다. 여러분, 우리에게 닥친 문제라고 생각하고 내 말을 들어주시기 바랍니다.

또 어떤 뉴스에는 피난민의 일부는 가족이 뿔뿔이 흩어졌다고 했습니다. 나는 이것이 마음에 걸립니다. 실제로 사고가 나면 그런 비극이 일어나게 됩니다. 그래서 이들에 대한 뉴스를 이것저것 들추어 보았더니 AP가 전하는 뉴스에 이런 것이 있습니다. '피난민은 부모와 자식이 따로따로 떨어져 아이들만 남쪽 수용소에 수용되었다'고 했습니다. 그리고 보면 사고 초기의 뉴스는 진실이었던 것 같습니다. 또 이런 추리도 해봅니다. 사고가 일어나자 눈앞에서 불기둥이 치솟는 것을 보고 절망적인 마음이 들었고 그래서 부모들은 모든 것을 포기하고 아이들만 차에 싣고 떠났다, 이렇게 된 게 아닐까요?

그리고 '벨라루스로 불똥이 튀어 어린이 6만 명이 이동' …… '많은 시민이 탈모' …… 머리카락이 빠졌다는 이야기죠. 머리카락이 빠졌다면 대단한 피폭입니다. 히로시마·나가사키의 경험에서 보면 이쯤 되면 주민 반수가 사망했다고 해도 이상할 것이 없습니다.

'어린이 25만 명이 키예프를 탈출', 뒤를 이어 어린이뿐만이 아니라 '시민의 탈출행렬을' …… 어떻습니까.

사실은 엄청난 것이 아닙니까. 여러분은 벌써 망각했겠지만 체르노빌 사고는 아직도 소용돌이 속에 있으며 이제부터 비극이 벌어지는 것을 속수무책으로 기다리고 있습니다. 아마도 우크라이나의 비극은 이제 막을 열었다는 생각이 듭니다. 우크라이나의 병원은 히로시마·나가사키가 원폭을 맞았을 당시처럼 되어가고 있을 것입니다.

이상 당시의 신문 기사를 대강 훑어 보았습니다.

그런데 이런 기사들은 진짜인지! 나는 이것을 한 장의 그림으로 만들어 가지고 이야기가 부합되는가 확인해 보았습니다. 보십시오[자료 35]. 이렇게 처음에 나온 보도는 거의 정확합니다.

그림을 보면서 설명하겠습니다. 여기 가운데 동그라미가 체르노빌이고 폭발은 밤 12시 23분입니다. 한밤중이니까 무슨 일인지 영문을 몰랐겠죠. 아마 그 일대에 전기도 꺼져서 깜깜했을지도 모릅니다. 그때 가까운 곳에 약 2만 5천 명이 있었습니다. 이 사람들은 4시간만에 간신히 탈출했다고 소련 당국이 발표했는데 4시간이라면 새벽 5시 좀 지나서, 그러니까 날이 밝을 때 행동을 시작한 것입니다. 그때까지 문을 닫아걸고 어린이들에게 요오드제를 나누어 주었습니다. 이것도 최근 외신 기사가 전한 것이죠. 그러나 이 2만 5천 명이 탈출한 곳은 아직 10km 범위입니다. 10km 범위가 되면서 피난민은 약 4만 명으로 늘어납니다.

그리고 이 4만 명이 그 지점을 탈출하는데 이번에는 하루 하고 반이 걸린 것입니다.『뉴욕 타임스』에 딱 한 차례 '체르노빌의 어린이들, 공포의 탈출행렬'이라는 기사가 있습니다. 이 소년들의 말을 들으면 36시간 걸렸다고 했는데 다른 증언자도 모두 시인합니다. 하루 하고 반이나 가장 위험한 장소에 머물렀다는 이야기입니다. 그러면 하루 반만에 어디까지 탈출했는가, 아직 30km 범위까지밖에 못 갔습니다. 30km 권내를 '아직'이라고 한 것은 현재 '유령의 도시'가 30km 권내

시민들의 탈출행렬

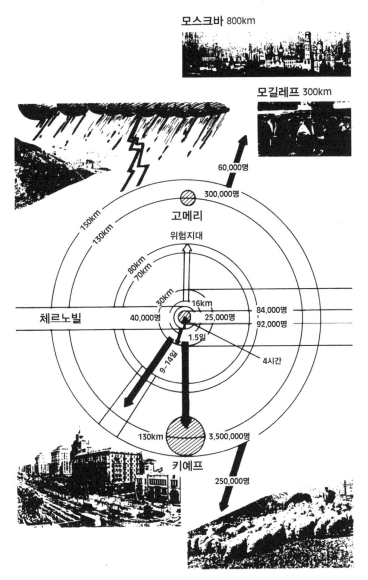

모스크바 800km

모길레프 300km

60,000명

300,000명

고메리

위험지대

150km
130km
80km
70km
30km
16km

체르노빌   40,000명   25,000명   84,000명
92,000명

1.5일

9~14일

4시간

130km   3,500,000명

키예프

250,000명

[자료 35]

인데 여기는 출입이 금지된 초위험 지역으로 거기까지밖에 피난하지 못한 것입니다. 그런데 인간의 도피 감각으로 보면 30km나 도망쳤으니까 멀리 왔다고 생각할 것입니다. 집을 못 잊어서, 중요한 물건들을 모두 다 팽개치고 달아났으니까 어느 정도 시간이 흐르면 다시 집으로 돌아가서 몇몇 중요한 것을 갖고 나오고 싶었을 것입니다. 어떤 일이 일어났는지 아직 잘 모르니까 이곳에서 기다려보자고 했을 것 같습니다. 그럭저럭 여기까지 왔을 때 피난민은 처음 보도에 나오는 8만 4천 명에서 9만 2천 명이 되었고 맨 처음 4만 명과 합쳐서 모두 13만 명이 됩니다.

소련이 IAEA에 제출한 보고서에는 피난민 수가 13만 5천명으로 나왔는데 이것은 이 그림과도 일치하니까 아마 진실일 것입니다. 물론 여기까지의 추정은 전체적인 동향을 말한 것이고 각 개인들은 여러 가지 방법으로 탈출했을 것입니다. 또 달아나기 싫다고 저항한 농민들의 이야기가 더욱 사실적으로 전해졌습니다. '체르노빌 신드롬'이라는 기록 영화에는 그게 사실적으로 표현됩니다. 그렇다면 이렇게 많은 사람들이 30km권을 벗어나는 데 얼마나 걸렸는가. 9일에서 14일입니다. 즉 빠른 사람도 9일쯤은 거기 머물렀고 늦은 사람은 14일이나 거기 있었습니다.

흑연 화재가 약 10일간 계속되면서 온갖 종류의 죽음의 재가 분출하는 소용돌이 속에서 가장 위험할 때 가장 위험한 장소에 머물렀고 이런 상태가 1주일, 2주일이라는 것은 13만 명 남짓한 사람들은 거의 전부가 비극적 운명을 맞게 되리라는 것을 말해줍니다.

처음에 나는 냉정하게 사건을 추적하겠다고 했죠. 그리고 도망간 곳은 어디냐면 70km에서 150km 범위의 여기저기 소도읍과 마을에 수용되었습니다. 그러면 거기는 안전했는가. 130km 거리에 있는 고메리라는 도시에서는 인구 30만 중에서 6만의 어린이가 탈출……

하기는 여기가 바로 머리카락이 빠졌다는 곳입니다만, 이렇게 남쪽으로 똑같은 거리에 있는 키예프를 보면 여기는 인구 300만의 도시인데 어린이 25만이 피난했습니다. 대강 이러한 상황입니다.

30km니 130km니 하고 공연한 숫자를 말한 것 같지만, 네바다의 핵실험에서 비극적 결말을 겪은 세인트 조지를 생각하면 핵폭탄이 떨어지는 지점에서 220km나 되는 거리에 있었다는 것을 기억할 필요가 있습니다.

더구나 여기는 소련에서 가장 기름진 곡창 지대입니다. 도대체 여기서 수확한 곡물은 누가 먹고 있는지…….

또 하나 말씀드릴 것은 체르노빌 사고에 뒷덜미를 치는 비가 이 일대에서 많이 내렸습니다. 이것도 또 심각한 것입니다. '돌연한 비에 불안은 겹쳐지고, 우크라이나 번개를 동반하는 폭우'라는 보도가 있었습니다. 26일 사고 당시에 키예프에는 이상한 구름이 일었고 마침내 비가 내렸다는 기사를 『주간 아사히』 등이 전했습니다. 그리고 4명의 일본인이 귀국해서 하는 말에 의하면, 이 사람들은 당시 사고 현장에서 북쪽으로 300km 되는 모길레프에 체류했었는데 거기도 비가 왔다고 하며 귀국 후 이 사람들에게서 상당량의 방사능이 검출되었습니다.

줄잡아 보아도 수백 킬로미터에 이르는 광범한 범위에 ― 그것도 곡식이 싹트는 시기인 4월에 ― 심한 비가 덮쳤던 것입니다. 비가 왜 위험한가 하면 이 사고가 있은 후 오스트리아의 학자가 강우량을 점검했습니다. 오스트리아는 동유럽 체코에 접경한 나라로 국경에서 가까운 곳에 음악 도시 빈이 있죠, 여기서 강우량을 등고선으로 그렸습니다[자료 36]. 색이 진할수록 비가 많은 곳이며 농도에 따라 차차로 강우량이 적어집니다. 한편 똑같은 방법으로 사고 후 풀밭에서 세슘 137의 오염도를 측정한 그림이 밑에 있는데 두 그림을 비교하면 일목요연합니다. 비가 오면 죽음의 재가 물방울의 핵이 되어 비로 내립니다.

강우량과 오염도 (오스트리아)

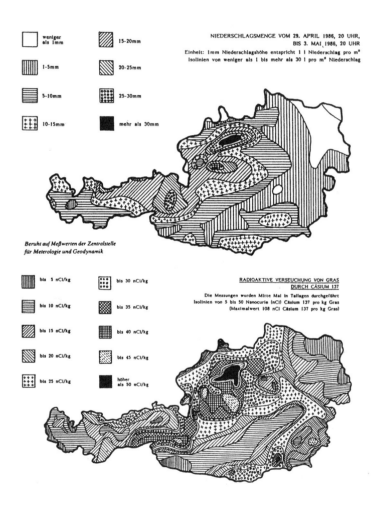

측정 수치가 몇 배로 뛰어오릅니다. 유럽만이 풍하가 되어 방사능 낙진(죽음의 재)으로 오염되었다고 일본의 매스컴은 보도했지만 사실은 그게 아니라 처음에는 이렇게 북유럽으로 바람이 불다가 남쪽으로 방향을 바꾸었으며 실제에 있어서는 그 후에 이란, 이라크, 터키, 그리고 이쪽 아시아 방면까지 꽤 많은 죽음의 재가 날아왔습니다.

체르노빌과 전혀 아무런 관계가 없는 외신 기사에 '4월 말부터 이란 전국에 계속되는 비로 페르세폴리스의 대석주(大石柱)가 부러졌다'는 이상한 기사를 보고 의아스럽게 생각하고 있었는데 5월 말에 들어 온 이 기사는 '이란에서도 이상 방사능'이라고 보도했습니다.

여름에 흑해 지방을 여행하고 돌아온 친구가 하는 말이 흑해 일대에서 어획이 금지되었다고 합니다. 이란은 이라크와 전쟁 중이기에 체르노빌 사고에 마음을 돌릴 겨를이 없었을 텐데도 현실은 그렇지 않군요. 소련의 드니에프르 강이나 드니에스테르 강이 대량의 방사능(죽음의 재)을 흑해로 지중해로 흘려보냈을 테니까 터키는 특히 위험합니다. 캐비아 등은 절대로 먹어서는 안 됩니다. 캐비아는 강에 사는 용상어의 알이니까요.

많은 사람은 육상의 오염에만 눈을 돌리겠지만 체르노빌 직후부터 예측한 대로 이미 3년이 1989년 현재 죽음의 재는 육지에서 강으로 강에서 호수로 다시 호수에서 바다로 옮겨졌습니다. 체르노빌 일대의 위험 물질은 드니에프르 강으로 흘러들어 1~2년 사이에 대량이 흑해로 흘러들 것이라고 했습니다. 그 말대로 유럽에서 전해오는 1988년 2월 초순의 뉴스에는 흑해 북쪽 연안 바로 드니에프르 강 하구 일대에서 생물이 사멸하는 심각한 사태가 벌어졌다는 것입니다. 소련은 방사능 오염 물질이 드니에프르 강으로 흘러들어 가는 것을 차단했다고 선전했지만 사실은 그 부근의 어획량이 격감해서 예년 9만 톤이던 것이 1987년은 겨우 6천 톤도 못되는 15분의 1로 감소되었다는 것입니다. 캐비아 생산은 크게 감소되었으며, 물론 거둬들인 6천 톤도 절대로 먹을 수 없는 것이라고 합니다. 장차 흑해에서 저 아름다운 그리스를 싸고도는 에게 해로 죽음의 재가 흘러들어가면 마침내 지중해로 번져나갈 것입니다.

체르노빌에서 부는 위험한 바람을 사고 다음 날부터 10일간 측정한 그림을 보여드리겠습니다[자료 37]. 여기 보면 남쪽 중동 방면까지 완전히 덮고 있습니다. 전 세계가 죽음의 재로 오염된 것입니다. '이제 안전하다'고 하던 소련조차도 '6천 명쯤 사망한다'고 숫자를 말하게 되었습니다. 도저히 그럴 수 없는데 여전히 그들은 사람을 바보로만 알고 있습니다. 서독에서 검출된 세슘의 양만 가지고도 현재 어린이들은 몇만 명 단위로 사망하리라는데 말입니다.

체르노빌 사고 후에 소련에서 이상하리만치 빈발하는 사고의 내막은 도대체 무엇이겠습니까. 나히모프라는 대형 선박의 침몰, 원자력 잠수함의 화재 침몰, 그리고 학생들을 잔뜩 태운 여객선에서 화재와 가짜 보드카를 마시고 겨우 두 달 사이에 100명이라는 사람이 죽은 사건 등 이번에는 우크라이나에서 열차까지 정면 충돌했습니다. 또 계속됩니다. 아에로 플로트의 추락 등등……, 나는 의심하지 않을 수 없습니다(뭔가 이상하다고 의심하고 있는데 또다시 항공기가 추락하고 광산에서 대사고가 났습니다). 이러한 사고에서 죽은 사람들은 누구인가. 혹시 그 어떤 공통점이 있는 게 아닌가 하는 의혹이 일어납니다. 특히 나히모프 침몰의 경우는 일 년이 지나서 고무로 틀어막았다는 이야기가 있는데 뭔가 납득이 가지 않는 무서운 느낌입니다. 원자력 잠수함이 침몰했을 때도 바다 오염에 대해서 무관심하던 소련이 나히모프 사고에만 유독 이런 조처를 하는지, 체르노빌 사고에 관한 증인을 없애버린 것은 아닌지. 이제 와서는 그게 살인이라고 의심을 받아도 이상할 게 없을 만큼 소련 정부는 대량의 피폭 주민을 어떻게든 감춰보려고 필사적인 노력을 계속하고 있습니다.

체르노빌에서 부는 바람
(다음 날부터 10일간)

↓ 페르세폴리스의 대석주 부러지다

↑ 이란에서도 이상방사능

[자료 37]

사고 처리를 맡은 소련의 발레리 레가소프가 체르노빌 사고 이 년 후에 사망했는데 '자살'로 마무리되고 말았습니다. 현지에서 기록 영화 촬영을 감행한 블라디미르 셰프첸코 감독도 죽고 두 사람의 촬영 기사가 입원했다고 하는데 그 후는 소식을 알 수 없습니다. 우크라이나 TV의 촬영 기사 발렌틴 유르첸코도 급사했다고 합니다.

그리고 소련의 정치 상황에도 이변이 나타났죠. 페레스트로이카의 기수 보리스 옐친이 체르노빌 사고 1년 반 후에 모스크바 시 당 제1서기직에서 해임되었죠. 그는 모스크바에서 인기절정이었는데 왜 해임되었는지. 실은 체르노빌 현지의 피폭량이 시간당 150뢴트겐이라는 숫자를 서방측에 폭로한 사람이 바로 옐친이었는데 말입니다.

즉, 사고 직후 옐친은 이 숫자를 서독에서 발표했는데 이 숫자는 4시간 그 장소에 머무르면 150뢴트겐×4=600뢴트겐이 되며 이런 조건에서는 누구든지 100% 사망한다는 것을 공표한 것입니다. 소련측으로서는 절대로 발표해서는 안 되는 과학적 자료입니다. 나도 옐친의 말이 사실인 경우 운운하는 이야기를 학습회장에서 발표했더니 금방 친소적 인물에게서 엉뚱한 공격을 받았습니다.

우리는 현재의 피해를 꼭 알아야 합니다. 1988년 2월의 보도를 보면 연초에 소련 의료계는 중요한 법을 개정했습니다. 의학 신문『메디친스 카야가제라』가 전한 것인데 그때까지 소련에서는 임신 3개월까지 중절이 인정되었는데 앞으로는 임신 7개월(28주)까지 중절 수술을 해도 좋다는 법개정이 있었다고 했습니다. 여성들은 다 아는 문제죠. 임신 7개월의 태아는 제왕절개 수술을 해서 분만시키면 인큐베이터에 넣지 않아도 키울 수 있는 버젓한 신생아입니다. 중절 수술에 대해서 가부를 말하기 전에 이러한 중절 수술은 인간의 보통 감각에서 보면 명백한 살인 행위입니다. 나도 몇몇 의사에게 물었더니 "그것은 의사도 주저할 정도의 '작업'이다. 살인이고 말고" 하는 것입니다. 특별한 사정이 없으면 3개월에서 판단할 수 있는 중절 수술의 가부를 왜 7개월이 되어 판단해야 하는가. 나는 소련 국내의 어린이들에게 이상 상황이 있다는 것을 단정하지 않을 수 없습니다. 그래서 폴란드에서 50만 명의 신생아가 없어졌다는 뉴스는 아무래도 사실인 것 같습니다.

물론 어린이뿐만 아니라 어른들도 심각합니다. 체르노빌 사고 1년 후의 상황을 전하는 『아사히 신문』은 레닌그라드 거주민의 체내 세슘은 사고 후 9개월만에 일본인의 수천 년분에 달한다 합니다[자료 38]. 방사선 세슘이 그렇다는 것인데요. 레닌그라드는 체르노빌에서 900km나 떨어진 핀란드 국경 근처인데도 그렇다니 우크라이나 사람은 어떻겠습니까.

1988년 9월 27일 소련 정부 기관지 『이즈베스티야』는 드디어 중대한 소식을 전했습니다[자료 39]. 체르노빌이 있는 우크라이나에서 '유전성 질환을 가지는 어린이가 태어나는 위험성을 가능한 한 줄이는 조처가 시행되고 있다 — 유전학은 경고한다'라는 기사입니다. 역시 예상한 대로 어린이들의 육체에 심각한 피해가 나타나서 이제 숨길 수 없는 사태가 진행되고 있는 것입니다. 체르노빌 사고 후 2년 반입니다. '불치병에 걸린 환자 10만 명 가까이가 특별 시설에 수용됐다' — '선천성 유전 질환의 증가로 어린이의 사망률 중 이런 종류의 질환이 차지하는 비율이 현저하게 증가하는 사태를 생각하면 이 숫자는 너무 작다'고 썼는데 물론 러시아 말로 썼습니다.

그리고 11월 초순에는 각 신문이 보도한 '우크라이나의 체르노프치 시에서 어린이의 머리카락이 빠지는 원인 불명의 이상한 병이 여름부터 유행하고 있다'고 했습니다. 이 도시는 체르노빌에서 남서쪽으로 450km 즉 소련에 인접하는 동유럽권 중에서 방사능 오염이 가장 심했던 지역 루마니아 국경 근처에 있습니다. 동유럽에서 최대 오

레닌그라드에서 온 사람:

1987년 1월

올해 1월 방일했던 레닌그라드에 사는
소련인이 일본 연구기관을 방문했을
때 체내에 수백만 피코퀴리의 세슘이
축적되어 있다고 말했다. 방사선
의학연합 연구소 과학연구과 이치카와
씨에 따르면, 현재 일본인은 대략 1천
피코퀴리가 축적되어 있기 때문에
소련인은 일본인의 수천 배에 달한다.
—『아사히 신문』, 1984. 4. 27.

육종을 일으키는 세슘

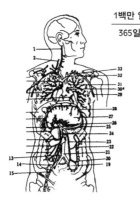

$$\frac{수백만 \ 피코퀴리}{수 \ 피코퀴리} = 백만 \ 배, \ 즉 \ 백만분의 \ 일 \ 분량$$

$$\frac{1백만 \ 일}{365일} = 2,739년분량(약 \ 9개월)\cdots\cdots$$

즉 12개월 동안에는,

$$2,739년 \times \frac{12개월}{9개월} = 3,652년분량$$

일본인의 수천 년 분량

[자료 39]

염국은 소련 다음이 폴란드가 아니라 바로 루마니아입니다. 폴란드의 4배가 넘는 세슘 137이 검출된 것입니다. 체르노프치는 바로 루마니아 동쪽에(체르노빌에서 가까운) 있는데 국경에는 카르파티아 산맥이 있죠. 방사능 구름이 이 산에 막혀서 대량의 죽음의 재를 뿌린 것이죠. 그렇다면 우연이라고 할 수 없는 위치에 있는 이 소도시의 이상 상태입니다[자료 40]. 원인은 백혈병의 발생이 아닌가 하는데 안됐지만 시기적으로 예측한 사태가 일어난 것 같습니다.

이번 여름에 폴란드를 방문한 사람의 이야기를 들었는데 많은 사람들이 피부에 반점이 생겨 불안심리가 확산되고 있다고 합니다. 반점은 AIDS(후천성 면역 결핍증)나 백혈병 같은 혈액병에 기인하는 중대한 면역 부전 증상이라 심히 걱정됩니다.

그리고 이러한 일련의 사건에서 공통점은 체르노빌 사고를 원인으로 해서 생각하면 설명되는데도 여전히 그 원인은 그게 아니라든가 그것과 관계없다 하면서 딴전을 피우고 있습니다. 진실로 관계가 없다면 왜 체르노빌 발전소 공산당 위원회 서기였던 보로다브코가 가족의 원전 근처 거주를 거부해서 1988년 10월에 해임되었는가요? 왜 소

죽음의 재 세슘 · 스트론튬 · 플루토늄

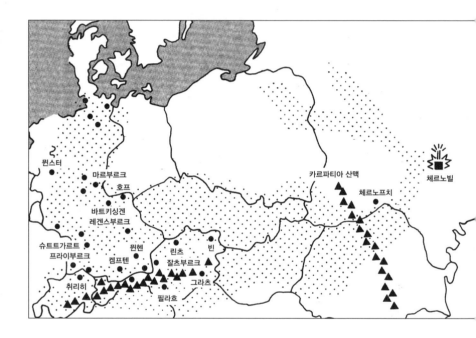

련에서 미국으로 이민 신청을 한 사람이 1988년은 전년에 비해서 6배로 격증했는가요. 이제 더 감추지 않는 게 좋다고 생각합니다. 그러나 감출 수밖에 없는 것이 가해자인 소련 정부의 입장입니다. 진상을 감추는 것은 전 세계의 원자력 산업의 요구이기도 합니다. 내가 당사자라도 그렇게 할 수밖에 없겠죠. 딴 방법이란 없으니까 말입니다.

오염된 식량은 어디로

지금까지 피해에 대한 이야기를 했습니다. 이제 끝으로 우크라이나의 곡물은 누가 먹었는가 유럽의 오염 식량은 어떻게 되었는가 — 일본과의 관계를 염두에 두고 생각해 보겠습니다. 우리에게는 이게 중대한 문제로 제기되었습니다.

사고가 난 1986년 7월에 이런 기사가 있습니다.

'금년 소련의 곡물 수확량은 1억 8천만 톤 — 전년 대비 1천만 톤 감소'라는 내용입니다. 8월에는 '우크라이나 지방 등의 가뭄으로 옥수수, 보리 수확량이 줄었다'는 기사가 나왔죠. 이것은 가뭄이 원인이 아닐 것인데 새빨간 거짓말을 하는구나 하고 생각하다가 좀 이상하다고 느꼈습니다.

우크라이나는 소련 곡물의 30%를 생산하는 곳입니다. 바로 그 우크라이나가 오염되고 파괴되었죠. 줄잡아서 수십 년간 절대로 수확해서 안 되는 곳이죠. 그리고 보면 1억 8천만 톤에서 30%가 없어지면 5천4백만 톤이 감소되는데 겨우 1천만 톤밖에 줄지 않았습니다. 그렇다면 5천4백만 톤에서 1천만 톤을 뺀 4천4백만 톤이라는 위험물을 누군가가 먹는다는 것이 아닌가. 자! 누가 먹을까 하고 의아스럽게 생각하고 있는데 11월에 엄청난 기사가 나왔습니다. 7월의 보도와는 달리 소련의 곡물 수확량이 2억 1천만 톤으로 뛰어올라 예년보다 3천만 톤이나 많다고 했습니다.

이것은 체르노빌의 보리를 모두 완전히 수확해서 먹는다는 것입니다. 그러니까 우리는 소련의 식품에 대한 체르노빌 사고 이후의 일반 뉴스를 주의 깊게 읽어야 합니다. 예를 들면 소련이 실로 32년만에 빵값을 인상했다는 보도, 왜 그랬을까. 빵의 원료는 밀인데 말입니다.

또 소련에서 야채의 산지 직송이 크게 인기라는 기사도 있습니다. 원전 사고와 전혀 관계없는 기사지만 좀 생각해보면 금방 알 수 있는 이야기가 아닙니까. 밀의 대수확을 발표하면서 빵값을 올린 것을 보면 오염된 밀을 수출하고 자신들은 수입밀을 먹을 가능성도 있는 것입니다. 하지만 체르노빌 근처에서는 높이 1m나 되는 거대 버섯이 발생하고 나무가 새빨갛게 죽어가는 상황인데 밀만은 안전할 수가 있을까요.

산지 직송에 인기가 집중되는 것을 보면 소련 사람들도 눈치를 챈 것이 틀림없습니다. 최근 소련에서는 주민들의 반대로 원전 건설을 중지시켰다는 뉴스가 꼬리를 물고 있는데, 이것만 보아도 소련에서 심상치 않은 사태가 일어나고 있다는 것을 가르쳐줍니다. 이것은 확실히 소련 사람들도 식품을 고르고 있으며 우크라이나산인가 아닌가를 알려고 하는 급박한 식량 사정을 반영한다고 생각합니다. 또 야채도 안전 지대산을 고르고 있다는 증거가 기사에 나타났습니다. 그러나 그것을 표면에 나타내지 않으려고 하는데 소련은 국가 전체가 한 덩어리가 돼서 연극을 하고 있는 것이 아닌가 생각합니다.

그러면 오염된 식품들이 어느 나라로 가는가 기사를 검토하면서 전 세계를 알아보겠습니다[자료 41].

베를린에서 여름에 일시 귀국한 야마모토 지카코 여사가 자세한 보고를 했습니다. 가을이 되면 전 유럽에서 곡물이 수확되고 빵의 오염도가 급격히 상승하는 사태가 불가피하다는 예측이었는데 과연 1987년에 그렇게 되었습니다. 스파게티와 빵의 오염이 심각해진 것

오염된 식품들은 어디로?

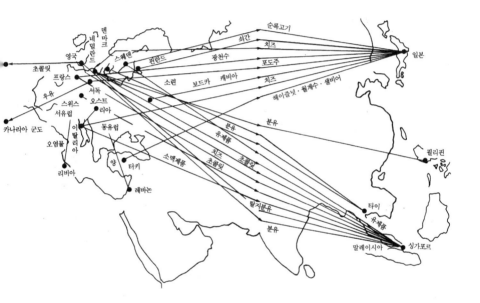

이죠. 오염물은 냉동 식품에도 모양을 바꾸어 나타났고, 저장된 목초 사료도 사고 직후 5월에 수확해서 저장한 것이니까 겨울이 되자 방목되던 소나 양이 이것을 먹고 다시 사고 직후와 같은 위험 상태에 도달했습니다. 여기서는 대기 중 핵실험이 절정에 있었던 시대보다 수백 배나 되는 방사능 오염물이 발견된 것입니다.

그래서 '서독'의 무역업자가 아프리카 사하라 사막 서편에 있는 카나리아 군도에서 우유를 대량으로 사다가 큰 돈을 벌었다는 이야기인데, 그 바람에 카나리아 사람들은 마실 우유가 없어서 애를 먹고 있는데 그 무역업자는 유럽에서 값이 싼 오염된 우유를 사다 팔았다는 것입니다. 도대체 무어라고 말해야 할는지! 이런 일이 눈앞에서 벌어지고 있습니다.

그러나 이 정도는 시작에 불과합니다. 9월의 기사에는, 마르코스가 도망가고 아키노 정권으로 바뀌면서 국내가 크게 동요하고 있던 필리핀에서는 '네덜란드'에서 수입한 분유에서 대량의 방사능이 검출되었다는 것입니다. 더구나 이것은 유명 상표 '에바 밀크'라는데 이것은 우연한 이야기가 아니라 빙산의 일각이라고 할까요?

말레이시아에서도 '네덜란드'제 탈지분유를 수입정지 처분했으며 싱가포르에서는 '베네룩스'와 '북유럽'의 유제품, '프랑스'의 치즈, '영국'과 '스위스'의 초콜릿, 그리고 '이탈리아'의 소맥제품에 이르는 모든 식품에서 오염이 잇따라 발견되었습니다. 타이에서는 '네덜란드'와 '덴마크'의 분유가 오염되었다고 해서 한동안 큰 혼란이 일어났습니다.

눈에 띄는 것마다 아시아, 아프리카의 여러 나라인데 그러면 그렇지 하는 생각이 없지 않습니다만, 미국에서도 '이탈리아'제 치즈에 방사능이 검출되어 되돌려 보냈다고 합니다.

이것은 남의 일이 아닙니다. 일본은 식량의 대부분을 수입하고 있는데 그것의 거의 100% 가까운 물량을 서류만 검사해서 통관시킵니다. 소위 노 체크(No check)죠. 우리 총리 대신의 사고 당시의 얼굴을 한 번 생각해봅시다. '일본인은 우수하고 미국인은 열등하다'고 공언한 인간입니다.

여러분이 미국인이라면 그 말을 듣고 어떤 생각을 할까요. 잘못됐다고 사과하면 잊어집니까. 천만의 말씀이죠. 이 조그만 섬나라에서 엔고(円高)로 콧대가 세어진 일본인 집단에 대해서 전 세계 사람이 갖고 있는 그 어떤 감정은 절대로 없어지지 않습니다. 내가 유럽의 무역업자래도 엄청난 오염식품을 쌓아놓고 이것을 수출하려 할 때 거기는 자연히 감정이 작용할 것입니다. 반드시 유럽인만 앞으로 쓰러져야 한다는 법은 없으니까요.

'소련의 특산품을 초특가로 댁까지 배달!'. 이런 신문 광고를 보면 캐비아나 게통조림 등 없는 게 없습니다. 그리고 소맥제품 수입이 급증했다는 뉴스……, 도쿄 시부야에서 '이탈리아'제 치즈 대선전……, 마루베니가 '프랑스' 최대의 광천수 회사로부터 천연의 원수(源水)를 수입하다……, 하기는 플루토늄도 금속이니까 광물임에는 틀림없죠.

엔고 차익으로 값이 싼 수입 포도주를 단순한 생각에서 마시지 않는 것이 현명할 것입니다. 이젠 디에틸렌글리콜은 들어 있지 않다고 보증하고 있지만 글쎄 이번에는 다른 게(방사능) 들어 있습니다.

일본에서는 보도되지 않았던 AP의 관련 기사를 출판업자 다이아몬드 사 사람이 모두 컴퓨터로 제공해주었습니다.

사고가 있고 나서 10월 말까지 약 반년 동안은 식품과 오염에 관한 뉴스인데 거기서 놀라운 사실을 발견했습니다.

AP 5월 27일, 레바논 발, 사고가 나고 한 달, 레바논은 PLO(팔레스타인 해방기구)와 이스라엘 분쟁으로 내전 상태에 있는 나라인데 '레바논 북북쪽 고스타에 도착한 2천 마리의 양이 눈이 멀고 귀가 먹은 것이어서 보건 장관은 지하에 깊이 매장할 것을 명령했다.'

이것은 말할 것도 없이 살아 있는 양인데 사건 1개월에 눈도 멀고 귀도 먹고 할 정도로 피폭당했다는 것이니까, 소련에서 아주 피폭이 심했던 우크라이나로부터 온 것이 아닌가 생각합니다. 믿을 수 없는 피해상황입니다.

아무래도 무관세 천국이라는 터키에 있는 무관세 지역을 통해서 동유럽에서 레바논으로 들어온 것 같습니다. 이 양이 소련 것이 아니라 이를테면 폴란드 양이라면 소련의 피해는 더 심각하다는 이야기가 됩니다.

또한 리비아는 사고 직전 미국의 공격을 받은 나라인데 역시 AP에 의하면 여기는 서유럽에서 대량의 오염물이 수입되었다는 기사입니다. 대략 정치적으로 적대 관계에 있는 나라나 내란이 있는 나라 또는 방사능 측정 능력이 없는 나라가 표적이 된다는 인상을 받습니다.

오스트리아에 거주하는 내 친구의 편지를 소개하겠습니다. 빈에 있는 음악가인데 체르노빌 사고 후인 9월 말에 보내온 편지의 요점을 읽겠습니다.

'농가에서는 세슘 오염 때문에 소를 도살장으로 보낼 수 없다. 쇠고기의 세슘 농도가 지난 주부터 올라가기 시작했다. 송아지고기도 전에 측정한 것보다 올라갔다. 돼지고기는 그 정도는 아니지만 정육점에는 팔리지 않는 쇠고기만 남아 있다'는 이 얘기는 소는 방목이라 오염되기 쉬운 반면 돼지는 가공 사료를 먹이기 때문에 덜한 것 같습니다. 그러나 돼지도 어차피 가공 사료가 오염될 테니까 사고 직후의 일시적 현상일 것입니다.

'육류뿐만 아니라 우유, 야채, 치즈, 포도 등…… 9월 1일과 5일 신문이 세슘 오염에 대한 경고를 하고 있다. 어류도 위험하다! 벌집처럼 늘어선 노동자 주거지 등…… 어류에 관해서는 오스트리아는 허용치가 없기 때문에 모두 먹어치울 테니 걱정이다.' 그런데 다음이 놀라운 대목입니다.

'9월 10일. 세슘에 오염된 돼지고기가 이탈리아에서 베이컨으로 가공되어 오스트리아로 역수입되었다.'

이것은 아무래도 위험하다는 생각에서 오스트리아가 수출한 돼지고기인데 이탈리아 업자도 이에 질세라 이번에는 베이컨을 만들어서 오스트리아로 보냈다는 이야기 같습니다. 웃는 분이 계신데 왜들 그러시죠. 웃을 일이 아니잖아요?

'9월 13일, 플랑크톤을 먹는 물고기 그리고 버섯이 위험하다!'

'그런데 건강하게 뛰어놀며 아무거나 잘 먹는 아들을 볼 때마다 안타까워질 뿐'이라고 적었습니다.

이 편지의 주인공은 아직 어린 아들이 있습니다. 얼마나 심각한 이야기인지 말로 할 수 없습니다. 일본의 신문, 방송은 아무것도 알려주지 않으니 모두 속지 말아야 합니다.

서독, 여기서는 인간과 동물의 이상 출산이 여기저기서 보도되었습니다. 농장에서 방독면을 쓰고 트랙터 운전을 하는 스웨덴 여성의 사진과 버섯 오염을 보도한 오스트리아 신문을 보면 현실감이 납니다[자료 42].

세슘 오염의 숫자와 그림을 보십시오[자료 43]. 신문에서도 가끔 숫자가 나오니까 숫자 읽는 법을 설명하겠습니다. EC 각국의 기준은 식품 1kg당 일반 식품은 600베크렐, 유아 식품을 370베크렐입니다. 베크렐은 앞에 나온 멕시코 사건에서 설명한 퀴리로 환산되는 방사능의 단위로 1피코퀴리는 1조분의 1퀴리, 또 1만 피코퀴리가 370베크렐입니다. 그런데 체르노빌 사고 전에는 우리 일본 사람은 하루 몇 피코퀴리의 세슘을 먹었는가 다시 말해서 하루에 0.2베크렐을 먹었다는 이야기입니다. 인간이 하루에 먹는 식품량은 사람마다 다르지만 적은 사람도 1kg은 되니까 자기가 먹는 것과 이 숫자를 비교하면 됩니다. 2kg 먹는 사람의 위험도는 두 배가 됩니다.

Twelve months ago, a Swedish family
saw the "Cream of the Country" turn sour.

LIFE AFTER CHERNOBYL

By Jeff and Eva F...

Vorsicht: Maronipilz mit
2200 nCi Cäsium pro Kilo

KURIER CHRONIK

● Ökologieinstitut
schlägt nach Planquadrat
im Waldviertel Alarm

Durch den Fall-out der Reaktor-
katastrophe von Tschernobyl stark be-
troffene Gebiete in Österreich

Herrenpilze
rund um Wien
sind „sauber"

Dieses Prachtexemplar aus dem Wienerwald ist unbedenklich

1987.9.1

1987.4.12 毎日新聞

육종을 일으키는 세슘

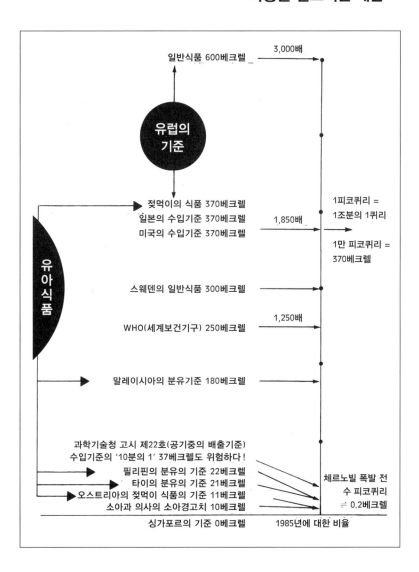

[자료 43]

일본 전국 5~9세 남아의 암사망률

(일본 암학회)

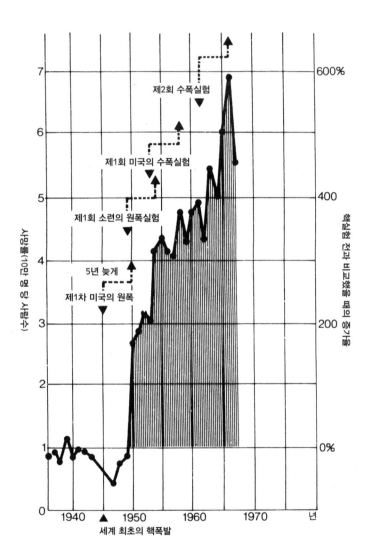

[자료 44]

요컨대 EC가 기준으로 정한 젖먹이 식품 370베크렐은 줄잡아도 체르노빌 폭발 전의 2천 배의 세슘을 먹는다는 놀라운 기준이라는 것을 우리는 깨달아야 합니다. 그런데 일본 후생성의 수입 기준은 이 숫자를 채용하고 있습니다.

그러면 체르노빌 폭발 전에 먹은 0.2베크렐이라는 숫자는 무엇이 원인이었는가 조사해보니까 그것은 핵실험과 관계된 것이었습니다. 핵실험은 풍하 주민에게 큰 피해를 주었는데 일본인도 그것 때문에 사실은 어린이가 사망한 것입니다. 일본 암학회가 발표한 보고에 '일본 전국의 5~9세 남자아이 암사망률'이라는 것이 있다는 사실을 최근에 알았습니다[자료 44].

1945년 히로시마·나가사키에 원폭이 투하되었고 다시 핵실험 시대로 접어들면서 5년 후부터 일본에서도 피해가 나타났습니다. 이것이 체르노빌 피해의 기준이 되겠죠. 앞으로 2~3년 후에는 어린이들 중에서 몇인가 병실에서 사망하게 됩니다. 그때 엄마는 아들을 보고 '네가 왜 죽어야 하지'라고 묻겠지만 증명할 수 없죠. 장래 학자는 이런 그래프를 만들겠죠. 그러나 아들을 잃은 엄마에게 이런 그래프가 무슨 뜻이 있겠습니까?

이런 그래프는 한 번으로 충분합니다. 또 그리지 않아야 합니다. 이 자리에서 이 그래프를 보고 새삼 깨닫는 분이 계실 것 같은데, 자기 자식을 암으로 잃은 분 말입니다.

체르노빌 오염 식품의 베크렐이라는 숫자는 현재 이 그래프를 몇 배로 해야 할지 짐작조차 못 하겠습니다. 그러나 분유에서 검출된 숫자에 주의해주십시오. 유제품이 유럽에서 수입되는 경로는 아주 간단합니다[자료 45].

일본의 농업 포기 정책에 의해서 낙농가에 생산 조정으로 올가미가 씌워졌기 때문에 애써 자기 소에서 짠 우유를 버리지 않으면 안 됩

우유의 흐름

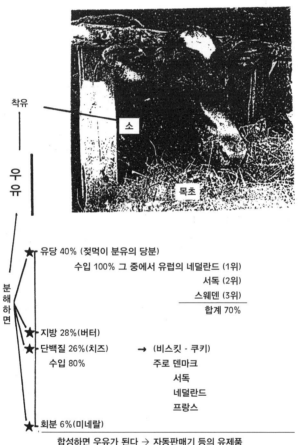

착유 ─── 소

우유

목초

분해하면

★ 유당 40% (젖먹이 분유의 당분)
　　　　수입 100% 그 중에서 유럽의 네덜란드 (1위)
　　　　　　　　　　　　　　　　　서독 (2위)
　　　　　　　　　　　　　　　　스웨덴 (3위)
　　　　　　　　　　　　　　　　합계 70%

★ 지방 28%(버터)

★ 단백질 26%(치즈)　　→　(비스킷 - 쿠키)
　　수입 80%　　　　　　　주로 덴마크
　　　　　　　　　　　　　　서독
　　　　　　　　　　　　　　네덜란드
　　　　　　　　　　　　　　프랑스

★ 회분 6%(미네랄)

합성하면 우유가 된다 → 자동판매기 등의 유제품
국내 낙농가 생산의 37%

니다. 그런데다 체르노빌 사고가 덮쳐 오염된 유럽의 유제품을 수입하고 있습니다. 특히 1988년은 탈지분유를 긴급 수입하는 사태가 일어나 큰 문제가 되었습니다. 모두 자기 자신으로 돌아가서 자식들의 얼굴을 생각해보십시오.

　반드시 내 아들이 아니라도 좋아요. 어른들이 자기 자식을 죽이게 되는 구조는 아주 간단합니다. 유럽, 이를테면 도나우 강에 분유를 버리는 사진이 있습니다. 오염으로 위험해서 그럽니다. 그것을 일본 사람은 눈도 깜짝하지 않고 수입하고 있습니다.

　이런 일은 분유뿐만 아니라 1989년 지금도 모든 식품에서 같은 상황입니다. 앞으로 여러분 자신이 나서서 조사할 차례가 되었습니다.

　　남부 독일의 농업지대에서는 농작물의 세슘 농도가 다시 오르기 시작했다……, 알프스의 얼음이 녹자 우유의 오염도가 상승한다……, 스웨덴 중앙부에서 허용치를 훨씬 넘는 오염도를 기록했으며, 내륙 수면의 고기에 죽음의 재가 농축되고, 5개월마다 1천 베크렐 단위로 상승하고……, 농민의 체내 세슘은 조금도 내려갈 기미를 보이지 않고……, 터키산 홍차 6만 톤이 오염, 처분에 난점……, 오스트리아의 생우유가 190베크렐을 기록……, 바이에르산 버섯에서 3만 7천 베크렐……, 107종이나 되는 광천수의 오염이 처음으로 발표되다…….

이것은 모두가 1988년 8월에서 12월까지의 기사입니다. 유럽 대륙에서 무슨 일이 일어나고 있는가를 더욱 상세히 조사해서 모두에게 알릴 필요가 있습니다.

　소련에서 어린이가 죽어간다는 것을 추리하면 여러분 스스로의 행동이 달라질 것입니다. 처음에 소개한 30여 년 전 우랄 지방에서 일어난 핵참사에 관해서 1988년 8월 22일에 발행한 일본 원자력 문화 재단의 소책자『위험한 이야기의 오류』에는 이 참사가 '진실성이 결핍된 이야기'라고 기술되어 있습니다.

이런 말도 안 되는 이야기를 오늘까지 퍼뜨리고 매스컴을 기만해 온 것이 바로 전 세계의 원자력 산업입니다.

이 소책자가 나오고 4개월도 안 되었는데 소련 과학 아카데미의 베리호프 부총재가 일본에 와서 스스로 '우랄 핵참사'의 사실을 말했습니다. 일본 원자력 문화진흥 재단은 이 소책자를 '전문가의 의견을 듣고' 서술한 것이라고 큰소리치고 있습니다. 이것에 대한 문의는 동 재단의 PA정보 조사실(전화 03-507-0883)이라고 명기하고 있으니까 베리호프 부총재가 '진실성이 결핍된 이야기'를 하는지 여부를 질문해 주십시오. PA란 퍼블릭 억셉턴스(public acceptance)의 약어 즉 '대중이 받아드릴 수 있는' 유용한 정보를 조사하는 부서라는 의미입니다. 여러분이 원자력을 받아들일 것인가 아닌가를 이 사람들에게 전해 줄 때가 왔습니다.

제3장　일본에 대사고가 일어나는 날

다음은 일본이냐, 프랑스냐

이제 우리 일본의 원자로가 대사고를 일으킬 것인가 하는 데 대한 이야기를 하겠습니다. 이야기를 듣고 나면 여러분은 오늘 밤부터 잠을 잘 수 없을 것입니다. 그러나 이야기하겠습니다.

모두 다음 차례는 일본이냐 프랑스냐고들 말합니다. 물론 대사고를 일으키는 나라죠.

왜냐하면 원자로가 제일 많은 나라는 미국입니다. 1986년 4월 18일 미국의 유명한 신문『월스트리트 저널』을 보면 '지금 100기의 원전이 미국을 환하게 밝히고 있다'라는 전면 광고를 싣고 원자력 칭송가를 소리 높이 부르고 있습니다. 그리고 8일 후 26일 체르노빌은 폭발로 산산이 부서졌습니다. 동시에 이 광고의 뜻도 산산조각이 난 것입니다. 체르노빌 사고가 나기 일주일 전이라는 사실이 우리에게는 극히 상징적이며 냉엄한 내일을 예언하고 있습니다. 즉 앞으로 아무도 예기치 못하는 대사고가 모두의 기대를 저버리고 확실히 일어납니다. 그것을 알기 위해서는 체르노빌이 폭발하는 직전으로 돌아가면 금방 알 수 있습니다.

우리들의 장래, 일주일 후, 한 달 후, 혹은 일 년 후 또는 수년 후를 알고 싶거든 우크라이나에 비극이 닥쳐온 일주일 전, 한 달 전, 혹은 일 년 전이나 수년 전의 전 세계의 상황을 조사하면 됩니다.

이런 관점에서 해석한 결과 현실은 말기적이라고 할까, 아니 그보다도 나는 확실하게 절망적인 수년 후라는 말을 하고 싶은데, 나는 무서운 곳에 서 있는 것을 느낍니다. 수년 후에 지금 같은 정상적인 생활은 없을지도 모릅니다.

이야기를 원자로의 수로 돌아가서 설명하겠습니다.

이 표[자료 46, 오른쪽]는 1985년 12월 31일 체르노빌 사고 수개월 전의 숫자인데 미국이 98기로 제일 많고, 둘째가 소련의 50기였습니다.

THE WALL STREET JOURNAL FRIDAY, APRIL 18, 1986

ENERGY UPDATE

100 nuclear plants lighting the way to energy independence

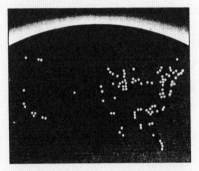

An energy milestone in March: America's 100th nuclear power plant was approved for operation.
Nuclear fuel and the electricity it generates have saved the U.S. about 2 billion barrels of oil since the 1973 Arab oil embargo, helping the nation limit its use of foreign oil.

Energy Updates are a continuing series about energy America can count on
U.S. COMMITTEE FOR ENERGY AWARENESS
P.O. Box 1537, Ridgely, MD 21681　　4月18日

The Global Grid

In 1985 dependence on nuclear power plants for electricity varied widely from country to country.

COUNTRY	OPERATING REACTORS	PERCENT OF ELECTRICITY SUPPLIED
Argentina	2	23
Belgium	8	60
Brazil	1	1
Britain	33	19
Bulgaria	4	32
Canada	16	12
Czechoslovakia	5	15
East Germany	5	12
Finland	4	38
France	40	65
Hungary	2	5
India	6	2
Italy	3	4
Japan	33	27
Netherlands	2	6
Pakistan	1	2
South Africa	4	18
South Korea	4	18
Spain	8	24
Sweden	12	42
Switzerland	5	34
Taiwan	6	59
U.S.S.R.	50	11
United States	98*	16*
West Germany	18	30
Yugoslavia	1	5

*AS OF APRIL 30, 1986, CURRENT FIGURES ARE 98 OPERATING, 27 UNDER CONSTRUCTION AND 17 PERCENT TOTAL ELECTRICITY.
SOURCES: ATOMIC INDUSTRIAL FORUM, INTERNATIONAL ATOMIC ENERGY AGENCY

5月21日

仏でも2年前に 炉心過熱
あわやチェルノブイリ並みに

現地誌が報道

〔ロンドン＝ロイター〕仏
東部ビュジェ・カタノ・アン
ヌ原子力発電所で、八十四年の
原子炉の冷却システムも
和装置の安全システムも
制御不能の危機に瀕して、
ソ連のチェルノブイリ
事故のような大惨事に
なるところだった、と原子力
発電の安全問題を扱った
専門誌ガゼット・ヌクレ
アールが二十一日伝えた。

それによると、八二年四月十四日、中央のシ
リンダーにある原子炉の一基が冷却の温水シ
ステムへの電力供給が中断したため、炉心が
過熱した。危険性があったのは九
八四年四月十四日、中央のシ
ステムへの電力供給が中断したため、炉心が
三つの非常用ディーゼル発電機が作動したが、
最大七台稼働した。

↑ 프랑스에서도 2년 전에 노심과열
하마터면 체르노빌과 맞먹는 (5월 21일)

[자료 46]

그러니까 첫째 미국의 스리마일 섬에서 사고가 났으며, 둘째 소련에서 이번 체르노빌 사고가 났고, 셋째 프랑스의 40기, 넷째가 일본 33기, 숫자만 보아서는 영국이 1986년 말에 38기로 일본보다 많지만 영국의 원자로는 소형이 많아서 출력면에서는 일본의 반도 안 됩니다. 다시 말해서 확률론과 원전 추진의 맹렬한 자세 또는 전체적 규모로 미루어 일본이나 프랑스에서 대사고가 일어날 가능성이 높다는 예측이 가능하단 말입니다. 일본은 그 후 1987년에 다시 3기가 운전을 개시했고, 1988년 말 현재 36기가 가동 중에 있습니다.★

아마도 여러분은 일본에서는 사고가 없기를 기도하는 사람 또는 대사고는 절대로 일어나지 않는다고 믿는 사람이 대부분이라고 생각하지만 그것은 한낱 환상이라는 것은 이미 말씀드린 대로입니다. 일 년 전까지 소련 사람들도 똑같은 상황이었다는 체르노빌의 체험으로 보아 명백합니다. 이 사고는 우리 일본인이 자신을 향해서 보내는 최후통첩이 될 것입니다.

지금부터 나는 일본에서 일어날 대사고를 해석하겠습니다. 흔히들 말하는 '원전은 위험하다', '안전 신화는 허물어졌다'는 추상적 표현은 하지 않을 것입니다. 우선 맨 처음에 원자력을 추진하는 당사자인 과학기술청이 대사고를 예견하고 있다는 악명 높은 극비 보고서 실물을 소개한 후에, 일본 각지의 원자로가 얼마나 위기일발에서 대사고를 모면하고 있는가 갖가지 증거를 보여드리겠습니다.

과학기술청의 비밀 보고서

내가 이 보고서의 존재를 알게 된 것은 1974년 11월 5일 『마이니치 신문』 기사에서였습니다. 그 기사는 다음과 같습니다.

★ 2011년 2월 현재 미국 104기, 프랑스 58기, 일본 54기 그리고 한국 21기가 운전 중이다.

과학기술청은 '모르는 사람이 보면 놀랄 테니까……' 하는 등 언급을 회피해서 그 내용은 비밀이지만, 보고서를 작성하는 데 참가한 어떤 전문가는 '뭐니뭐니해도 방사능의 백분의 일만 방출되어도 악조건에서는 3조 수천억 엔이나 되는 피해가 발생하고, 죽음의 재가 한국까지 확산된다는 결론이 나와서 원자력국도 입장이 곤란했을 것입니다' 하고 말합니다.

이렇게 무서운 내용인데 체르노빌 사고 직후에 모처에서 이 보고서를 입수할 수 있었습니다. 읽어보니까 『마이니치 신문』 기사와 완전히 부합되는데 어쨌든 틀림없을 것입니다. 이것이 실물을 복사한 것입니다[자료 47]. '대형 원자로 사고의 이론적 가능성 및 공공 손해액에 관한 시산(試算)'이라고 되어 있습니다. 즉 사고가 일어날 가능성이 있는가. 있다면 우리 일반인에게 어느 정도 피해가 예상되는가라는 표제가 붙어 있습니다.

　실물 복사본을 읽어나가겠습니다.

　　　과연 대형 원자로는 대중에게 피해를 입힐 가능성이 '절대로' 없다고 할 수 있는가.

이 말은 원자력 발전소 반대론자가 부르짖는 것이 아닙니다. 이것은 우리에게 표면적이나마 '일본에서 사고가 일어날 까닭이 없다'고 주장하는 과학기술청 자체의 보고서이니까 말입니다. 이것을 작성한 것은 원자력을 실제로 움직이고 있는 일본 원자력 산업회의입니다.

　회장은 아리사와 히로미, 이 이름은 잠시 기억해 두세요. 이 사람은 후에 또다시 등장하게 됩니다.

　여하간에 내가 지금까지 말한 것을 사실은 그들 자신도 내부에서 비밀리에 서로 이야기하고 있었다는 사실에 놀랐습니다.

大型原子炉の事故の理論的可能性及び公衆損害額に関する試算

ま　え　が　き

本報告書は、科学技術庁が、日本原子力産業会議に委託した調査「大型原子炉の事故の理論的可能性及公衆損害に関する試算」の結果をとりまとめたものである。

本調査の目的は、原子力平和利用に伴う災害評価についての基礎調査を行い、原子力災害補償の確立のための参考資料とすることにある。その第一段階として本調査は大型原子炉（とくに発電用大型原子炉）を想定し、種々の条件下における各規模の事故の起る可能性および第3者に及ぼす物的人的損害を理論的に解析評価したものである。

諸外国においてもこの種の調査はほとんど前例がなく、わずかに米国において1957年に原子力委員会が行つた調査「公衆災害を伴う原子力発電所事故の研究」（原題 Theoretical Possibilities and Consequences of Major Accidents in Large Nuclear Power Plants,（WASH-740 ）があるだけであり、本調査の委託に当つてもこの米国の調査（以下WASHと略称する）の解析方法を参考とすることが指示されていた。

（×）　WASHには専門家のカンによる確率が非常に幅のある数字として示されている。これは全く科学的根拠のないものではあるが、だからといつて科学的根拠のある推定は今日では何人もなしえないところであろう。

以上のことによつて、MCAを問題にするかぎりにおいては巨大な公衆災害を生ずることはありえないことになる。しかし果して大型原子炉は公衆に災害をもたらす可能性が〝絶対的〟にないといえるであろうか。

보고서 35페이지에 이 지도가 있습니다[자료 48]. 그들이 그린 동심원(同心圓)의 중심은 체르노빌이 아닙니다. 이 지도는 우리 일본의 이바라키 현 도카이무라를 중심으로 죽음의 재가 확산될 범위를 그리고 있습니다. 한국, 대만, 중국, 소련 모두 위험 지대에 들어갑니다. 그건 그렇습니다. 체르노빌 피해를 생각하면 이것으로 안 됩니다.

여기 반경 1천km의 원이 있는데 내가 원주를 굵은 선으로 그린 것은 보고서에 이런 문장이 있기 때문입니다.

　　　물적 손해는…… 최고 농업 제한 지역이 반경 1천km 이상에 미치고…….

도카이무라를 중심으로 1천km의 원을 그리면 일본은 규슈에서 홋카이도까지 완전히 들어가 버립니다. 전문가들은 대사고가 일어나면 일본인은 눈깜짝할 사이에 먹을 것을 잃게 된다는 것을 알고 있습니다. 그러면 그들이 상상한 최악의 대사고란 어느 정도의 규모인가. 그것이 보고서 마지막 페이지에 이러한 그래프에 압축되어 있습니다[자료 49].

이 그래프에 내가 화살표를 그려넣은 것이 최악의 사고입니다. 화살표에서 아래로 곧게 내려가서 그래프 가로축에서 이 위치를 읽으면 10^7이라는 숫자와 부딪칩니다. 10^1은 10, 10^2은 100…… 10^7은 1천만, 이것이 그들이 상상한 사고에서 방출되는 방사능의 퀴리 단위입니다. 그러나 최악의 사고로 1천만 퀴리라지만 오늘의 대형 원자로 사고는 이것으로 안 되죠.

체르노빌 사고에서 소련의 발표로 나온 숫자가 수억 퀴리에 달하는데 과학기술청이 상상한 최악의 사고보다 수십 배나 큰 대사고가 현실적으로 일어난 것입니다. 내가 주장하는 10억 퀴리와 비교하면

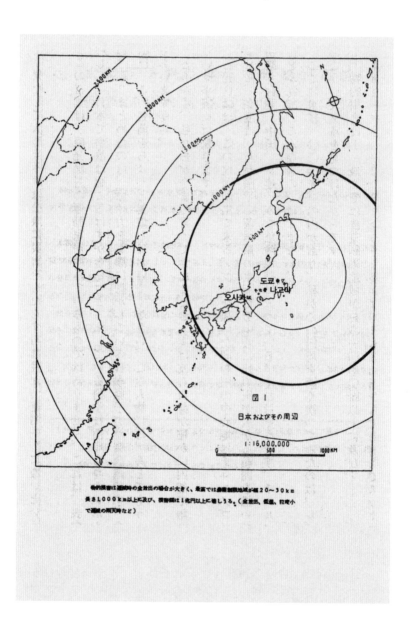

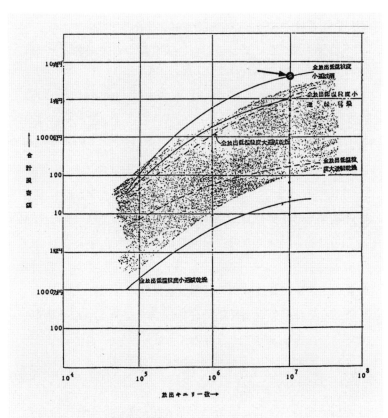

図1 放出キュリー数と合計損害額との関係

本文に記した通り条件により損害額は大きな幅を示すが、その程度を図示しようとしたものである。

条件のちがいを示すため代表的な場合を示した。（最小値は放雲セセし）

粒度小なるときは雨による沈着によつて物的損害は大きくなる。

• 風速のちがいと煙霧の拡がり方とのちがいにより、逆転時の方がかえつて放射性粒子が
比較的近いところで落ちてしまい、通常時にくらべて沈着の影響が近くに局限される場

과학기술청의 상상은 체르노빌의 100분의 1 규모밖에 안 됩니다. 그런데도 일본의 전체 농가가 파괴된다고 그들은 말합니다.

이번에는 그래프의 화살표를 옆으로 선을 그으면 왼쪽 세로축에 부딪치는데 여기는 손해액이 제시되어 있습니다.

그래프를 읽으면 3조 수천억 엔, 즉 앞서 나온 『마이니치 신문』에 나온 숫자와 일치합니다. 이 그래프는 눈금 하나에 자릿수 하나가 변하는 대수(對數) 그래프니까 이 자리는 4조 엔쯤 됩니다. 그들은 왜 돈의 액수를 알려고 했을까요.

사실은 이 보고서가 작성되기에 이르는 내막에는 통산성이 있었습니다. 대사고가 났을 때 보험 회사가 보험금을 지불할 능력이 있는가 없는가를 알아보는 것이 사고 해석의 목적이었습니다. 우리 국민의 몸을 생각한 것이 아니었습니다. 거꾸로 말해서 보험 회사가 손해 보험을 지불할 수 있는가 여부는 회사 존망이 걸려 있는 중대 문제이니까 정확한 해석을 요구했고, 통산부 ― 즉 통상과 산업을 관장하는 관료가 명령해서 보고서를 작성하도록 한 것입니다. 그들도 사실을 알고 싶었을 것이고 또 세상에 나도는 원전의 안전 홍보가 허위라는 것을 눈치채고 있었습니다.

그러나 어리석은 인간들, 아니 무서운 인간들이라고 해야 하겠죠. 여하튼 대사고가 일어난다는 가능성을 알았고, 또 그렇게 될 때는 전 국토가 파괴되니까 보험금을 지불할 까닭도 없어집니다. 그래서 원자로의 말기적 재해는 실질적으로 보험금의 대상에서 제외되었습니다. 그때는 전력 회사는 거의 책임이 없습니다. 그러면 누가 피해보상을 하는가. 그때는 국가밖에 없습니다. 우리가 내는 세금으로 지불된다면 전 국토가 파괴되었는데 누가 세금을 내고 누가 보상해 주겠다는 것입니까. 아무도 보상해 주지 않습니다. 국민의 몸뚱이니 국민경제니 하는 것보다도 1억 2천만 명이 전멸하는 길만이 남아 있을 뿐인데 무슨 방법이 있습니까.

여기 보면 손해액 4조 엔이라는 계산의 근거가 이 표에 나와 있습니다[자료 50]. 정확하게 여러분의 시체를 계산했습니다. 별표(★)를 보십시오. 피해자에 급수가 있는데 제1급은 전원이 2주일 이내에 사망하는 그룹인데 치료비 9만 6천 엔, 장례비 즉 장사 비용이 5만 엔, 위자료가 35만 엔 모두 합해서 83만 얼마로 되어 있습니다.

다음 제2급(★★)이 있는 곳인데 좀 더 오래 살아 60일 이내에 죽는 그룹은 치료비가 더 들어가니까 합계 최고액 88만 엔입니다. 그런데 여러분 장례비가 5만 엔, 이것으로 됩니까. 또 요즘 세상에 위자료 35만 엔으로 손을 털고 물러설 사람이 있을까요. 최근 항공기 사고로 사망한 사람을 보면 보상금은 1억 엔 규모가 되었는데 그게 당연한 책임이죠.

그래서 이 보고서의 금액을 현실에 맞게 다시 계산하니까 4조 엔으로는 어림도 없고 약 100조 엔에 달합니다. 국가 예산의 두 배입니다.

내가 그런 계산을 한 것은 이 보고서에 나오는 학자가 추정한 바와 같이 그들이 설정한 조건에서 100조 엔입니다. 그런데 그들은 백혈병이라는 최대의 피해조차 그들의 해석에서 제외했습니다. 백혈병이 발생하지 않아도 100조 엔, 따라서 실제에서는 일본 경제가 괴멸된다는 것이죠. 이 자리에 억만장자는 안 계시겠지만 지금부터 그들에게 알려드리세요. 아무리 큰 재산을 벌어놓아도 사고가 나면 세계는 일본을 내동댕이칠 것입니다. 엔고니 뭐니 하면서 콧대를 세우고 있지만 일본은 우크라이나와 비교할 수 없는 콩만한 작은 섬이니까요. 일본은 끝장이 났다고 할 것입니다. 홍수처럼 쇄도하던 엔은 대폭락하게 되죠. 가방 속의 돈뭉치는 눈깜짝할 사이에 휴지가 되는 것입니다. 그리고 여기 아래는 '인적 손해'가 숫자로 표시되었습니다. 아래 별표 옆에 '요시찰, 400만 명'이 최악의 예로 나옵니다. 정확하게 말해서 절망적인 삶이 400만 명이라는 겁니다. 이것은 도카이무라가 사고를 일

	★第1段	★★第2段	第3段	第4段
	700r 以上	700r ~ 200r	200r ~100r	100r ~25r
	全員2週間以内に死亡	死亡又は60日以内に死亡	治療を要し180日で治癒	90日で治癒	検査のみ

		★第1段	★★第2段	第3段	第4段
財 産 的 損 害	得べかりし利益（死亡者）	334,507円	334,507円		
	休職補償（負傷者）			36,900 円	18,450 円
	治療費	96,827	150,617	220,862	128,609	6,300 円
	葬祭料	50,000	50,000		
	小計	481,334	535,124	257,762	147,059	6,300
精神的損害慰籍料	慰謝料	350,000	350,000	150,000	100,000	30,000
	総計（1人当り）	831,334	885,124	407,762	247,059	36,300

	都　会	口　村	備　考
A 段	600千円/人	350千円/人	長期間立退を
B 段	600千円/人	350千円/人	長期間立退を
C 段	100千円/人	350千円/人	都会は短期間　農村は長期間 } 立退を
D 段	0円/人	4,700千円/人	立入制限

km²

10⁷ ナンバー

(1) 人的損害			
死亡（人）	—	—	540
障害（〃）	—	—	2,900
要医療（〃）	6,780	6,600	4,000,000 ★
金額（100万円）	272	270	163,000

(2) 物的損害			
A 段（人） } B 段（〃）	96	99,000	30,000
C 段（〃）	13,500	17,600,000	3,700,000
D 段（平方粁）	350	150,000	36,000
金額（100万円）	5,100	3,700,000	800,000
損害賠償額（億円）	53	37,200 27	9,630

으키는 상상적 설정을 토대로 한 것이니까 대략 도쿄의 야마노테센 순환선 내의 인구를 가리키는 것입니다.

대사고 때의 탈출법

얼마 전에 도카이무라에 가서 몇백 명이 같이 풍선을 날려보았습니다. 그랬더니, 나에게는 뜻밖이었는데, 풍선은 바닷바람을 타고 똑바로 도쿄 방향으로 빨려들어 갔습니다. 일본은 서쪽에서 동쪽으로 기상이 변하니까 바람은 북상한다고만 생각했는데 도카이무라에서 부는 바닷바람의 특징은 도쿄 방면으로 부는 바람이 제일 많다고 합니다. 이 보고서에도 기상 자료가 자세하게 제시되어 있습니다. 나는 의심했지만 그날의 결과는 보고서가 지적한 그대로였습니다. 풍선은 그날 마침 비구름이 덮여 있어서 거의 전부가 이바라키 현에 떨어졌지만 죽음의 재라면 그렇게 되지 않았을 것이고 아마 일본 전국으로 확산되었을 것입니다. 보고서에 쓰여 있는 '가장 평균적인 풍속(초속 7m)'으로 계산하면 이 그림에 제시한 것처럼 방사능 구름은 단 5시간이면 도쿄 도심에 그 모습을 나타내게 되며, 따라서 감마선이 모든 것을 꿰뚫고 우리를 덮칩니다[자료 51].

이렇게 되면 400만 명이 아니죠. 수도권만도 3천만 명, 이 사람들이 전멸합니다. 전멸한다고 하지만 앉은 자리에서 죽는 게 아닙니다. 나도 도쿄에 사니까 아이들을 데리고 도망가려고 할 것입니다.

이때 위험한 구름의 방향을 뚫고 북상할 사람은 없을 것입니다. 3천만 명이 남하해서 간사이 지방으로 도망칩니다. 그러나 그렇게 되었을 때 도카이도의 좁아터진 길로 모두 집중하면 꼼짝달싹도 못하게 됩니다. 누구 하나 빠져나가지 못합니다. 간사이 지방에 사는 사람은 3천만 명이 몰려오면 큰일이니까 급히 바리케이드를 구축할 겁니다. 그리고 국가는 계엄령을 선포해서 도로를 봉쇄합니다. 저기 웃

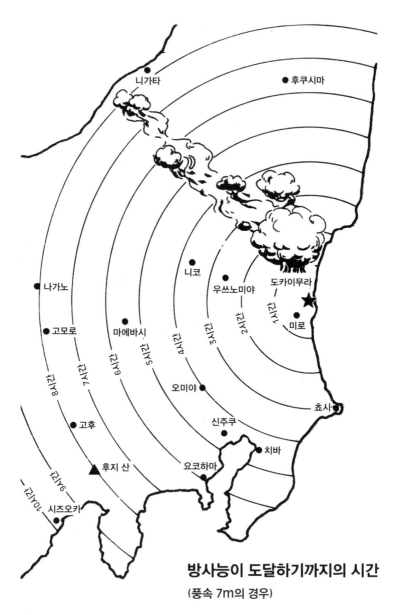

니가타

후쿠시마

니코

우쓰노미야

도카이무라

나가노

고모로

마에바시

5시간

4시간

3시간

2시간

1시간

미로

6시간

오미야

쵸사

7시간

고후

신주쿠

치바

8시간

후지 산

요코하마

9시간

10시간

시즈오카

방사능이 도달하기까지의 시간

(풍속 7m의 경우)

는 분이 계신데 잘 이해가 안 되시는 모양이죠. 며칠 전에 나는 이러한 학습회장에 나가려고 호쿠리쿠 쓰루가에 갔습니다. 몇 해 전에 대량의 방사능 누출 사고가 났을 때 그것을 감추다가 결국은 발각된 일이 있었죠. 다카기 시장이 그 후에 어쩌면 여기서 어린이들의 큰 피해가 있을지도 모르지만 우선 당장 원자력이 돈을 벌게 해주니까 추진하는 게 좋다고 말했는데 어처구니없는 말입니다. 이런 시장이 있기는 하지만 동해쪽에 있는 쓰루가는 옛날부터 가나자와, 사카타 등 번영을 누리던 유서 깊은 문화도시이자 아름다운 항구였죠.

그 학습회장에서 돌아오는 길에 거기 사시는 분들이 자동차로 정거장까지 데려다 주었는데 도중에 이상한 것을 보았습니다. 터널 앞에 엄청난 차단기가 앞을 가로막고 있는 것입니다. 지방 인사의 말은 후쿠이 현 내에는 여기저기 이런 게 만들어져 있다는 것이고 유사시에는 자동차 통행을 전면차단할 준비가 되어 있다고 하면서 정말이지 두렵다고 하는 것이었습니다. 겉으로는 아무 관계도 없다지만 원자력 발전소 건설과 같은 무렵에 만들기 시작했다는 것입니다. 터널을 차단해 버리면 일본의 도로 조건에서는 간단히 완전봉쇄할 수 있습니다.

이렇게 우리는 큰 사고가 났을 때 아무 데도 도망갈 곳이 없고 그저 정부가 발표하는 안전 선언을 듣고 내심으로 의심하면서 위험한 식량을 먹게 되어 있습니다. 배가 고프면 인간은 아무거나 먹습니다. 아이들을 굶어 죽게 할 수는 없으니까요. 눈앞에 먹을 것이 있으면 그게 위험한 줄 알면서도 밥상에 올려놓고 한입 먹어봅니다. 그런데 뜻밖에도 아무렇지도 않습니다. '이거 괜찮은 거 아냐? 뭐야 위험하다더니 그거 모두 거짓말이었군.' 이렇게 해서 먹게 되죠. 그러나 비참한 미래가 기다리고 있으며 그때는 병원에서 고통으로 발버둥치면서 죽어갑니다.

여러분은 지금 공상소설을 듣고 있는 기분이겠죠. 그런데 이런 상황은 지금 소련을 중심으로 유럽에서는 실제로 일어나고 있습니다.

원자력 발전소의 결함 ― 긴급 노심냉각 장치

일본에서 무엇이 원인으로 이러한 최후의 날을 맞게 되는가.

구체적으로 특히 중요한 네 가지 점에 대해서 설명하겠습니다. 첫째가 긴급 노심냉각 장치, 둘째가 격납용기, 셋째가 재료 열악화와 출력 이상, 넷째가 지진입니다. 무서워서 듣기 싫은 분은 밖에 나가 계세요.

첫째, 긴급 노심냉각 장치부터 설명하죠.

체르노빌에서 사고가 났을 때 일본의 원자력 관계자는 이런 말을 했습니다. "일본에는 ECCS라는 긴급시에 노심을 냉각시키는 장치가 있으니까 ― 즉 예비 물탱크를 만들어놓고 원자로가 폭발하려고 할 때 급히 탱크의 물을 펌프로 넣어주면 ― 안전하다. 그런데 소련은 그게 없었다."

그러나 이것은 새빨간 거짓말이고 실제로 소련에도 훌륭한 ECCS가 있었다는 것을 알았습니다. 그들도 우리와 같은 완벽한 시스템이었죠.

그게 작동하지 않았던 것도 아니고 작동했지만 힘을 발휘하지 못한 것입니다. 그들은 그 장치를 떼어냈었다는 각본을 만들어 발표했지만 원자력에 대해서 잘 아는 사람은 금방 눈치챌 수 있는데, 즉 원폭과 같이 반응도 사고(反應度 事故)에 의해서 단 4초만에 폭발하고 말았으니까 어떤 장치가 있었다고 해도 사고를 막지 못했을 것이라고 생각합니다. 이건 상식이죠. 일본의 ECCS도 똑같은 운명에 처해 있습니다. 그런 것을 모두 알고 있었기 때문에 공식 보고에서는 그것을 떼어냈었다는 시나리오를 창작하지 않을 수 없었던 것입니다. 소련의 보고서는 이미 말한 바와 같이 전체가 허위로 뭉쳐 있지만, 실제로 그들이 어떻게 자료를 개조했는지 그것을 암시하는 참으로 의심스러운 그림이 있습니다.

여러 가지 그래프가 체르노빌 발전소 기록계에 남겨졌는데 공표된 그림을 보면 제어봉에 관한 그래프가 하나 빠져 있습니다. 알파벳 순으로 ABC……를 따라가면 E 다음에 G가 나옵니다. F는 왜 없는가. 그리고 그래프를 그린 곡선과 본래의 그 코스를 제시해야 하는 점이 여기저기 다른 위치에 놓여 있는 등 엉뚱한 곳에 따로따로 있죠. 전 세계 원자력 전문가가 모인 IAEA에서 논의했다고 하는데 사실 소련의 설명을 전부 납득했을까요. 이렇게 좀 이상한 데가 있어서 서로 입을 맞춘 설명에 대해서 더 이상의 거론이 필요하지 않습니다. 문제는 ECCS의 스위치를 차단했는가 안 했는가에 있는 것이 아니라 이와 같은 순간적인 폭발 사고에서 ECCS는 아무런 역할도 못한다는 사실에 있습니다.

또 한 가지 중요한 것은 이번 체르노빌 사고가 일어나기 18일 전에 보도된 중대한 기사입니다. 앞서 이야기에 나오는 대사고 극비 보고서를 작성한 일본 원자력 산업회의 의장 아리사와 히로미가 긴급 노심냉각 장치 같은 과중한 시설은 필요 없다고 말한 것입니다. 그때 기사를 읽어보면 "어떤 곳만 튼튼하게 한다고 해도 그것은 안전상 의미가 없으며 불필요한 투자다"라는 폭언을 했습니다. 참으로 어처구니없는 말입니다. 즉 자기들이 이것이 안전의 최후 마지노선이라고 주장하는 ECCS 따위는 없어도 된다는, 즉 긴급 냉각 장치는 무용지물이라는 터무니없는 모순을 원자력 산업회의 석상에서 떠벌렸는데 누구 한 사람 이의 제기가 없었다는 것입니다. 신문 기자마저 조금도 놀라지 않고 화도 내지 않았죠. 나는 이 기사를 보았을 때 일본인은 이제 끝장났구나 하는 생각이 들었습니다. 미친놈이 일본을 움직이고 있으며 그 손에는 아주 위험한 장난감이 쥐어져 있는 것입니다.

아리사와 히로미가 이런 발언을 한 까닭은 원자로의 생산비가 급상승해서 화력 발전과 비교되는 게 고통스러우니까 그랬던 것이죠. 그러나 이미 생산비를 내릴 요인은 없습니다. 그래서 할 수 없이 없어서는 안 될 생명선을 없애버릴 수밖에 없는 상황에 처한 거이죠. 이것은 원자력 산업 자체가 요구한 것이었습니다.

그런데 그 직후에 체르노빌 사고가 터지니까 원자력 관계자는 손바닥을 뒤집듯이 '일본에는 ECCS가 있어서 안전하다'고 TV나 신문을 통해서 되풀이한 것입니다. 참고로 말씀드리겠는데 바로 이 아리사와 히로미라는 사람은 1896년 12월 16일 생으로 이런 폭언을 한때가 90세입니다. 이런 인간이 우리 생명을 담보로 폭언을 일삼다가 체르노빌 사고가 나자 이 세상을 떠났다는데 조금은 불쌍하기도 합니다. 그는 2차 대전 때부터 진보적인 사람으로 이름이 높았는데 우리는 모두 그에게 속았습니다. 사실 이런 사람이 제일 위험합니다.

그러나 ECCS에 관해서 더욱 중대한 사태가 진행되고 있습니다.

얼마 전 학습회 때문에 지방을 도는데 구마모토에서 이런 기사를 누가 나에게 주었습니다.

구마모토에는 원전은 없지만 이 기사가 나오는 겐카이 원전은 규슈의 북부 사가 현에 있는데 놀랍계도 ECCS계(系)의 펌프주축(主軸)이 부러진 채로 완전 가동되었다고 합니다. 이렇게 되면 ECCS가 제대로 역할을 못했다느니 또는 떼냈다느니 해봤자 쓸데없는 토론입니다. 현재 우리 일본에서는 우리가 보는 데서 굵은 주축이 부러졌는데도 그것을 모르고 완전 가동하고 있었다니!

글쎄요! 이쯤 되면 또 무슨 말을 더해야 합니까.

그래도 나는 이것을 보고 놀라면서 그 지방 사람들에게 물어보았죠. 그랬더니 겐카이 원전은 이제 낡아서 덜컹덜컹한다는 것입니다. 그것을 감추고 초대형 원자로는 가동됩니다. 이렇게 주축이 부러진 채로 반 달간이나 감추다가 폭로될 것 같으니까 발표한 것이죠. 그뿐인가요. 그 전 해는 어떠했을까요.

　1985년 1월에 난 기사를 보면 원전의 가동률이 72.3%로 최고를 기록했다고 했는데 사실은 이렇게 고장투성이 원전이 여기저기서 최장시간 연속 운전 기록을 세우고 있습니다.

　가동률이 높으니까 우리 감각으로 '일본의 원자로는 세계에서 가장 우수하다'는 인상을 가지게 되지만 지금 일본에 있는 7개의 전력 회사는 서로 경쟁이라도 벌이듯이 무모하게 기록을 다투고 있습니다. 1988년 말에는 7개 전력 회사가 원전을 소유하게 되고 1989년에는 홋카이도 전력이 토마리 원전을 가동하는 데까지 와서 마지막 남은 호쿠리쿠 전력도 노토 반도에 시카 원전을 건설하고 있습니다.

　꼭 해야 하는 점검을 게을리하면서 발전(發電)하니까 가동률이 올

[자료52]

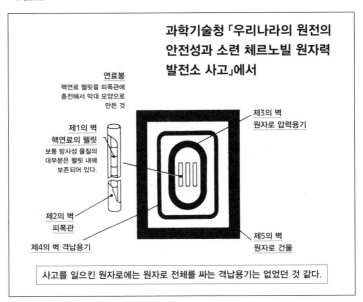

라가는 것은 당연하죠. 실제는 가장 위험한 원자로가 가장 긴 시간 운전을 계속하는데도 세상에서 가장 안전하다고 합니다.

원자력 발전소의 결함 — 격납용기와 콘크리트 구조물

둘째, 대사고의 피해를 최소한으로 줄이기 위한 것이 격납용기와 콘크리트 구조물입니다[자료 52].

이 그림과 같이 일본에서는 강철제 격납용기가 원자로 압력용기를 싸고 있기 때문에 체르노빌 같은 대폭발이 일어나도 안전할 뿐만 아니라 그 바깥에는 튼튼한 콘크리트로 만든 건조물이 있어서 만일 대사고가 발생하더라도 세 겹, 네 겹, 다섯 겹으로 된 안전 구조물이 지켜주니까 안심하라는 말이 지금도 전력 회사 등의 홍보에 이용되고 여러분은 그 말을 믿고 있습니다.

오히려 앞서 말한 대로 소련의 원자로는 가건물처럼 허술해서 사고가 날 수밖에 없었다고 생각하죠. 그런데 체르노빌 원자로의 기본 설계는 미국의 상업용 원자로와 같은 것이었다는 것이 사고 11일 후 5월 7일에 이미 미국의 『월스트리트 저널』에서 밝힌 바 있습니다. 체르노빌과 같이 대사고가 나도 견딜 수 있는 구조물은 세계 어디를 찾아봐도 없다는 얘기죠[자료 53].

일본의 격납용기는 두께가 얼마 안 되는 스테인리스이니까 3기압이나 4기압밖에는 견디지 못합니다. 일본에서 원자로가 제일 많은 후쿠이 현을 보십시오. 가장 튼튼한 쓰루가 1호로조차 4기압 정도죠. 그러면 체르노빌은 폭발력이 몇 기압이나 되었을까요?

Nuclear Regulatory Commission member James Asselstine testified at a congressional hearing that the cement wall around the Soviet reactor essentially was a containment structure that was stronger than those surrounding some U.S. nuclear plants.

"You cannot just automatically discount this accident simply because of differences in design," said Mr. Asselstine. The Soviet reactor, he said, was built to withstand an explosion producing 27 pounds of pressure per square inch. Some U.S. reactor containment buildings can withstand only 12 pounds, but U.S. plants use a variety of backup systems to reduce the possibility of a hydrogen explosion.

[자료53]

폭발은 두 번 있었다는데 첫째 폭발이 수십 기압에 달했습니다. 일본의 원자로로는 그것의 10분의 1이면 날아가 버린다는 것을 알 수 있습니다.

오이 원전은 체르노빌 원전보다 훨씬 큰 117만kW라는 공포의 원자로인데 그게 글쎄 1기압에도 견디지 못할 설계입니다. 그러니까 우리가 사는 보통 대기가 1기압인데 그보다 강한 힘이 가해지면 파괴되어 버립니다.

여기서 우리는 중대한 사실을 알 수 있습니다. 이런 것은 원자력 전문가가 아니라도 조금만 공부하면 곧 알 수 있죠. 그런데 TV나 신문에 나오는 원자력 전문가들이 이구동성으로 '일본에는 격납용기가 있으니까 안전하다'고 떠벌리는 바람에 그것을 TV나 신문이 크게 보도하고 있습니다. 그러니까 여러분은 오늘까지 TV나 신문에 나오는 큰 제목만 기억하고 있는 것입니다. 그래서 그게 모두 거짓이었다면 일본의 저널리즘은 도대체 뭘하고 있는가요?

거짓말을 해도 좀 더 머리를 쓸 것이지 그게 글쎄……, 내가 걱정하는 것은 그들이 진짜로 머리가 둔한 인간이라는 것이죠. 조금 더 배짱이 두둑하면 나는 조금은 그들을 믿을 수 있겠는데 그들은 산수도 못하는 것입니다. 어린이도 속아 넘어가지 않는 거짓말을 일삼는 인간들이죠. 그리고 그들의 말을 점검도 하지 않고 내보낸 무비판적인 대신문사의 과학부, 그들은 참으로 어처구니없는 사람들입니다.

원전이 있는 현지에 가면, 예를 들면 이것은 도카이무라에 있는 『이바라키 신문』이라는 지방 신문인데, 이렇게 지방 신문에는 크게 보도되는데 대도시에 사는 사람들에게는 거의 보도되지 않습니다. 대도시 신문에는 난다고 해도 조그맣게 나기 때문에 아무도 모릅니다. 좀 전에 얘기한 규슈의 겐카이 원전의 예를 보아도 똑같습니다.

결국 격납용기가 무용지물이라면 이번에는 그 밖을 싼 콘크리트 구조물은 안전할까요. 여기 스리마일 원전 부근에서 '소가 계속해서 변사'라는 기사가 있는데 왜 그랬을까요. 1979년 3월 스리마일 섬에서 사고가 일어났을 때 주변의 주민들은 피난을 했죠. 엄마들이 아기를 안고 업고 뒤엉겨서 피난을 가는 사고가 있었는데 '방사능 누출, 막지 못해'라고 신문은 보도했죠. 좀 이상하잖아요. 훌륭한 격납용기가 있고 또 두꺼운 콘크리트 구조물이 있었는데 말입니다. 3겹, 5겹으로 안전구조를 만들었을 텐데 어째서 방사능 누출을 제어하지 못했을까요. 더구나 스리마일 원전은 아이러니컬하게도 세계에서 제일 튼튼한 것이었죠. 정말로 좀 이상합니다. 하기는 가까스로 말기적 폭발은 모면했지만 현실은 대량의 방사능이 누출되어 스리마일 섬 일대의 주민들은 암사망률이 전 미국 평균의 6배가 넘었으며, 펜실베이니아 주 내에 있는 다른 전원 지대와 비교해서 7~8.5배에 이르는 등의 주민 조사가 나온 사실을 어떻게 이해하면 좋겠습니까. 이런 조사에서 주민의 소송이 3천 건 가까이나 있었고 차츰 본격화되는 단계입니다.

여기 일본의 원자력 발전소의 구조를 알 수 있는 열쇠가 있습니다 [자료 54].

그림에서 보는 것이 일본의 원자로인데 원자로 주위에는 끊임없이 죽음의 재가 새어나옵니다. 여기 이 방의 한가운데 원자로가 있고 거기서 끊임없이 방사능이 샌다고 상상해 봅시다. 여러분이 노동자나 근무자라면 위험해서 접근할 수 없죠. 어떻게 하면 좋겠습니까. 원자로 근처에 거대한 진공 청소기를 설치하면 공기를 자꾸자꾸 빨아들이겠지요. 그때 이 방의 창문 틈을 통해서 공기가 안으로 흘러들어옵니다. 그러니까 공기는 안에서 밖으로 나가지 않죠. 죽음의 재가 밖으로 나가지 않는다는 얘기죠. 여기서 한 걸음 나아가서 생각하면 우리 가정에서 쓰는 진공 청소기는 공기를 먼지와 함께 빨아들이고 뒷

비등수형 경수로
BWR

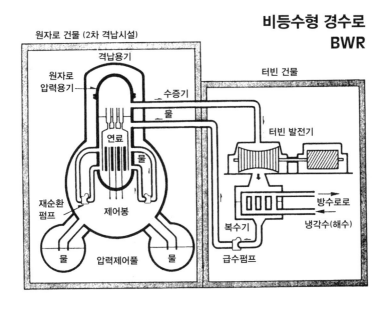

가압수형 경수로
PWR

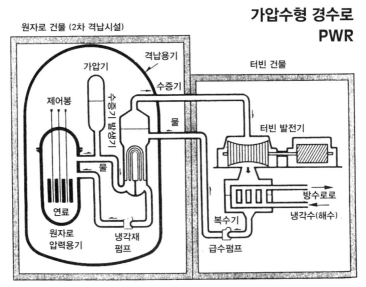

11월8일 「이바라키」

↓ 방사성 희귀가스 증가 경향−기상연구소의 관측으로 판명

구멍으로 내보내게 되어 있죠. 그렇지 않으면 터지고 말죠. 빨아들이기만 할 때는 터진다는 이야기죠. 빨아들인 공기를 내보내는 구멍이 꼭 있습니다. 그 중간에 여과막을 치고 먼지를 걸러내죠. 원자로에도 똑같이 중간에 필터가 있고 거기서 방사능 물질 즉 죽음의 재를 걸러서 제거합니다. 그리고 나서 공기는 밖으로 나갑니다.

그런데 이것도 경제성 즉 돈이 먼저니까 예를 들어 크립톤 가스 등은 거의 걸러내지 못하기 때문에, 여기 『이바라키 신문』에서 보도한 바와 같이 지구상에서 급격하게 증가됩니다[자료 55].

이 가스가 백혈병을 일으키는 물질인데 1950년대부터 1980년대까지 측정한 것을 보면 10년 전의 두 배의 속도로 지구상에서 증가하고 있습니다. 뿐만 아니라 크립톤은 공기보다 3배나 더 무거워서 밑으로 깔리고 우리 생물이 사는 데까지 내려옵니다. 그것을 어린이들이 호흡합니다.

이것은 몇 년 전의 『후쿠이 신문』 기사입니다[자료 56]. 후쿠이는 거대한 원전 12기가 30km라는 좁은 장소에 나란히 세워진 곳인데 '4마리가 선천적 장애'라고 보도했습니다. 젖소의 송아지죠. 4마리나 갖가지 장애를 일으켰는데 이게 원전 때문이 아닌가 하는 기사입니다. 그중 두 마리는 눈이 멀었으며 1981년에 소의 이상 출산이 일어난 다음해에 요오드 측정을 했을 때는 검출되지 않았고 그 후부터는 이상 출산이 없습니다. 그러나 불임률이 높아서 불안하다는 이야기입니다. 이것은 일련의 원전 관계 기사의 한 예에 불과합니다. 수많은 보도가 있으며 여기 후쿠이 현에서는 전부터 달개비풀에서 이상이 생겼다는 보고도 있습니다. 달개비풀은 방사선을 쏘이면 수술이나 꽃잎이 보라색에서 핑크색으로 변합니다. 이상하게 죽는 물고기가 발생하고 있습니다. 이것은 후쿠이 현에만 있지 않고 시코쿠의 이카타 원전 근처에도 있고, 또 일본 전국의 원전 근방에서 보고되었습니다.

1985.5.29 『후쿠이 신문』

昭和60年 (1985年) 5月29日 (水曜日)

福井新聞

発行所
福井新聞社

原発
NOW
15年
第1部
地域から
⑮

――乳牛の異常出産――

4頭に先天性障害

残留ヨー素測定へ

↑ 젖소의 이상출산 / 4마리가 선천적 장애 / 잔류 요오드 측정으로

年 度 別 実 績

1. 液体廃棄物（トリチウムを除く）年度別放出実績　　　　　　　　　　(単位：キュリー)

年度／発電所	45	46	47	48	49	50	51	52	53	54	55	56	57	58	59	60	61	放出管理目標値
敦賀発電所	1.8×10	1.7×10	2.1×10	2.0×10	2.9×10	4.6×10	9.3×10	7.4×10	2.4×10	1.3×10	6.9×10	3.7×10	4.8×10	7.8×10	6.8×10	5.2×10	3.3×10	2.0
ふげん発電所	–	–	–	–	–	–	–	8.9×10	1.4×10	1.0×10	7.9×10	8.5×10	1.3×10	5.1×10	2.7×10	1.3×10		1.0
美浜発電所	1.6×10	1.5×10	2.9×10	3.0×10	2.6×10	1.5×10	7.6×10	9.1×10	8.2×10	1.2×10	3.7×10	2.4×10	2.3×10	2.7×10	1.0×10	6.0×10	4.0×10 ●	3.0
大飯発電所	–	–	–	–	–	–	4.9×10	1.0×10	1.7×10	1.6×10	5.0×10	7.9×10	6.0×10	5.0×10	5.6×10	4.4×10		2.0
高浜発電所	–	–	–	3.0×10	4.1×10	9.6×10	2.3×10	1.9×10	1.7×10	1.3×10	3.1×10	1.9×10	2.4×10	1.7×10	2.2×10	3.6×10		4.0

(註) ●：ソ連チェルノブイル原子力発電所事故の影響がみられる。

2. 液体廃棄物（トリチウム）年度別放出実績　　　　　　　　　　(単位：キュリー)

年度／発電所	45	46	47	48	49	50	51	52	53	54	55	56	57	58	59	60	61
敦賀発電所	1.4×10	6.2×10	5.3×10	8.2×10	2.1×10	4.2×10	5.2×10	2.3×10	2.9×10	3.2×10	3.6×10	3.2×10	1.3×10	1.2×10	1.1×10	9.5×10	1.6×10
ふげん発電所	–	–	–	–	–	–	–	7.0×10	7.3×10	2.0×10	2.3×10	3.3×10	3.4×10	6.9×10	9.8×10	6.0×10	
美浜発電所	3.2×10	1.4×10	2.4×10	3.1×10	2.8×10	6.4×10	2.3×10	2.1×10	3.7×10	3.2×10	3.5×10	3.9×10	2.7×10	2.7×10	5.0×10	4.4×10	5.9×10
大飯発電所	–	–	–	–	–	1.7×10	1.3×10	4.1×10	5.9×10	3.1×10	8.4×10	9.1×10	8.2×10	7.9×10	1.1×10		
高浜発電所	–	–	–	1.3×10	3.6×10	3.6×10	3.0×10	4.6×10	3.0×10	2.9×10	3.7×10	3.8×10	4.4×10	5.7×10	1.0×10	1.2×10	

[자료57]

특히 바다 오염은 원전 가동 초기부터 경고되었으나 최근에는 거의 무시되고 있는데 트리튬에 의한 염색체 이상이 발생한 것입니다. 트리튬이란 수소를 말합니다. 그러나 3중 수소라고 불려지는 보통의 수소보다 무거운 것인데 이것이 방사능 물질입니다. 후쿠이 현 와카사 만에서는 현 당국의 발표에서도 1987년 3월 말까지 이미 2만 퀴리 가까이 방출되고 있습니다. 놀라운 분량입니다.

후쿠이 현 당국의 방출 실적표에는 이상한 데가 있습니다[자료 57]. 액체 폐기물이 두 가지로 분류되는데 표 1은 '트리튬 제외'이고 최후 방출 관리 목표라는 항목이 있죠. 다시 말해서 '이 이상 유출시키면 안 된다'는 숫자가 나타나 있습니다. 그런데 표 2는 '트리튬'의 방출량을 제시했을 뿐 방출 관리 목표치가 없습니다. 트리튬은 전부 바다로 내보냅니다. 왜? 물의 분자는 H_2O로 H가 수소 O가 산소, 그러니까 트리튬은 수소니까 물 분자에 흡수되어 제거할 수 없죠. 그래서 위험물인 줄 알면서도 무신경하게 바다로 보내게 되는데 이것이 원자력 발전소의 감추어진 현실입니다.

이런데도 원자력 산업은 터무니없는 안전론을 홍보하죠. 그들의 최대 거점은 모니터링 포스트(monitoring post)입니다[자료 58]. 즉 방사능을 모니터한다든가 감시한다고 선전합니다. 이러한 모니터링 포스트가 쓸모없는 물건이라는 것이 체르노빌 사고 후에 증명되었습니다. 사상 최대량의 죽음의 재가 일본까지 확산되어 쌓이는데도 원전 주변에 설치된 방사능 측정 장치가 거의 감응하지 않았던 것입니다. 그렇다면 오늘까지 거기다 생명을 내맡기고 살아온 주민들은 어떻게 될까요. 이러니 뭘 믿어야 합니까. 그들은 모든 것을 그저 감추려고 할 뿐입니다.

왜 감응하지 않는가, 이미 설명했죠. 우리 생물은 체내에 죽음의 재를 농축하죠. 그런데 기계는 죽음의 재를 농축하지 않습니다. 아무

1988.2.10

「モニタリングポストは放射能監視に役立たぬ」

女川原発訴訟　名大助教授が証言

【仙台】仙台地裁で審理中の東北電力女川原子力発電所（宮城県牡鹿町）の運転差し止め訴訟で九日、住民側証人として出廷した古川路明名大助教授（放化学）は、国内の原発（秋化学）は、国内の原発の立地周辺に放射線監視のために設置されているモニタリングポストについて「大型の放射性物質が降下したソ連のチェルノブイリ原発事故時でも測定値にほとんど変化がなかった」と証言した。

なぜだが、その機能に疑問が指摘されたことは関係者以前と比べ多種類の放射性物質を高濃度に放出、特にセシウム一三七は、大気中に波紋を広げそうだ。

古川助教授の証言によると、雨などに含まれる人工放射能を継続して測定しているが、六十一年四月のチェルノブイリ事故の数日後からそれ、全住民の確保や防災上の重要ステムは、米緊急事態に備える立地周辺らに放射線監視のためシ空間ガンマ線を常時測定リングポストについて「大解をした。

古川助教授は名大などで大気、雨などの放射能を測定している。各地の学者、住民団体の間でも同様の観測だったという。

것도 먹지 않으니까요. 그래서 지금까지 이야기한 것처럼 소들에게 이상이 생기거나 물고기나 식물에 이상이 있어도 기계의 수치는 언제나 안전치를 보여주는 엉터리 연극이 성립되는 것입니다. 이런데 어떻게 누가 누구에게 생명을 맡길 수 있다는 것인가요.

또 원자력 관계자에게 인체의 이상이 수없이 발생한다고 이미 말했는데 새삼스럽지만 이제부터 구체적인 예를 들겠습니다. 노동자는 공포심을 가지고 있으면서도 "내 이름이 신문에 나면 나는 죽어요" 하면서 아무 말도 하지 않는다고 『후쿠이 신문』은 공공연하게 기사를 실었습니다. 흑인 노동자를 고용했다는 것이 국회에서 문제가 되기도 했습니다. 흑인이 원전에서 노동했다고 해서 특별히 이상할 것은 없지만 이 사람들은 원자로에서 위험한 작업을 하고 있는 것입니다. 그 당시 쓰루가 원전 소장을 하던 이타쿠라 데쓰로라는 사람에게 흑인 노동에 대한 질문을 했더니 "그런 일에 익숙한 흑인을 고용해서 썼을 뿐이다"라는 이야기를 뻔뻔스럽게 지껄이고 있었습니다. 이것은 1988년 6월, 많은 사람이 듣고 있는 심포지엄 석상에서 한 말입니다.

흑인은 위험한 일에 익숙하다고? 잘도 그런 말이 나옵니다.

이렇게 원전 주변에는 대량의 방사능 물질이 방출되고 있지만 그것을 묵인함으로써 겨우 운전이 가능하게 됩니다. 평상시에 이런 상태이니 실제로 대사고라도 나면 어찌 되겠습니까. 대사고로 원자로 내부가 완전히 파괴되면 굴뚝에서 죽음의 재를 모두 흡수해서 밖으로 내보냅니다. 필터가 걸러내는 능력은 방출량의 몇백만분의 일에도 못 미치니까 거의 전부가 밖으로 나오게 됩니다. 가스뿐인가요. 액체는 배수구를 통해서 밖으로 나옵니다. 스리마일 섬에서는 사스케와나 강으로 죽음의 재가 넘쳐나왔습니다. 이것이 앞서 이야기한 스리마일 섬에서 있었던 '방사능 누출 제어불능' 현상입니다.

그러니까 아무리 훌륭한 격납용기나 콘크리트 구조물이 있어도 가령 백 겹으로 안전 구조물을 설치했다고 하더라도 실제로 사고가 일어나면 방사능 물질은 밖으로 방출될 수밖에 없는 구조라는 것을 우리는 알아야 합니다.

'염분 때문에 금이 가는 원전이 속출하고 있다'는 『후쿠이 신문』의 기사로 또 한 가지 중대한 사실이 발견되었습니다. 그것은 튼튼하다고 믿었던 콘크리트가 염해로 금이 갔다는 것입니다. 신칸센에서도 이런 문제가 있죠. 옛날에는 강에서 모래, 자갈을 채취해다가 콘크리트를 만들었는데 그것을 모두 파다가 썼기 때문에 요즘은 해저에서 모래를 파내다가 쓰니까 소금이 많이 들어 있죠. 홋카이도에 건설한 토마리 원전은 데시오 항의 바다 밑 모래로 콘크리트를 만들어 건설했는데 '염분이 적으니까 괜찮다'고 선전하고 있지만 토목 사업의 검사란 눈감고 아웅입니다. 그래서 철근이 녹슬어 팽창되고 또 자갈 같은 골재가 알칼리 성분과 작용해서 팽창하여 속에서 우직끈우직끈하고 금이 가게 마련입니다.

이렇게 콘크리트가 제풀에 깨지기 시작한 것입니다. 설계시에 예견된 것이 현실로 들어난 것입니다. 놀란 교토 통신이 전국의 원전을 조사하니까 15기의 원전에서 이런 사실이 확인되었다는 것입니다. 조사 시점에서 15기니까 그것은 벌써 수년 전의 일입니다만 일본의 원전이 28기가 가동될 때니까 반수 이상입니다. 그 중에는 3미터 이상 금이 간 곳도 있었고 위에서 아크릴 도포로 칠을 해서 이제 안전하다는 판정을 내렸다고 합니다. 실제로 수천 도라는 사고가 나면 이런 콘크리트가 버티어낼 것인지? 아마 그렇지 못할 것입니다.

원자력 발전소의 결함 — 재료 열악화와 출력 이상

이와 같이 ECCS도 격납용기도 콘크리트 구조물도 모두가 사실상 잡

동사니를 끌어모은 허상에 불과하다는 것을 알게 된 지금에 와서 우리는 이제 대사고가 일어나면 속수무책일 수밖에 없다는 결론을 얻었습니다. 그럼 무엇이 그런 대사고를 일으키게 하는가. 이제 세 번째 이유를 말하겠습니다.

대사고 유발의 원인으로 크게 나누어 재료의 결함과 출력 이상 두 가지에 대해서 설명하겠습니다. 재료라고 하면 우리가 알고 있는 금속인데 재료는 '금속' 용기에 우라늄 연료를 집어넣고 핵분열을 시켜 여기서 일어나는 대량의 열로 물을 데우고 난 다음 '금속' 파이프 안에 흐르는 수증기가 이 열을 운반함으로써 발전을 하는 것입니다. 그러니까 대사고의 원인은 열과 그 열을 담는 문제의 '금속'입니다. 금속 재료가 이미 여러분은 알고 있듯이, 일본 전국에서 사고를 계속해서 일으키면서 노화되어 언제 어디서 대사고가 일어난대도 조금도 이상할 게 없는 위기적 상황을 맞고 있는 것입니다.

여기서 또 우리는 보도 기관에서 나온 일련의 기사를 훑어보겠습니다. 그리고 그밖에 드디어 일본에서는 처음이라고 해도 좋은 기술자의 내부 고발이 있어서, 오늘까지 거의 문제되지 않았던 원자로 압력용기 파열이라는 엄청난 위험 상황이 폭로되었습니다. 전 바브콕 히타치의 설계자가 도쿄 전력의 후쿠시마 제1원전 4호로에 중대한 결함이 있다고 폭로했으며 나아가서 간사이 전력, 시코쿠 전력, 규슈 전력이 채택한 가압수형 원자로에서는 매일 운전 중에 중성자의 피폭을 받은 압력용기가 극히 취약해졌다는 충격적인 자료를 발표했습니다. 좀 전에 본 원자로의 그림을 보시면 됩니다. 압력용기는 바로 핵분열이 일어나는 용기입니다.

용기가 취약해졌기 때문에 노심이 파열될 가능성이 있다는 것이죠. 노심이 파열되면 일순간에 끝장이 납니다. 이 문제는 1988년 7월부터 겨우 본격적인 논의를 시작한 것이니까 신문 자료에 충분한 배

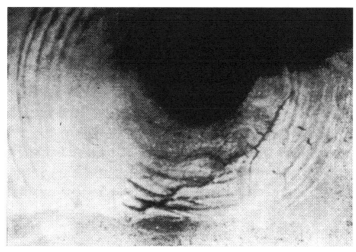

시마네 1호로의 압력용기에 금이 간 부분

[자료59]

려를 해야 합니다. 더구나 이러한 중대 문제가 전국지(全國紙)에서는 거의 보도되지 않고 있죠. 이러한 파열의 동화선이 되는 균열이 후쿠시마 제1원전 1호로와 시마네 1호로에 발생한 것을 알고 나는 내 마음 한구석에 있던 일말의 희망적 관측이 얼마나 낭만적이었는가 부끄러울 뿐입니다[자료 59]. 그러나 내가 그것을 부끄럽게 생각하기 전에는 일반 시민에게는 아무것도 알려주지 않았다는 것을 알 수 있습니다. 또 여러분 중 누군가는 여러 가지 전문 용어가 튀어나오면 그것을 듣지도 않고 모든 것을 전문가에게 맡겨버렸던 것입니다. 예를 들면 원자력 발전소 반대 운동이 이렇게 오랜 세월 동안 지속되어 왔는데도, 이러한 압력용기의 취약성과 같은 중요한 문제가 전(前)원자로 설계자의 고발이 있기 전에는 본격적인 추궁이 한 번도 없었던 것입니다. 그러니까 이것은 저 거대한 원자력 발전소라는 공장이 가지고 있는 심각한 문제 중의 조그만 한 예라고 생각하는 게 아닙니까. 그래서 그런 구체적 예를 하나 설명하겠습니다.

가령 오늘 어떤 신문 한구석에 '○○ 원전, 증기 발생기에 손상'이라는 기사를 보았다고 할 때 어떤 생각을 하게 됩니까. 우리는 '아, 또 사고야! 무언가 이상이 생겼구나' 하는 정도로 지나쳐 버립니다. 그러니까 가령 그런 기사를 읽었다 해도 무감각(불감증)입니다. 그런 문제보다 '오늘 내 약속이 어떻게 되었더라!' 하고 자기의 계획에 생각이 미칠 것입니다. 그런데 혹 인내심이 좀 있는 사람이 여기저기에 그것에 관한 자료를 요청해서 검토해 보면 그 문제가 오늘 당장 우리 생명을 앗아갈지도 모르는 것일 뿐 아니라 오랫동안 논의의 대상이던 미해결의 중대사임을 알게 됩니다.

즉 원자로에는 열을 사용해 맹렬한 힘을 가진 수증기를 발생시키는 장치가 있습니다. 그 이름이 수증기 발생기죠. 그것이 핵분열 열로 물을 끓이고 거기서 생기는 증기가 터빈을 돌려 발전하는 원리니까, 결국 증기가 빠지면 물이 없어져서 빈 솥에 불 때기가 되거나 또 갖가지 이상이 병행해서 마침내 멜트다운이 되는 위험한 장치이기도 하죠. 이것은 가느다란 파이프가 약 1만 개로 되어 있습니다. 예를 들면 자동차의 라디에이터와 같은 얇은 금속 재료로 된 열전도 기구라고 생각하면 됩니다[자료 60].

지금 일본의 원전에서는 이러한 증기 발생기에 심각한 문제가 생긴 것입니다. 가느다란 파이프에 많은 구멍이 생긴 것입니다. 후쿠이 현에서는 미하마 1호로가 구멍이 생기고 금이 가서 자그마치 2천 개 이상 마개를 해서 사용하는 위험상태에 있습니다. 백분율로 따져서 25%를 넘고 있죠. 20%를 넘으면 위험하다고 했는데 25%가 넘으니까 한계치를 28%로 올려서 사용하고 있습니다. 이것은 범죄입니다.

또 오이 1호로, 이것은 세계 최대급인데 체르노빌보다 훨씬 큰 원자로라고 말했죠. 이것도 2천 개 가까이나 마개를 해서 운전하는데 정확한 숫자는 1,877개라 합니다. 다카하마 2호로, 이것은 80만kW급의 대형로인데 똑같이 위기일발 상황에서 완전 가동 중이라 합니다.

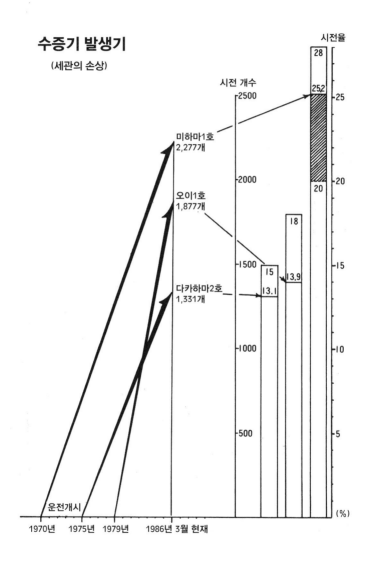

수증기 발생기

(세관의 손상)

[자료60]

지금 여기서 보여드린 숫자는 체르노빌 사고 한 달 전 1986년 3월 말 현재의 데이터니까 우연히 소련에 불행이 닥쳐왔고 우연히 우리는 살아있는 것입니다. 실제로 그 1년 전 2월에 이 구멍이 원인이 되어 미하마 원전에서 긴급 노심정지 사고가 발생했죠. 미국에서는 1987년 7월 드디어 노스애너 원전에서 증기 발생기가 파괴되어 중대한 경고가 주어졌습니다. 일본은 이런 결함에 대한 인식이 지나치게 낙관적입니다. 이러한 위기일발 사고는 증기 발생기에서만 일어나는 것이 아닙니다. 여러분은 모르지만 체르노빌 폭발 전에 일본에서만도 16번 일어났습니다. 그러니까 아주 위험천만한 사고가 16번이나 일본에서 일어났죠.

구멍이 뚫린 사고는 증기 발생기라는 하나의 장치만의 문제가 아니라 일본의 원자로가 낡았다는 것을 상징하는 사건입니다. 점보 제트기가 추락하는 것과 비슷한 원인입니다.

여러분은 일본 기술이 세계 최고라고 믿고 있습니다. 그러나 그것은 한낱 환상에 불과합니다. 나는 7년간 어느 기업에서 기술자로서 연구·개발·제조에 참여한 경험에서 이 상황을 실감할 수 있었습니다. 나는 원자력에 직접 종사한 것이 아니라 금속 재료를 다뤘습니다. 과거 수년간 세계에서 비행기 사고로 가장 많은 사망자를 낸 나라가 어딘지 아십니까. 바로 일본입니다.

점보 제트기의 경우는 보잉사의 간막이벽에 무리가 가서 참사를 초래했다고 되어 있죠. 그 원인에 대해서는 최근에 의혹이 제기되고 있지만 가령 그게 사실이라고 하면 미국 기술에 의존했기 때문에 당하는 불행입니다. 그러면 원자로는? 이것도 같습니다.

원자력 발전은 전부 미국 기술을 출발점으로 한 완전 수입 기술입니다. 예를 들어 미쓰비시 중공업이라든가 도시바, 히타치 제작소가 '준국산'이라고 하면서 원자로를 제조하기 시작했지만 설계하는 당사자 일본인은 설계 원리의 노하우를 완벽하게는 모릅니다. 미국이 이렇게 해라 하고 지정한 방법대로 도면을 그리고 있는 것이 현실입니다. 왜 원자로의 이 부분이 이런 곡선을 그리고 있는가, 왜 이 파이프는 이런 각도로 연결시켰는가 하는 등의 기본 원리 즉 설계의 의미를 충분히 이해하지 못하고 있습니다. 미국인들에게는 나름대로의 원칙이 있어서 그렇게 해오고 있지만 일본의 기술자는 출발점이 없기 때문에 그저 이렇겠지, 저럴 것이야 하고 추측할 뿐입니다. 결국 설계 방법을 어떻게 충실하게 재현하는가 하는 기술에 불과한 거죠. 따라서 이를테면 장치를 개량해서 새로운 파이프 하나를 장치할 경우에는 전에 있던 파이프와 새 파이프가 서로 상충하는 일도 생기죠. 그럴 때 일본에서는 맘대로 안전 메커니즘을 상상하고 파이프를 구부리게 됩니다.

얼마 전에 원전 내부 사정에 정통한 사람의 이야기를 들었지만 심할 때는 아무것도 모르는 수리공 같은 작업자가 쇠망치로 파이프를 두드려 흡사 부엌에서 하는 배관 작업이라도 하는 기분으로 파이프를 구부린다는 것입니다. 그가 두드린 곳에 조그만 금이 간 것을 설계자는 모릅니다. 현실적으로 그렇게 함으로써 무수한 방사능 누출이 일어난다는 것입니다.

일본에 대사고가 일어날 때 그 원인은 아무도 모르는 상태에서 일어날 가능성이 가장 많다고 하는 것은 이런 것이 원인이라는 것입니다. 실로 무서운 상황이라고 할 수 있습니다.

남을 흉내 내서 하다가는 반드시 이러한 함정에 빠지게 마련입니다. 일본인은 우수하다든가 하는 착각을 여러분은 잘못 가져서는 안 됩니다. 메이지·다이쇼·쇼와 시대에 일본인이 생산한 기술은 한 가지도 없습니다. 에도 시대까지는 있었죠. 메이지 이후의 기술은 잘 보면 모두 유럽인의 기술을 훔쳐다가 찌꺼기는 가라앉히고 위에 고인

맛있는 국물만 긁어모은 것에 지나지 않습니다. 특히 전후에 조금 손재주가 있다든가 패전에서 오는 열등감이 강요한 겸손에서 순조로운 성과를 거둘 수 있게 되었죠. 그러나 일렉트로닉스 같은 조그만 것을 개발하는 데는 첨단을 걷는 것처럼 보이지만, 커다란 눈으로 보면 그것도 훔친 물건을 개량한 것이지 자기 뿌리에서 나온 것이 아닙니다.

하물며 비행기나 원자로 같은 대형 제품에서는 훔친 물건을 도용하는 것이니까 전혀 앞이 보이지 않는 것입니다.

원자로의 압력용기, 파이프, 펌프, 밸브 등 모든 부품이 강한 방사선을 받아 상처가 생겼습니다. 증기 발생기뿐 아니라 인간의 육체가 방사선을 받고 암이 생기는 것처럼 금속도 원자와 원자가 결합된 재료일 뿐이니까 방사선의 작용으로 원자가 어느 것은 고체 성분이 기체 성분으로 된다든지 어떤 것은 위치가 어긋나고 끝내는 구멍이 생기거나 해서 순간적으로 거대한 균열이 생기기도 합니다.

또 방사선의 작용과 관계없이 무수한 요인에서 금속은 결함이 있게 마련입니다. 그러한 재료 열악화의 일례가 체르노빌 사고 후 1986년 말에 미국의 서리 원전에서 일어난 길로틴(guillotine) 절단 사고였습니다. 12월 9일 물을 보내는 굵은 파이프가 원자로 정지의 충격으로 순간적으로 튀어달아나 거기서 열탕과 수증기가 분출되는 공포의 대사고였죠. 파이프가 끊어지는 사고는 지진의 나라 일본에서는 최대의 문제점인데 1980년 6월에 규슈의 겐카이 원전에서 파이프 절단 직전의 사고가 있었습니다. 이렇게 최악의 사고가 세계 도처에서 진행되고 있는 겁니다. 그 후의 조사에서 도처의 원자로에 이러한 위험이 도사리고 있다는 보고가 꼬리를 물고 들려옵니다. 원자로 그 자체가 언제 터져도 이상할 게 없을 만큼 위험한 재료를 써서 지금도 완전 가동되고 있습니다. 원자력 발전이 앞으로 수년 내에 전폐되지 않는다면 최후의 파멸이 올지도 모르는 바로 그런 상황인 것입니다. 특히 방사선에 의한 재료 열악화에 대해서는 세계 어디에도 충분한 데이터가 없습니다. 앞서 말한 바와 같이 매일매일 노심에서 나오는 중성자가 금속에 부딪쳐서 그것 때문에 원자로의 압력용기가 아무런 조짐도 보여주지 않으면서 파괴될 가능성이 있습니다. 그런 문제에 대해서 진실한 의미에서 강경한 경고를 한 것은 겨우 몇 해 전인 1981년입니다. 결론은 아직도 불분명합니다. 서둘러 연구를 시작했지만 사실은 거대 원자로를 운전하면서 우리 생명과 맞바꾸는 실험 데이터를 모으고 있죠. 이것도 또 소위 장대한 생체 실험인 셈입니다.

　대사고가 일어나는 것은 구조나 메커니즘의 문제만도 아닙니다. 그 중 상당한 문제는 원전의 재료 취약 때문에 위험을 수반하게 된다고 생각해도 좋습니다. 절벽 끝에 일본 사람이 서 있습니다. 일본인이 교양을 자랑한다면 여러분 자신의 손으로 사실을 수집해서 내 말을 검증해 줄 것을 열망합니다. 원자력을 추진하는 소위 전문가 따위를 믿으면 안 됩니다. 그들은 우리가 생명을 맡겨도 좋을 만큼 우수하지도 성실하지도 않습니다. 정확히 말하면 아직 시험단계에 있는 기술을 가지고 확립된 것처럼 착각하고 있을 뿐이니까요. 소위 추진파·반대파를 막론하고 어떤 전문가도 장래는 알 수 없는 것이죠.

　기술자는 오후 5시가 되면 보통 사람으로 돌아가죠. 딴 직업도 같습니다. 그런데 여러분들에게는 특별한 성직자처럼 보인다 이겁니다. 그처럼 위험한 것을 취급하니까 충분히 생각해서 행동할 것이라고 말입니다.

　기술자는 입사 후 한동안은 아무것도 모르는 신입 사원입니다. 학생이나 다름없죠. 얼마 후에 연구 개발을 한다고 예산을 배정받고 연구 주제가 나옵니다. 본인은 어떻게든 각광을 받고 싶어서 조그만 욕심을 갖게 되면 주제의 의미, 즉 위험성 같은 것은 모르고 돌진해서 마침내 성과를 보고서로 만들어 제출합니다. 이 보고서는 반드시 희망적인 견해를 피력하고 있습니다. 왜냐하면 그 주제의 기술을 부정하는 따위는 자기 출세에 대한 자살 행위가 되는 것이니까요. 예산도 박탈당할 테고, 모든 직업에서 이것이 대원칙일 것입니다. 여기 바로 위험의 본질이 즉 보이지 않는 원자로 폭주의 요인이 도사리고 있습니다.

가령 TV의 부품을 개발한다면 실패해도 괜찮습니다. 그런데 우리는 원자로에 생명을 맡기고 있습니다. 최근, 아사히 TV의 기획으로 '철저토론 — 원전'이라는 제목으로 긴 시간 동안 공개 토론회가 있었는데 나도 출석했습니다. 그 자리에서 이 문제 즉 재료 문제를 추궁했지만 기라성같이 앉아 있는 전문가들에게서 제대로 된 설명을 한마디도 들을 수 없었습니다. 놀랍게도 명백한 전문적 착각을 거침없이 지껄이는 바람에 나중에 전기사업 연합회 내부에서도 꽤 말이 많았다고 하지만, 그보다도 더 본질적인 문제는 이를테면 나와 같은 일반 시민이 질문하는 내용에 대해서 원자력 산업은 많은 전문가를 동원해서 답변하려고 하는 것입니다.

나는 "전공 밖이라고 해서 답변을 회피하는 일이 없도록 제대로 대답할 수 있는 사람을 몇 사람 준비해 달라"고 신청했었기 때문에 당연한 일인지도 모르죠. 그러나 프로가 끝나고 생각해 보았죠. 가령 내가 각 원자력 관계자에게 전공 밖의 일을 질문했다면 어떻게 되었을까요. 이를테면 원자로 압력용기의 전문가에게 폐기물 처리법을 묻는다거나 했다면 어떻게 되었을까. 대답했을 리가 없죠. 어쩌면 도쿄 전력에서 발생한 사고에 대해서 간사에게 전력에 대한 설명을 요청하면 아마 모를 것입니다.

지금 모두가 의문과 불안에 싸여 있는 것은 36기의 모든 원전이 총합적인 위기 상황인데 전문가라는 사람은 그 일부에 대한 답변밖에 할 수 없습니다. 기술자란 결국 그런 게 아닌가요. 이것은 기술자가 나쁘다고 하는 것이 아닙니다. 나 자신의 경험에서 보더라도 현실적으로 그렇게 될 수밖에 없습니다. 그래서 결론적으로 말한다면 원전을 전체적으로 파악할 수 없기 때문에 그 누구의 책임도 아닌 상황에서 대사고가 발생하게 되는 것입니다.

내가 수집한 최근의 자료를 보면 이렇게 일본 전국에서 중대한 결함이 발견되었고 다카하마 2호로에서는 스리마일 섬과 같이 지금까지 없었던 대량의 냉각수가 9시간이나 계속 새어나온 사고도 있었습니다. 운전을 갓 시작한 니가타의 가시와자키 원전이 7톤이나 되는 많은 냉각수를 누출시켰습니다.

이것도 체르노빌보다 대형 원자로인데 양쪽이 모두 냉각수에 관한 문제니까 원자로에 있어서는 극히 중대한 일입니다. 이 사고는 다행스럽게도 무사했지만 최악의 사태는 이러한 사고에 또 다른 이상이 겹쳐질 때입니다. 그래서 예상한 대로 대책을 세울 수 없을 때입니다. 그리고 오이 원전에서는 지진으로 물기둥이 100m나 분출된 사고도 있었습니다.

이상은 재료와 관련해서 일어나는 대사고지만 또 한 가지 출력 상승 사고란 무엇인가 설명하겠습니다. 이것은 오늘 첫머리에서 설명한 체르노빌형 폭발 사고입니다. 핵분열 연쇄반응을 막을 수가 없어서 원폭과 같은 모양으로 폭발하는 것이죠. 이런 사고는 일본에서는 일어날 수 없다고 원자력 산업회의는 안전 홍보를 전개하고 있습니다만 유감스럽게도 그것은 전혀 과학성을 무시한 설명입니다. 일본에서 출력 이상 사고가 일어나는 사실과 미국의 핵폭탄 실험의 사진을 결합시키기만 해도 어떤 일이 일어날지 알 수 있을 것입니다[자료 61]. 이것은 소련의 체르노빌형이 아니라 모두 일본의 비등수형(沸騰水型)과 가압수형(加壓水型)에서 실제로 일어난 사실을 보여주는 증거입니다. 소련에서는 과실이 겹쳐서 대사고가 일어났지만 일본에서

Figure 10. A destructive nuclear runaway (power excursion) test conducted in 1954 of a small nuclear reactor—a 1/500 scale boiling water reactor. This test posed no serious hazard to the public, because little radioactivity was involved and the reactor was located in an Idaho desert. The core was small and operated a short time at a low power level prior to the test; so there was little buildup of fission products (no plutonium was used). Also, the fuel was metallic, which minimizes fission product release due to lower melting temperature, and only a fraction of the fuel melted (no afterheat was involved).

는 일어나지 않을까요. 그런 이야기는 홍보 대본으로는 성립되어도 과학으로는 성립되지 않습니다. 흡사 강도범과 유괴범을 비교하면서 어느 쪽이 옳으냐는 것과 같은 논리입니다. 그쪽이 나쁘다고 해서 이쪽이 옳다는 설명이 될 수 없습니다. 게다가 현재 일본 전국 여기저기서 조작과실이 계속해서 발생하고 있잖습니까. 한 사람씩 상대하면 전문가도 이야기가 안 됩니다. 우리는 그보다 오히려 일본 특유의 위험성을 알아야 합니다. 원전을 이렇게 많이 소유하는 나라에서 이렇게 많은 지진과 화산분출이 발생하는 곳이 어디 있는가요.

사고의 요인 ― 지진과 해일

지진에 대해서 마지막으로 말씀드리자면 나는 간토 지방에 살기 때문에 흔히 지진을 경험합니다. 아니 일본은 어디를 가나 지진이 있는데 니가타 가시와자키 원자로는 활단층(活斷層) 위에 세워졌습니다. 아니죠. 일본에 활단층이 없는 곳은 없습니다. 활단층이라는 것은 문자 그대로 살아 있는 단층이니까 아무리 큰 내진성(耐震性)이 있다고 해도 안 됩니다. 한쪽 지반이 떨어져 나가는 것입니다. 떨어져 나갈 때 원자로도 함께 뒤집혀버리는 게 되니까 파이프 등이 부러지고 깨지고 손을 댈 틈도 없이 멜트다운으로 들어갑니다[자료 62].

미하라 산의 화산 대분화가 도카이 대지진의 전조라는 것 정도는 누구나 다 알고 있죠. 도카이 대지진의 진원지는 오마에자키가 중심이 되는 지대인데 전부터 이상 융기가 관측된 곳입니다. 나도 학습회장에서 번번이 이 일대의 위험성에 대해서 이야기했었는데 그러던 차에 미하라 산이 불을 뿜었습니다. 하마오카 원전이 바로 진원지 위에서 가동 중입니다.

도카이 대지진이 일어나면 하마오카 원자로는 견디지 못하리라는 것은 누구나 알고 있죠. 그래서 통산부가 주민들의 공청회에서 내진성 데이터를 제출하지 않은 채 건설을 강행해 버렸습니다.

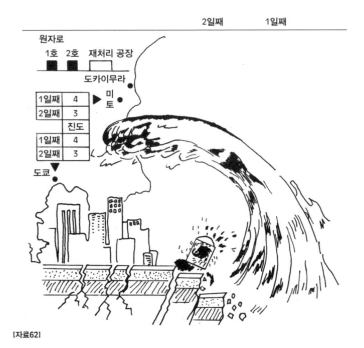

[자료62]

　　도카이무라에 가까운 미토에서는 진원이 깊어서 무사했다는 지진이 흔히 있습니다. 진원이 얕으면 지각 에너지가 원전을 직격하게 됩니다.

　　또 지진이 일어나면 해일이 닥칩니다. 해일이 닥치면 해수가 밀물 썰물이 되는 현상도 번갈아서 나타나죠. 해수가 들어왔다 나갔다 하는 현상입니다. 일본의 원자로는 해수로 냉각시키기 때문에 해수가 나가면 냉각시킬 수 없죠. 몇 초 동안, 아니죠, 꽤 긴 시간 해수가 해안에서 먼 데까지 밀려갑니다.

　　이런 것을 막기 위해서 취수구를 멀리까지 연장하면 되지 않느냐 하는 생각을 하지만 해수는 취수구와 배수구 양쪽에서 동시에 밀려가게 되니까 복수기(復水器)는 텅 비게 됩니다. 복수기란 원자로에서 나온 수증기가 물이 되게 하는 해수 냉각 장치인데 아주 중요한 것입니다. 해일이 잡아당기는 힘과 맞먹는 펌프를 만들 수는 없습니다. 특히 비등수형 원자로인 경우는 증기를 냉각시킬 수 없어서 원자로 내에서 수증기의 압력이 갑자기 올라가기 때문에 일본의 원자로는 특유한 출력 이상 상승 사고가 일어나게 됩니다.

체르노빌 원자로가 단 4초 만에 폭발했다는 사실을 또다시 상기하면 됩니다. 순간까지 정상이었던 것이 이상한 출력 상승이 시작되자마자 하나, 둘, 셋 넷, 꽝입니다.『도쿄 신문』에 의하면 폭발 직전 출력이 100배가 되었다고 했고『요미우리 신문』은 480배라고 했습니다. 어느 쪽이 옳은가요. 어느 쪽도 정확하지 않습니다.

기계가 감지해서 기록할 수 있는 한계는 100까지, 그 이상은 계산으로 측정한 바 480배쯤 되지 않을까 하는 것입니다. 실제로는 순간적으로 무한대를 향해서 치닫는 핵폭발이 일어났다고 나는 봅니다. 조그만 핵폭발이죠. 이론적으로는 일어날 수 있지만 실제로는 일어나지 않는다고 원자력 관계자들이 주장하던 사고가 어김없이 일어나고야 말았던 것입니다.

이러한 핵폭발이 아니라도 지진으로 증기 발생기가 연속 파괴되고 해일이 일어나 해안으로 밀려왔던 해수가 한꺼번에 해안 멀리 썰물처럼 빠져나갈 때 지진의 진동으로 원자로의 제어봉을 밀어 넣을 수 없게 되고 ECCS는 펌프의 주축이 부러지고 그래서 파이프란 파이프는 물을 뿜고……. 이러한 복합상황이 발생할 수 있는 확률이 가장 높다고 생각합니다. 이러한 현상은 그게 전부 동시에 일어날 수 있는 우연성은 없다고 일단 생각하고 싶지만 지진 같은 상황에서는 동시에 발생할 가능성이 크죠. 물론 설계자도 그렇게 바보는 아닙니다. 일단 일어날 수 있는 현상을 모두 검토해서 설계했겠지만 지금 말씀드린 것 같은 복합상황을 생각하면 실제로는 손을 쓸 수 없다는 거

일본의 원자력 발전소
(체르노빌 폭발 때의 데이터)

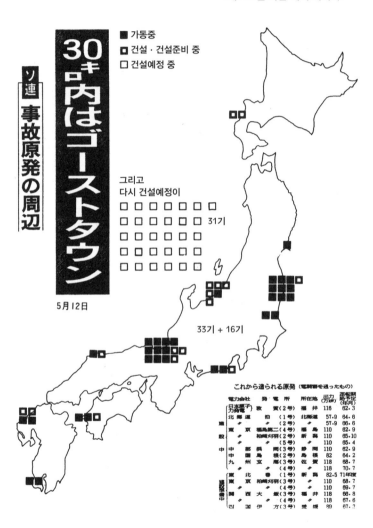

■ 가동중
▣ 건설 · 건설준비 중
□ 건설예정 중

30キロ内はゴーストタウン

ソ連 事故原発の周辺

5月12日

그리고
다시 건설예정이　　31기

33기 + 16기

これから造られる原発（電調審を通ったもの）

電力会社	発電所	所在地	出力(万kW)	運転開始予定(年月)
日本原子力発電	敦賀(2号)	福井	116	62.3
北海道	泊(1号)	北海道	57.9	64.6
	(2号)	〃	57.9	66.6
東京	福島第二(4号)	福島	110	82.9
	柏崎刈羽(2号)	新潟	110	65.10
	(5号)	〃	110	65.4
中部	浜岡(3号)	静岡	110	82.9
中国	島根(2号)	島根	82	64.2
九州	玄海(3号)	佐賀	118	68.7
	(4号)	〃	118	70.7
東北	春(1号)	新潟	82.5	71年度
東京	柏崎刈羽(3号)	〃	110	68.7
	(4号)	〃	110	69.7
関西	大飯(3号)	福井	118	66.8
	(4号)	〃	118	67.6
四国	伊方(3号)	愛媛	89	67.3

[자료63]

죠. 큰 지진이 나면 정전이 됩니다. 예비 전원도 망가지고 그 순간 긴급 장치가 움직이지 않게 될 가능성도 큽니다. 그렇게 되면 원자로가 1기만 있는 게 아니라 몇 기가 묶음으로 있으니까 멜트다운이 일어날 가능성이 있습니다.

지금 일본에서 가동되는 원자로가 이 지도 위에 표시되어 있습니다[자료 63]. 36기가 이미 가동 중인데 미야기 현에 있는 오나가와 원전 바로 이웃인 후쿠시마 현에는 자그마치 10기가 있죠. 여기서 해일이 일어나 해수가 멀리 빠져나가면 11기가 함께 멜트다운될지도 모릅니다. 그렇게 되면 일본 사람뿐만 아니라 전 세계를 말기적인 사태로 몰아넣는 엄청난 재해가 일어날 것입니다. 후쿠이 현에서도 30km 권내 — 현재 체르노빌에서 유령이 도시가 된 곳이 30km 권내 — 에 원자로 12기가 한 묶음으로 나란히 서 있습니다. 이것은 일본만이 갖는 특징이라고 할 수 있죠. 전 세계에서 가장 위험한 데는 일본입니다. 미국과 유럽의 저널리스트들이 어째서 일본은 가만히 있는가, 왜 지진대 위에 이렇게 많은 원자로를 세웠는가, 젊은 사람들은 왜 아무 걱정도 안 하는가, 이런 말을 하는 것은 바로 이와 같은 이유에서입니다.

여러분! 몇 년 전 『마이니치 신문』에 이런 기사가 있었는데 어떻게 생각하시는지? 원자로의 내진(耐震) 실험용으로 세계 최대의 진동 장치가 시코쿠에 세워졌다는 기사입니다. 등골이 오싹해집니다.

36기의 원자로 중 25기가 이미 가동되고 있던 1982년 11월 6일에 나온 뉴스입니다. 그때까지 25기는 내진성 시험조차 제대로 하지 않은 채 설계되고 건설되었다는 얘기 아닙니까. 책상 위에서 계산만 해 보고 그것을 '신뢰성'이라는 기술용어로 그럴 듯하게 겉치레를 해서 신뢰할 수 있는 듯한 환상을 심어준 것에 불과합니다. 사실은 이러한 신뢰성이라는 말의 진짜 뜻은 일정한 확률로 사고를 일으킨다는 말로 '사고율'입니다.

36기도 모자라는 모양이죠. 내가 조사한 바 이미 건설 허가된 것이 18기가 있으며 그 중 10기는 벌써 건설을 시작했습니다. 보통 정신으로는 도저히 할 수 없죠.

이대로 방치하면 틀림없이 몇 년, 아니 10년 이내에 우리 일본에서 말기적 대사고가 일어날 것입니다. 1989년부터 겨우 5년 후인 1994년까지만 보아도 5년 × 365 × 36기 — 65,700일이라는 까마득한 날들을 이러한 사고의 위험성을 내포한 원자로를 운전해 가야 하는 것입니다.

지금까지 대사고가 일어나지 않았던 것은 실로 우연 중의 우연이죠. 우리가 요행으로 살고 있는 데 지나지 않습니다. 수년 내에 사고가 일어난다는 것은 어리석은 예언이 아닙니다. 이러저러한 갖가지 부분을 해석해 보면 틀림없이 그런 운명에 놓여 있다는 확신이 섭니다. 아니 어쩌면 행운은 여전히 계속될지도 모릅니다. 그렇기를 빕니다. 그렇지만 10년 내에 일어날 것입니다. 어쩌면 프랑스가 먼저가 될지도 모르죠. 아니면 한국에 있는 9기 중 어떤 것이 터질 것인지.

그러나 체르노빌 사고 후에도 일본의 원자력 당국은 원전을 '현재의 5배'로 늘린다고 떠들어대고 있습니다. 이 사람들이 반성하리라는 것은 바랄 수 없죠. 그런데 일본의 전 국민이 환상에 젖어 있습니다. 그래서 나는 점점 더 비극의 도래를 굳게 믿고 있습니다.

원자로는 앞으로 안전하게 되는 것이 아니라 마침내 폭발의 시대로 돌입하고 있습니다.

겨우 일본 전 국민이 눈을 떴기 때문에 대사고를 막든가 아니면 대사고에 휩쓸려 들어가든가는 앞으로 몇 년 간의 경쟁에 달려 있습니다. 원자로가 없어진다는 것은 확실합니다.

이처럼 엄청난 대사고가 났을 때 일본 전 국민이 처하게 될 상황은 어디나 비슷비슷합니다. 홋카이도에 거주하는 사람은 실질적으로 규

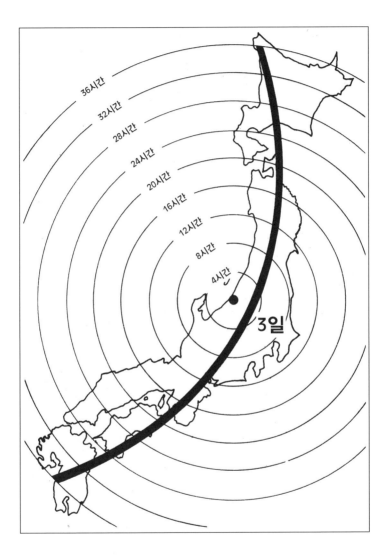

**방사능 구름이 도달하기까지
걸리는 시간** (풍속 7m의 경우)

슈의 겐카이 원전에 대한 공포를 느끼지 않을 것입니다. 규슈에 거주하는 사람은 홋카이도의 토마리 원전이 바다 모래로 건설되는 데 그다지 관심이 없을지도 모릅니다.

일본 지도에 평균 풍속 7m의 바람이 방사능을 싣고 도착하는 속도를 그려보면 중심을 어디다 잡아보아도, 즉 사고가 어디서 발생해도 길어도 3일이면 끝장이 납니다. 나는 도쿄에 살지만 낡아빠진 겐카이 원전에서 겨우 하루 조금 더 걸리는 거리 권내에 들어갑니다[자료 64].

따라서 일본 사람이라면 그 누구라도 36기의 원자로가 모두 무겁게 숨통을 조이고 있는 상황입니다.

눈앞에 있는 원자로의 문제가 아니라 원자력 산업을 인정하느냐 안 하느냐 이것이 우리의 생사를 결정합니다. 원자로를 전폐하기 위해서 남은 시간은 이제 거의 없다고 해도 좋습니다. 이러한 일본의 근황에 대해 『잠들 수 없는 이야기』라는 책에서 자세한 자료를 제시했으니 우리 공통의 문제를 이대로 방치하지 말고 한 번 보시기 바랍니다.

그것은 반드시 앞날을 위해 도움이 될 것입니다.

제4장   원자력 산업과 저널리즘의 정체

에너지 문제는 존재하지 않는다

아주 조용하군요. 그렇죠. 이야기가 또 한 가지 남았습니다.

더 들으시겠습니까? 이야기하죠. 여기까지 들었으면 마지막 해설을 듣지 않고는 배겨내지 못할 것입니다.

왜 원자력 관계자는 이렇게 위험천만한 발전법을 계속하는가. 어째서 그 신사 양반들은 이런 것을 모르는가. 자기들도 죽는다는 것을 알고 있을 텐데. 아니, 진짜 그들은 모르는 게 아닌가. 대체 어떻게 되어 있길래 그처럼 터무니없는 기계가 돌아가고 있는가?

즉 누가 어떤 목적으로 그 기계를 돌리고 있는가. 사람이라면 누구나 그 내막을 알고 싶어할 것입니다. 그렇습니다. 여러분들 머릿속에는 그것은 에너지 문제라든가 전기의 1/3은 원자력이 꾸리고 있으니까 정전되면 곤란하지 않는가? 등등 갖가지 생각이 머리에 들어 있습니다. 그렇기 때문에 이런 의문이 샘처럼 솟구치는 것입니다.

그런데 사실 이러한 수수께끼를 푸는 일은 간단합니다. 시원하게 답변을 해드리겠습니다. 이 세상에 에너지 문제 같은 것은 존재하지 않는다는 사실을 극히 최근에 와서 깨닫게 되었습니다. 나도 최근까지는 지금까지 이야기한 위험성뿐만이 아니라 에너지나 전력 공급에 관한 사회 문제를 생각한다는 입장에서 원자력을 논한 일이 있었습니다. 그러나 이런 것 자체가 전력 회사의 계략에 우리가 속아 넘어간 결과라는 것을 깨달았습니다. 이것은 사회 문제 따위의 심각한 것이 아니고 전력 회사라는 하나의 산업의 내부 문제로 거론되어야 하는 단순한 기업 전략에 불과한 것이었습니다.

그러니까 어떤 방법으로 발전하는가 하는 문제는 전력 회사의 사내 문제입니다. 그런데 어느 사이에 사회 문제인 것처럼 저널리즘을 이용해서 선전하는 바람에 우리도 그렇게 생각하게 된 것입니다. 그들은 실로 간교한 계략을 생각한 것입니다.

이 문제는 다른 산업과 비교하면 금방 알 수 있습니다. 자동차 업계를 예로 들까요? 그들은 지금까지 사용하던 엔진을 쓸 것인가 로터리 엔진으로 바꿀 것인가 하는 판단을 놓고 이것이 사회 문제라면서 우리에게 선택해 주시오 하는 따위의 바보 같은 짓은 절대로 안 합니다. 그것은 기업 경영자로서 부끄러운 일이니까요. 어느 쪽이 더 우수한가, 어떤 것이 안전한가, 어떤 것이 생산원가가 싼가 등을 기업 내부에서 논의해서 결론을 내립니다. 다시 말해서 이런 것은 자기들의 문제, 자기 회사의 문제입니다. 모든 산업이 그렇습니다. 강철업, 토건업, 조선업, 컴퓨터, 항공기, 알루미늄, 어느 것이나 각각 기술 경쟁으로 고민하면서 사용자의 온갖 구미에 맞게 힘자라는 데까지 노력하고 어떤 때는 울기까지 합니다.

그리고 전력 회사는 화력이냐 원자력이냐 하는 선택을 자신들의 기준에 따라서 하고 싶은 대로 결정해도 됩니다. 왜냐하면 공익 사업으로 지정되었기 때문에 9개의 전력 회사는 전기 사업 연합회라는 완전한 독점 기구를 인정받고 있어서 이것이 신디케이트로 일체가 되어 있기 때문입니다. 신디케이트란 말은 '공통된 이익을 추구하는 집단'을 뜻합니다.

그러면 전력 신디케이트에 공통된 이익이란 무엇인가. 말할 것도 없이 그것은 '돈'입니다. 전력이 제일 이익이 큽니다. 그래서 소위 에너지 문제, 석유위기에 편승한 그들의 기업 전략을 사회 문제인 것처럼 우리가 잘못 믿어버리게 된 것입니다. 그들은 돈이 너무 남아서 처치 곤란입니다. 속으로 웃고 있습니다.

이제부터 그 이야기를 하죠. 놀리지 마십시오. 그 사람들이 신사라구요? 여러분은 그런 말을 하지 않게 될 것입니다. 처음에는 다소 규모가 큰 이야기가 되지만 세계적 구조에 대해서 설명을 하겠습니다. 그런 다음 우리의 현실적 문제인 일본의 원자력 산업을 검토하겠습니다.

남아프리카공화국과 로스차일드

우선 체르노빌 사고가 나고 반년 후 1986년 10월 19일에 있었던 국제적인 비극을 하나 이야기하겠습니다.

아프리카에 모잠비크라는 나라가 있죠. 이 나라의 마셀 대통령이 탄 비행기가 추락해서 각료 두 사람과 함께 사망했습니다. 이건 엉뚱한 데로 이야기가 나간다고 생각하겠지만 사실은 일본의 전력 회사와 끊을래야 끊을 수 없는 관계가 있는 무서운 사건입니다. 왜 비행기가 추락했는가. 이 세상에서 일어나는 사건에는 모두 명쾌한 이유가 있는 것입니다.

모잠비크 남쪽에 남아프리카공화국(남아공)이 있죠. 아파르트헤이트(apartheid) 즉 인종 격리, 흑인암살로 유명한 아프리카의 프랑켄슈타인이라 부르는 수수께끼의 왕국입니다.

마셀 대통령의 탑승기는 바로 남아공 영내에서 추락했습니다. 그는 흑인으로 남아공의 아파르트헤이트에 대해서 격렬하게 도전했었죠. 조종사나 목격자의 증언에 의하면 그것은 명백히 남아공이 획책한 암살입니다. 해가 바뀌자 이 사고는 조종사의 과실이라는 결론이 일방적으로 발표되었지만 글쎄, 믿을 수 없습니다. 바로 남아공이 아프리카 남부지역 일대에서 채굴한 우라늄을 일본의 미쓰비시 상사의 중개로 (원자로를 가진) 일본의 전력 회사가 구입하고 있었습니다. 다시 말해서 일본의 커다란 구입처가 바로 남아공이었던 것입니다. 여기서 나는 답을 내보내겠습니다. 실로 우연한 일이지만 기묘한 데서 이러한 음산한 세계의 수수께끼가 풀리기 시작한 것입니다.

어느 날 나는 어떤 학습회장에 가려고 신칸센을 타고 원전이 있는 현지로 가는 도중에 옆자리에 있던 사람이 『프라이데이』라는 잡지를 보고 있었습니다. 나는 이 세상에 나서 오늘까지 아직 주간지라는 것을 한 번도 사본 일이 없는데 힐끗 보니까 마음에 짚이는 이름이 나와 있는 것입니다.

> 세계적 대부호 로스차일드 부인 처음으로 일본에 오다. 아카
> 사카 밤거리에서 '그녀 답지 않은 모습'을 차례로 보여주면
> 서…….

마침 그때 나는 로스차일드 재벌에 대한 조사를 하다가 최근의 자료
가 너무 없어서 여기저기 찾고 있었습니다. 그런데 로스차일드 가의
부인이 일본에 왔다는 기사를 본 것입니다. 그런데 옆 사람이 하차할
때 그 잡지를 버리고 나가길래 급히 주어가지고 그 페이지를 잘라냈
습니다. 무슨 이야기가 있었는가. 그 여자의 남편에 대한 기사인데 내
용은 이렇습니다.

> 이 신사가 바로 세계에서 으뜸가는 유태인 대부호, 프랑스의
> 로스차일드 가문의 중심 인물, 에드먼드 드 로스차일드 남작
> 입니다. 남작은 세계 제일의 다이아몬드 가공·판매회사 '드 비
> 어스' 사의 중역이기도 한데…….

드 비어스라면 이것도 문제의 남아공을 본거지로 세계를 정복한 다
이아몬드 회사이죠. 한밤중에 TV를 켜면 요즘 한창 다이아몬드 선전
광고가 나오죠. 미인이 드 비어스 제품으로 몸을 치장하고 등장하는
데 그 다이아몬드는 흑인의 피가 밴 것입니다. 원자로의 우라늄에도
채굴 현장에서 노예처럼 일하면서 학살당한 사람들의 피가 묻어 있
습니다. 이러한 피는 아무리 닦아도 없어지지 않습니다.
   남아공에서 기억해 둘 기업이 세 개 있습니다. 다이아몬드의 '드
비어스', 금(金)의 '앵글로 아메리칸' 그리고 우라늄의 '리오 틴트 징크'

입니다. 다이아몬드, 금, 우라늄이라는 삼대 광물 즉 세계 제일의 보물 창고가 남아공 일대에 있습니다. 이것이야말로 아파르트헤이트의 정체입니다. 단순한 인종 차별 문제가 아니라 일부의 백인이 이런 재화를 독점하려고 원주민인 흑인의 토지를 강탈했습니다. 그래서 전체의 90% 가까운 토지를 백인 소유로 정하는 법률을 만들었습니다. 거기 바로 이 세 가지 광물이 잠자고 있습니다. 그래서 이권의 분산을 방지하려고 흑인과의 결혼을 금지하는 무서운 격리법이 탄생한 것입니다. 그러니까 인종 분리라는 결과만 가지고는 아무리 해도 문제는 해결되지 않습니다. 원인은 다이아몬드와 금과 우라늄에 대한 이권 싸움에 있습니다.

다이아몬드라니까 목걸이를 생각하겠지만 그게 아닙니다. 금도 결혼 반지의 금이 아닙니다. 어느 것이나 전쟁이 나면 수요가 급증하는 귀중한 광물이죠.

다이아몬드는 경도가 가장 높고 금은 녹슬지 않죠. 그래서 정밀 가공, 석유 채굴, 폭격기, 미사일, SDI에 이르는 모든 분야에서 쓰이기 때문에 값이 비싸집니다. 우라늄은 원자탄 수소탄, 그리고 원자로에 쓰고……. 이러한 3대 광물을 지배하는 3개의 기업을 조사해 봅시다. 아주 흥미있는 세상이 눈앞에 전개됩니다.

'드 비어스'와 '앵글로 아메리칸' 두 회사는 형제 회사죠. 해리 오펜하이머와 니콜라스 오펜하이머 부자가 모두 양사의 역대의 요직에 있으면서 소위 말하는 오펜하이머 왕국을 이룩했습니다. 그런데 아까 본 잡지 『프라이데이』에 나온 것처럼 '드 비어스'의 중역이 로스차일드 남작이라면 오펜하이머의 배후에는 왕국을 조종하는 로스차일드 재벌이 있다는 이야기입니다. 또 '리오 틴트 징크'사는 옛날부터 로스차일드 재벌이 지배하는 광산 회사로 유명했었죠. 리오(rio)는 강(江), 틴트(tint)는 색(色,) 징크(zinc)는 아연(亞鉛)을 뜻하는 말인데 유화를 그리는 사람은 금방 압니다. 강바닥에 깔린 흙에서 안료를 채취하는데 이를테면 징크 화이트(zinc white)는 아연으로 만든 흰색 물감이죠. 이렇게 옛날 안료업에서 시작해서 사기꾼이 되더니, 마침내 오늘 우라늄 채광꾼으로 발전한 것입니다.

이렇듯 남아공은 3대 기업이 모두 로스차일드의 손에서 놀아나고 있습니다.

이스라엘과 로스차일드

'리오 틴트 징크' 사의 역대 중역을 조사하면 놀라운 일이 발견됩니다. 앤소니 이든이라고 기억이 나겠죠. 이 사람은 1955년에서 1956년에 영국 수상을 지냈습니다. 바로 그 1956년에 수에즈 동란이 일어났습니다[자료 65].

[자료 65]

1956년 수에즈 동란
(제2차 중동전쟁)

10월 29일 이스라엘이 이집트 침공
10월 31일 영국·프랑스가 이집트 공격
11월 5일 소련이 군사개입을 경고
11월 6일 정전
12월 22일 영·프군 포트사이드 철수완료

영국
프랑스
이스라엘
이집트

아시다시피 수에즈 동란은 이스라엘, 프랑스, 영국이 손을 잡고 갑자기 이집트를 공격한 세계적 사건이죠. 이스라엘은 유태인 국가, 그리고 프랑스와 영국은 대부호 로스차일드 형제가 금융을 지배하는 나라인데 에드몽 드 로스차일드 일파가 이른바 이스라엘 로비를 만들고 정치적으로 큰 압력을 가하고 있죠. 아시겠지만, 수에즈 동란의 원인은 '리오 틴트 징크' 사의 앞잡이 이든 수상에게 로스차일드 일당이 지령을 내려 영국·프랑스·이스라엘의 공적 기관인 군대를 이용해서 이스라엘의 역량을 확대한 전략이었던 것입니다. 국가와 국가가 전쟁한다고 생각하는 이제까지의 단순한 전쟁 사관을 이런 기업이 이권을 차지하려고 만들어낸 책략이라고 바꿔도 좋습니다. 확실히 우리들 아무것도 모르는 민중은 언제나 그들에게 기만당하고 있으며 내막도 모르고 전쟁터로 끌려나가서 죽임을 당합니다. 나라와 나라, 또는 특정한 인종과 인종이 싸우는 것처럼 보일 뿐이죠.

그러나 그렇게 보이는 것은 모두 미리 계획된 전쟁의 명분이고 구실입니다. 이러한 이권 다툼의 배후에는 부호들이 있는데 다이아몬드나 금으로 치장을 한 그들을 부러운 눈초리로 보고 있는 순간 원자력 문제의 본질을 모르게 됩니다. 이런 인간들이 인종 격리와 전쟁과 원자로를 뒤에서 조종하고 있는 것입니다. 그리고 이익을 독차지하고 있습니다[자료 66].

'리오 틴트 징크' 사는 최근 머리글자를 따서 'RTZ'라는 명칭으로 바꾸었는데 남아공 북쪽에 있는 나미비아를 침략하고 그 일대에서 우라늄을 캐내고 있죠. 나미비아 사람들은 이에 대해서 격렬히 저항하고 있으며 더욱이 북쪽 앙골라에 유격기지를 두고 독립 전쟁을 계속하고 있기 때문에 남아공은 자주 앙골라를 폭격하고 있죠. 이것이 현재의 상황입니다. 매일 신문 한구석에 보도되는 폭격 기사 뒤에는 우리가 갖다 쓰는 우라늄의 정체가 숨겨져 있습니다. 1988년 말, 그

아프리카 남부

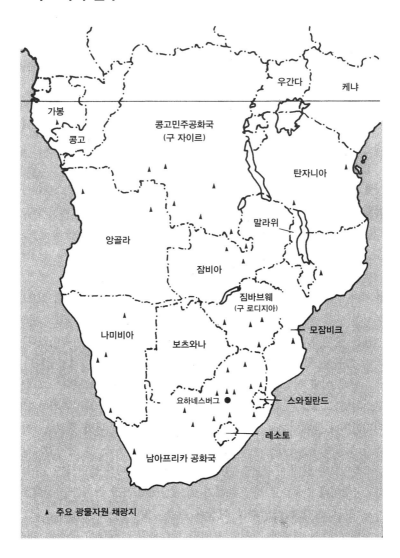

가봉

콩고

콩고민주공화국
(구 자이르)

우간다　　　케냐

탄자니아

앙골라

말라위

잠비아

짐바브웨
(구 로디지아)

모잠비크

나미비아

보츠와나

요하네스버그 ●　　　　스와질란드

남아프리카 공화국　　　레소토

▲ 주요 광물자원 채광지

[자료 66]

동안 숨어서 움직이던 일본의 전력 회사는 남아공산(産) 우라늄 사용을 공공연히 하게 되었습니다.

여러분은 나미비아라는 곳을 기억해 주세요. 나중에 또 한 번 나옵니다. 이상으로 대략 아프리카 남부의 정세를 아셨으리라 생각합니다. 마셀 대통령이 암살당한 모잠비크와 나미비아가 남아공을 동서에서 협공하는 모양으로 저항하고 있습니다.

그러면 이제 한 발 더 앞으로 나가겠습니다. 로스차일드는 유태인이고 이스라엘은 유태인의 국가라고 해서 단순히 로스차일드=이스라엘이라는 생각은 위험합니다. 그래서 로스차일드 가문에 관련된 인물을 조사해보니까 다음과 같은 사실이 드러났습니다.

마이클 D. 라빈이라는 수학자는 이스라엘의 히브리 대학을 졸업하고 로스차일드가 주는 상을 받았습니다.

사무엘 위니트라는 변호사는 유태인 연방 협의회의 이사를 역임했고 로스차일드 법률 사무소의 동반자입니다.

글렌 테트리라는 무용 안무사는 이스라엘에 있는 로스차일드 재단의 객원 교사입니다.

어니스트 리오 로스차일드는 뉴욕의 유태인 센터 이사장으로 미국과 이스라엘 간의 연대를 강화하고 있습니다.

해롤드 펄먼이라는 변호사는 이스라엘의 와이즈맨 연구소 간부이며 그 처는 제인 로스차일드입니다.

월터 멘델스존이라는 변호사는 뉴욕에서 이스라엘을 위한 유태인 보호회의 의장을 맡고 있습니다.

이 정도면 되겠죠. 이밖에도 1백 가지나 되는 사례가 있는데 이스라엘이 어떻게 이 대부호에 의해서 지배되고 있는지 그저 놀라울 뿐입니다. 그러면 로스차일드 일당이 왜 이스라엘을 이렇게 소중히 여기는가 하는 것은 제2차 대전을 회고하면 됩니다.

19세기에는 유럽 5개국에 각각 로스차일드 형제가 분산해 있으면서 상호 연대해서 크게 재산을 증식시켰습니다. 영국, 프랑스, 오스트리아, 독일, 이탈리아 이렇게 5형제가 분산되어 있었죠. 지금도 이야깃거리가 되는 것이지만 나폴레옹이 워털루에서 패했을 때 로스차일드는 누구보다도 먼저 그 정보를 빨리 알아내어 런던에서 영국 국채를 아주 싼값에 매점해 가지고 그것으로 거부가 되었다는 이야기가 그것이죠. 여기서 쓴 속도 원리가 투기꾼의 본성이니까 5형제가 5개 국가에 분산해 있으면 여하한 사건 정보도 로스차일드 일당에게는 손쉽게 들어오게 되죠. 유태인들은 불행하게도 국가가 없었고 역사적으로 박해받는 민족이었다는 것이 그들을 국제적인 최고 투기업자가 되게 했다는 이야기입니다.

그런데 이때 히틀러가 나타나서 유태인을 학살하게 됩니다. 그래서 로스차일드 재벌은 파괴됩니다. 여기서 또 한 가지 주의를 환기하자면 어디까지나 유태인=로스차일드가 아닙니다. 그렇게 되면 우리도 히틀러가 되고 말죠. 유태인 속에 로스차일드 일당이 있는 데 불과합니다. 로스차일드와 안네 프랑크를 한데 묶어서 '유태인'이라 불러서는 안됩니다. 국경이나 민족으로 하는 분류가 이 세상에서 가장 위험한 사상이죠. 나는 일본 원자력 산업회의 회장과 같은 '일본인'이 아닙니다.

이렇게 해서 괴멸한 것처럼 보였던 로스차일드 일당은 마침내 대전 후 이스라엘 건국에 주력하고 이스라엘이 중동에서 세력을 강화하면서 차츰 유럽에서도 부활한 것입니다. 영국과 프랑스 두 형제가 완전히 복구되어 현재에 이르고 있습니다. 그러는 동안 앞서 지적한 수에즈 동란은 그들에게 있어 중요한 승리였을 것입니다. 그런데 이러한 상황에서 같은 로스차일드가 이스라엘과 남아공 두 나라를 지배했다면 어떤 일이 벌어지겠습니까. 당연한 일이지만 이스라엘과 남아공이 세계의 막후에서 손을 잡고 교류하게 됩니다.

[자료 67]

이게 무슨 지도인지 알겠습니까[자료 67].

미국, 소련, 중국, 유럽 전 지역, 한국, 대만, 일본, 리비아, 이집트, 캐나다, 브라질, 아르헨티나, 이란, 이라크, 인도 그리고 이스라엘과 남아공을 검게 칠을 했습니다.

사실은 핵무기를 보유하는 나라, 그리고 언제든지 핵무기를 만들 수 있는 상황에 있는 나라를 검게 칠한 것이 이 지도죠. 전 세계가 거의 검습니다. 1983년 당시의 분석에 의한 것입니다.

그런데 이러한 나라 중에서 실제로 가장 위험한 나라가 어디냐 하면 이미 알려진 일이지만 이스라엘과 남아공이죠. 여기에 대만을 합친 3개국은 이미 비밀 협정을 체결해서 원폭 개발을 끝낸 상태에 있습니다.

이스라엘은 네게브 사막에 비밀리에 원폭 공장을 세웠으며 중동전에서 실제로 사용 직전까지 간 일이 있습니다. 내가 젊었을 때 이스라엘을 여행한 일이 있는데, 바로 여기 네게브 사막에서 사진을 찍으려고 하다가 같이 간 친구에게 엄한 주의를 받았습니다. 먼 데서 감시하기 때문에 사진을 찍다가는 큰일이 난다는 것이죠[자료 68].

그러면 이스라엘은 원폭을 어떻게 개발했는가 하는 당연한 의문이 생깁니다. 아무리 로스차일드가 부자라 하더라도 이것만은 돈으로 될 문제가 아니죠. 누가 협력해 주어야 합니다. 여기 등장하는 사람이 잘만 샤피로, 프레데릭 퍼샤, 레오나르도 페르코비츠라는 세 사람인데 그들은 미국에서 핵연료 회사를 설립했던 것입니다. 이것이 수에즈 동란 다음 해죠. 게다가 이 세 사람은 놀랍게도 모두 미국 원자력 에너지 위원회 멤버이고, 그러니까 앞서 설명한 네바다 주에서 강행된 핵실험의 책임자였으며, 그래서 이 회사가 이스라엘 영사관과 전화를 가설하는 등 이스라엘과 원폭을 개발하는 것에 협력을 하게 되는 것입니다.

이스라엘의 원폭공장

레바논

시리아

지중해

텔아비브

예루살렘

원폭공장
▲ 디모나

네게브사막

이집트   요르단

[자료 68]

그리고 6년이 지난 후 1963년에는 드디어 남아공이 이스라엘에 우라늄을 매각한 사실이 보고되고 미국 여기저기 원자력 공장에서 우라늄이 분실되는 위험한 사태가 전개되었습니다. 특히 웨스팅하우스의 애스트로 원자력 연구소에서는 1968년 100kg 가까운 대량의 농축 우라늄을 분실했습니다. 이러한 사태는 무엇을 뜻하는 것이었을까요?

그러다가 9년 후, 8월에 남아공의 칼라하리 사막에서 핵실험을 준비하는 현장을 미·소 양국의 위성이 발견했던 것입니다. 이것이 바로 이스라엘이 만든 핵무기였습니다. 이렇게 해서 밝혀진 것입니다.

그리고 2년 후 1979년 9월 22일 드디어 남아공 근해 8천m 상공에서 번쩍하는 섬광을 미국의 위성이 잡은 것입니다. 이것은 틀림없이 이스라엘과 남아공이 공동 개발한 원폭을 실험한 것입니다. 이 뉴스는 전 세계를 깜짝 놀라게 했지만 마침 인권 존중을 캐치프레이즈로 내걸고 웃음을 팔던 당시 미국 대통령 카터가 다른 것도 아닌 바로 이것 때문에 조사 위원회를 발족시켜, 그 위원회로 하여금 증거를 없애버리게 한 것입니다.

이러한 불가사의한 일이 어떠한 메커니즘에 의해서 미국이 남아공과 이스라엘에 손을 뻗쳐 인종 격리에 협력하고 있었는가, 이런 것을 모르면 체르노빌의 거대 사고가 왜 세계적 구조에서 은닉되었는가 하는 메커니즘도 알 수 없습니다.

모건과 록펠러

여기 나열된 얼굴은 1920년대, 미국에서 '광란의 20년대'라는 금주법 시절의 '전 미국을 지배하는 부자들'이라는 자료인데 어떤 수집가가 당시의 인쇄물에서 찾아낸 것입니다[자료 69].

이름을 보면, 미국 첫째의 부자 존 피어폰트 모건, 그 아들 모건 주니어, 철도왕 밴더빌트, 강철왕 카네기, 그리고 모건과 카네기가 설립한 당시 세계 제일의 대기업 US스틸의 회장 게리, 그리고 죽음의 상인 듀폰, 이렇게 6인을 대표로 이름을 들었는데 그들은 거대한 모건 재벌을 구성해 가지고 전 미국의 기업을 완전히 지배했습니다. 여기다 세 사람을 더한다면 광산왕 구겐하임, 자동차왕 헨리 포드, 은행가 드렉셀 등도 모건 재벌의 협력자입니다[자료 70]. 이들의 정점에 있는 것이 '모건 상회'라는 은행인데 앞서 이야기한 오펜하이머 일족이 남아공에서 다이아몬드와 금을 지배하려고 할 때 그 회사의 초대 회장 어니스트 오펜하이머에게 거금 5백만 달러를 손에 쥐어주면서 남아공으로 가게 한 것이 바로 이 모건 상회입니다.

　당시 남아공에는 아직도 세실 로즈라는 사람이 다이아몬드 왕국을 가지고 있었습니다. 이 사람의 이름 로즈(Rhodes)에서 로디지아(Rhodesia)라는 나라가 생겼으나 인종 분쟁의 결과 현재의 짐바브웨로 바뀌었죠. 그러니까 대통령이 죽임을 당한 모잠비크의 이웃이죠. 여하튼 로즈의 아성에 치고 들어가 주식을 독점 매입해서 로즈 왕국을 강탈하고 오펜하이머 왕국으로 바꾼 뚝심은 바로 모건 상회에서 나온 것입니다.

　이렇게 되면 로스차일드 대 모건의 이권 싸움이 일어납니다. 그래서 모건은 히틀러가 대두할 때 그를 이용하려고 유럽에서 유태인 학살을 거들게 된 것입니다. 그러니까 비참한 역사 뒤에는 미국 은행가 모건이 있었던 것입니다. 이런 사실은 여기서 간단히 설명하기 어렵습니다. 그래서 『억만장자는 헐리우드를 죽인다』(국내에서는 『제1권력』으로 출간)라는 책에서 자세히 분석했습니다. 결론만 가지고는 여러분은 이해가 잘 안 될 것입니다.

　여기서 또 한 가지 힘을 설명해 둘 필요가 있는데, 그것은 모건과 나란히 대재산을 이룩한 석유왕 록펠러입니다. 그들과 한패가 되어

존 피어폰트 모건, 시니어.
John Pierpont Morgan, Sr.

앤드류 카네기
Andrew Carnegie

존 피어폰트 모건
John Pierpont Morgan

엘버트 H. 개리
Elbert H. Gary

코르넬리우스 밴더빌트
Cornelius Vanderbilt

T. 콜먼 듀폰
T. Coleman Du Pont

대니얼 구겐하임
Daniel Guggenheim

존 D. 록펠러
John D. Rockefeller

헨리 포드
Henry Ford

사이러스 H. 맥코믹
Cyrus H. McCormick

앤서니 J. 드렉셀
Anthony J. Drexel

조지 웨스팅하우스
George Westinghouse

『시카고 트리뷴』등의 신문을 지배한 맥코믹, 이 사람은 파시스트 단체의 두목이기도 했죠. 또 전기 발명가로 에디슨의 라이벌인 웨스팅하우스가 록펠러 연합체에 참가합니다. 자, 이제 해답을 드리겠습니다.

남아공 케이프타운 교외 코베르그에 2기의 원자로가 완성되었는데 이게 바로 웨스팅하우스 제품이고 기자재는 바브콕 윌콕스의 제품이었죠. 전자는 '록펠러' 지배, 후자는 '모건' 지배입니다.

양자 모두 원전에 대해서 조금 공부한 분이면 들어본 일이 있을 겁니다.

일본의 간사이 전력이 웨스팅하우스 원자로를 쓰고 있죠. 배브콕 윌콕스는 노심용융을 일으킨 스리마일 섬의 원자로를 만든 생산 업체입니다.

최근의 미국 잡지를 보니까 이것은 체르노빌 사고 직후의 것인데 배브콕 윌콕스 사의 별면 대광고가 있습니다. 그것이 글쎄 보시다시피 군함 광고입니다[자료 71].

여러분이 생각하는 '평화 산업' 원자력의 정체가 바로 이런 것입니다. 오른편 하단에 맥더모트 인터내셔널이라는 모회사의 이름이 들어 있는데 이것이 모건 일당의 제4대 존 애덤스 모건이 지배하는 회사입니다.

이렇게 해서 카터 대통령이 남아공의 핵실험을 은폐할 수밖에 없었던 이유를 알 수 있습니다. 지미 카터의 스폰서는 누군가. 유명한 미·일·유럽 삼극(三極) 위원회 통칭 트라이래터럴이라고 하는 회합의 멤버인 그는 이 회합의 설립자인 록펠러의 대리인으로 백악관에 들어간 사람이니까 인종 격리와 인권 외교가 제아무리 모순·대립한다고 해도 웨스팅하우스제 원자로에서 원자폭탄이 나온 사실을 공개할 처지도 아니고 해서 급히 증거를 말살시킨 것입니다.

이것이 역사의 진상입니다. 록펠러 브라더스 사는 제2차 대전 후

[자료 71]

1948년에는 록펠러 3세가 아프리카 현지를 방문하고 다음 49년에는 록펠러 일당이 소유하는 은행으로 세계 최고가 된 체이스 내셔널 은행(현재의 체이스 맨해튼 은행)의 올드리치 회장이 개입해서 드 비어스의 주식을 사들였죠. 그리고 또 록펠러 브라더스 사 5형제의 재정 고문이던 루이스 슈트라우스는 원자력 에너지 위원회의 위원장으로 네다바 핵실험을 강행한 최고 책임자입니다.

　여기 미국의 지도를 보십시오.[자료 72]. 모건 일당과 록펠러 일당이 지배하는 구조를 그렸죠. 전 미국 기업의 70%가 양가(兩家)에 의해서 금융 지배를 받고 있으니까 모든 것이 그들의 자유입니다. 앞서 이야기 한 『억만장자는 헐리우드를 죽인다』라는 책에 20세기에 와서 역대 대통령과 각료들이 어떻게 양가의 앞잡이 노릇을 했는가 전부 조사해서 실었습니다. 여기서는 최근의 레이건 정권 때 것만 보여드리겠습니다[자료 73]. 오늘의 부시 정권도 같습니다. 보시다시피 이들은 모

모건·록펠러의 전미 지배도

「억만장자는 헐리우드를 죽인다」에서

⑧ロナルド・レーガン大統領　1981・1・20から在任

Mのゼネラル・エレクトリックのPRマンとして出発し、同社の原子力炉下にあるUS翻訳（ポラックス）に雇われた後、RのスタンダードUS翻訳と利権を取引きする石油王ヘンリー・サルヴァトーリおよびユニオン石油の支援でカリフォルニア州知事のポストを得たる。同社の利益を二十億ドル増加させる政策を実施。M・R連合の⑩フーヴァー大統領が設立したフーヴァー研究所のメンバー多数をブレーンとして大統領に就任。

財務長官・大統領補佐官　ドナルド・リーガン　R
連合の巨大投資銀行メリル・リンチの会長。

財務長官：大統領補佐官ジェームズ・ベーカー三世　R
のユニオン・パシフィック鉄道およびMのウェスティングハウスを支配する⑭アンダーソン一族。

国防長官キャスパー・ワインバーガー　モ
ック・ロックフェラーの娘エディスと結婚したマコーミック一族。

司法長官ウィリアム・F・スミス　Mのアルマン社、パシフィック・ミューチュアル生命、パシフィック電話など多数企業の重役。

内務長官　大統領補佐官ウィリアム・クラーク　M
のベル電話西部支社であるパシフィック電話など多数のM・R企業の西部利権を代表する法律事務所を経営。

内務長官ジェームズ・ワット　M・R連合の石油、天然ガス、木材、鉱山の利権を代表する法律事務所を経営。

商務長官マルコム・ボルドリッジ　J・P・モルガンJr.の孫ジョン・アダムズ・モルガン社が重役として支配したコングロマリット、スコヴィル社の会長。R

国務長官ジョージ・シュルツ　Mのゼネラル・モーターズおよびR・Mの投資銀行ディロン・リードの重役。⑩

国務長官アレグザンダー・ヘイグ Jr.　Mのゼネラル・エレクトリックの社長、Mのシティバンクの社長。R

副大統領ジョージ・ブッシュ　父ブレスコット・ブッシュが、Rの盟友である鉄道王ハリマン家のブラウン兄弟ハリマン社の重役、⑯カーター、⑰ブレジンスキーと共に、デヴィッド・ロックフェラーが設立した日米欧三極委員会のメンバー。M・R石油会社に石油の利権を売る石油採掘業者。

エレクトリック・テクノロジーズの社長。Mのゼネラル・モーターズおよびR・Mの投資銀行ディロン・リードの重役。⑱

運輸長官エリザベス・ドール　Mの盟友のタバコ王ジェームズ・デュークが設立したデューク大学の管財人。⑲ピアース Jr.の部下で、M・R連合のアメリカ証券取引所の指名委員。

運輸長官アンドリュー・ルイス　R・M連合のりーディング鉄道の管財人。Mのシンプレックス社の重役。

労働長官レイモンド・ドノヴァン　R・Mのテキサ社に石油、ガス、鉱山の利権を売るテキサス、コロラド燃料製鉄などの重役。

労働長官ウィリアム・ブロック三世　Mのゼネラル・エレクトリック、IBM、テキサコ、イーストマン・コダック、Rのガルフ石油、エクソン、モービル、スタンダード石油オハイオの大株主。

厚生長官リチャード・シュワイカー　Rのファースト・ボストン投資銀行支配下にあるノース・ペンシルヴァニア鉄道の大株主。

厚生長官マーガレット・ヘクラー　R支配下のインターナショナル銀行系列にあるグローブ石油精製の設立者で、ファースト・ナショナル銀行セントポール重役をつとめたR。

住宅都市開発長官サミュエル・ピアース Jr.　M・R連合のアメリカ証券取引所の会頭でMのGE、ブルーデンシャル保険、トマス・A・モルガンが重役支配したUSインダストリーズ、Rのファースト・ボストン投資銀行、インターナショナル製紙など多数の重役。

エネルギー長官ドナルド・ホデル　Mの盟友のサザン・パシフィック鉄道の顧問弁護士ヒュー・ビッグズと法律事務所を経営。

エネルギー長官ジェームズ・エドワーズ　M・R連合のヘンリー・フォード病院の歯科医師。Mのファースト・ナショナル銀行サウスカロライナの重役、M・R連合のアメリカ証券取引所の指名委員。

教育長官テレル・ベル　M・R連合のフォード財団のメンバー。

두 투기꾼입니다. 정치가라구요? 1986년에 발각된 이란 게이트 사건
에서 CIA와 이스라엘의 몇몇 장관들이 줄줄이 용의선상에 등장했는
데 당연하다면 당연한 것이고 이런 맥락에서 보면 조금도 이상할 것
이 없습니다.

남아공에 대한 경제제재가 엉거주춤한 것도 또 당연한 것이죠. 앞
서 이야기한 리오 틴트 징크사가 나미비아를 침공해서 우라늄을 채
굴하고 일본이 그것을 수입합니다. 나미비아를 기억해 두라고 했습
니다만 그 회사를 지배하는 로스차일드만의 문제는 아닙니다.

실은 나미비아에서 우라늄 채광에 손을 댄 기업을 조사하면 미국
의 '팔콘 브릿지' 사가 나오죠. 이 회사의 중역실에 닉슨 정권 때 재무
장관으로 악명을 드높인 존 코널리가 있죠. 그 사람은 모건이 지배하
는 시티 은행의 중역이기도 합니다.

또, 현재 세계 제일의 기업 엑슨은 전에 스탠더드 석유 회사이니까
록펠러의 사유물인데 이것도 나미비아에서 우라늄을 채굴했습니다.
모건의 US스틸(현재는 USX)도 같습니다.

요즘 일본은 미·일 경제마찰 등의 압력에 무릎을 꿇고 미국의 금
융자유화를 허락해 버렸죠. 그래서 체이스 맨해튼 은행, 시티 은행, 모
건 개런티 트러스트 등이 일본에 상륙을 했죠. 그런데다 덴덴 공사와
국철이 민영화되어 통신과 철도의 주식이 판매되는 상황이니까 그들
은 자유롭게 그것을 살 것입니다. 게다가 19세기 말, 모건과 록펠러가
미국 전역을 지배할 수 있었던 것은 통신과 철도를 지배할 수 있었기
때문이죠. 일본의 금융계는 위험한 곳으로 나가고 있습니다.

이상이 전 세계의 금융 지배 구조입니다. 한마디로 미국의 록펠
러·모건 연합과 영국의 로스차일드가 전에는 심한 싸움을 했지만 제
2차 대전 후에는 완전히 손을 잡고 라이벌인 동시에 파트너로서 아슬
아슬한 관계에 있습니다. 그들의 이러한 관계에 기초를 두고 있는 것

이 귀중한 광물을 대량으로 간직한 남아공이니까 만일 남아공에 대해서 경제제재를 한다면 이들 3대 재벌에게는 자살행위가 되는 것입니다. 그래서 남아공에서 이스라엘을 경유해서 공공연히 시장에 내다팔 수 있는 루트를 확보한 것입니다. 물론 이스라엘이 캐스팅 보트(casting vote)를 쥐고 있습니다.

영국 최대의 상업은행 '바클레이스 은행'이 남아공에서 철수했으니까 '마침내 경제제재는 본격화되다' 등등으로 신문에 썼습니다만 웃기는 이야기입니다. 바클레이스 은행의 중역 명부를 조사하니까 '드 비어스'의 회장 니콜라스 오펜하이머의 이름이 있습니다. 자신의 본거지에서 자기의 은행을 철수한다면 철저한 준비가 있었을 것이라는 것은 100% 확실한 이야기가 아니겠습니까. 자기가 자기를 제재한다니, 이러한 제재는 모두 허위이죠. 흑인들에게는 앞으로도 당분간 혹독한 사태가 계속될 것입니다.

이상에서 말씀드린 구조를 염두에 두시고 체르노빌 사고 및 일본의 원자력계에 대한 설명을 들어주시기 바랍니다.

수수께끼의 괴인물 해머 박사

체르노빌 사고 이 년 전 일입니다. 프랑스의 핵물질 수송선 몽 루이호가 도버 해협에서 페리에게 옆구리를 받쳐 두 쪽이 나면서 침몰했습니다. 이 사건 당신의 기사를 본 순간 이상한 느낌이 들었습니다.

이 프랑스의 배가 전략 물자 중에서도 가장 위험한 우라늄을 싣고 소련의 리가로 향하고 있었다는 것입니다. 이상하다고 생각하지 않으십니까?

동서대립이니 SDI가 어쩌니 하고 법석을 떨면서 중요한 핵무기의 원료가 서쪽에서 동쪽으로 운반되고 있는 것입니다. 동서대립이라는 이야기는 거짓말이 아닌가 하고 느꼈던 것이죠. 미국과 소련이 정점에 서서 각기 작은 나라를 지배하기 위한 놀이판을 만들고 있는 것이 아닌가 하는 추리가 성립되어도 이상할 게 없습니다. 러시아 혁명 당시라면 모르겠지만 지금은 어느 편이 전쟁을 걸어도 모두 죽는다는 것을 알게 되었으니까 핵무기니 반핵 운동이니 하는 것도 모두 위장이고 책략일 가능성이 있습니다.

그래서 소련을 조사해 보니까 생각한 것처럼 소련은 프랑스, 그것도 꽃과 유행의 도시 파리에 북유럽 상업은행을 개설하고 여기서 서방 여러 나라와 당당히 거래를 하고 있습니다. 게다가 상대가 모건 그렌펠이라는 모건 은행이 아니겠습니까. 소련도 국내에서는 공산 체제지만 국제적으로 서방 자유국가와 다를 것 없는 무역을 하고 산업을 육성하고 있다는 것을 알았습니다. 우리가 갖는 선입관은 무서운 것입니다.

그래서 체르노빌 사고 후의 경과를 관찰하고 있었는데 드디어 나타났습니다. 내가 예측한 그대로의 인물이 사고 수습에 나섰고, 순식간에 이 거대한 참사를 대수롭지 않은 것처럼 진정시켜 버린 것입니다. 이 인물이 바로 소련에서 피폭자에 대한 골수 이식 수술을 시술하기 위해서 미국에서 로버트 게일 박사가 파견될 때 미·소 사이에서 중개를 맡은 아먼드 해머라는 이름의 남자입니다.

그는 통칭 '해머 박사'라고 하는데 나는 전부터 그의 행적을 쫓고 있었기 때문에 괴인물이 스스로 등장했을 때 주목했습니다.

『뉴욕 타임스』가 보도한 바로는 '옥시덴탈 석유' 사의 회장입니다. 이 석유 회사는 리비아에 유전이 있지만 이것도 기묘합니다. 체르노빌 사고 11일 전에 아먼드 해머의 미국이 '카다피 타도'를 부르짖으면서 리비아를 폭격했죠. 밖에서 보면 미국 대 리비아의 전쟁처럼 보였습니다. 그러나 실은 미국의 석유 회사가 리비아에 큰 유전을 소유하고 있는데 본격적으로 폭격을 하면 해머와 록펠러의 유전이 박살이

나니까 할 수 없습니다. 이것도 미국의 군수 산업을 활성화하려는 전쟁 놀이에 불과합니다. 카다피도 이면에서 한 팔로 손을 잡고 하는 합작쇼가 아닌가 하고 생각하는 것이 현명할지도 모르죠.

왜 해머 박사라는 흡사 007의 스펙터 같은 괴인물이 크렘린으로 게일 박사를 보냈는가. 이것은 골수 이식이 목적이 아닙니다.

게일 박사나 해머 박사 모두 유태계의 인물로 이스라엘의 요인입니다. 소련은 체르노빌이 폭발하자 대량의 식량을 긴급 수입하지 않으면 안 되는 사태가 일어났습니다. 그래서 잉여 농산물 판매에 골치를 썩이던 미국의 농업계가 나서서 이 기회에 소련에 곡물을 팔아먹으려고 한 것입니다. 레이건 대통령은 아무튼 '보조금까지 붙여서' 밀을 소련으로 수출하는 결정을 할 정도였으니까 얼마나 서둘렀는지 알 수 있는 이야기입니다.

해머 박사는 할아버지가 러시아인인데 레닌과 서로 '동지'라고 부르던 사이였다고 합니다. 러시아 혁명 후 차르의 재산과 보물을 끌어모아 막대한 재산을 이루었고 미국에서는 석유 회사의 준(準) 메이저로 록펠러 왕국의 한구석을 차지하면서 시카고의 곡물 거래소에서는 해머 박사라면 모르는 사람이 없을 만큼 곡물 지배자로 군림한 인물입니다.

체르노빌 사고 후 뒷처리를 하는데 이렇게 딱 들어맞는 사람은 그밖에 없습니다. 그는 은행가로 모건, 록펠러의 대리인이었고 유태계로서는 이스라엘 로스차일드의 대리인이었고 역대 소련 지도자를 비롯한 거의 모든 간부들과 관계를 맺고 있는 사람이니까 최고의 적임자죠. 게다가 시카고의 곡물 거래소의 보스이며 컬럼비아 대학 의학부를 졸업한, 그래서 그 대학에는 그의 거대한 동상이 있습니다. 레이건 따위의 인물을 가지고는 해결을 할 수 없으니까 점점 난처하게 된 소련 수뇌부가 해머에게 매달렸죠. 그래서 금방 국제연합의

IAEA(국제원자력기구)가 나섰습니다. 소련이 IAEA의 간부를 모스크바로 초청하고 우크라이나 일대의 방사선량을 매일 통보하기로 했지만 그 내용은 일반에게 공개하지 않았습니다. 국제연합이 국제 평화의 상징이라고 하지만 천만의 말씀이죠.

원래 뉴욕의 유엔 빌딩이 있는 땅은 록펠러 일당이 기증한 것인데 히로시마·나가사키에 원폭을 투하한 인간들이 전후 즉각 국제연합에 원자력 위원회를 만들었습니다. 이것은 미국의 원자폭탄 독점을 위해서 발족한 신디케이트인데 그것이 오늘의 IAEA가 되었죠. IAEA의 미국 대표를 10년간 해먹은 헨리 스미스라는 인물이 있습니다. 그야말로 히로시마·나가사키 원폭 개발에서 최초의 단서가 된 유명한 『스미스 보고서』를 제출해서 핵분열의 군사 이용을 제안한 장본인입니다.

혹은 또 유엔의 수석 대표 버나드 바루크가 모건 상회 특권자이며 유엔 원자력 위원회 회원 프레드 셜스 주니어가 로디지아에 진출한 '아메리칸 메탈' 사의 중역이고…… 이런 따위입니다. IAEA가 평화의 대표자라면 어째서 방사선량을 공개하지 않습니까. 더욱 화가 치미는 것은 저널리즘이 그것을 모르는 체하는 일입니다. 마땅히 IAEA를 기피해야 하는데 신문과 TV는 그저 그들이 시키는 대로 전하고 있을 뿐입니다.

이렇게 IAEA가 모스크바로 들어간 겨우 이틀 후, 5월 7일에는 WHO가 '소련 이외는 현재 안전'하다는 순 엉터리 같은 결론을 내려 대사고의 보도가 완전히 진정되고 말았습니다. WHO, 이것이 세계 보건기구라는데 그들은 현재 유럽 전역의 심각한 방사능 오염을 어떻게 해명하고 있습니까.

그러나 WHO도 국제연합의 기관이니까 IAEA와 연결되어 움직이고 있습니다.

6.30 ‹아사히 신문›

"유럽으로 초대합니다. 120명 초대하여 큰 선물을 드립니다."

[자료 74]

그때 마침 오스트리아에서는 전 유엔 사무총장 발트하임에 대한 나치 가담 의혹이 한참 문제가 될 때였는데 그 사실과 아울러 생각하면 유엔의 인맥이란 이런 것입니다. 동시에 해머 박사가 이스라엘의 요인으로서 발트하임 같은 나치즘의 그림자가 남아 있는 유엔에 큰 영향을 끼쳤을 것이라는 추측은 지나친 것이 아닙니다.

궁지에 몰린 것은 소련뿐이 아닙니다. 유럽 전 지역에서 관광·항공산업이 큰 손해를 보았고 영국의 브리티시 칼레도니아 항공사에서는 1천 명을 감원하고 서독 정부는 뮌헨 등지에서 농업 보상, 재난 안전 통신, 신문 광고 등을 하느라 경제적 타격이 심각해진 것입니다. 두 달이 지나서도 이러한 전면 신문 광고가 났습니다[자료 74]. 전 세계의 정계·재계가 체르노빌 사고를 진정시키기에 필사적으로 대처했습니다. 그들로서는 당연한 일이었습니다.

4개월이 지난 8월 말에는 해머 박사가 다시 활동을 개시하면서 이스라엘을 방문했는데 '정계 요인이 마중 나갔고' 다음에는 크렘린을 방문하고 견원지간이라 할 수 있는 소련과 이스라엘의 교류까지 성취시켰죠.

그리고 가을의 미·소 정상회담에서는 식량 문제가 커다란 의제가 되었죠. 우리는 이스라엘이 유럽에 많은 식량을 공급하는 사실을 간과해서는 안 됩니다.

이 그림이 있습니다[자료 75]. 이 그림은 북미 대륙을 근거지로 모건·록펠러 재벌의 손은 유럽의 원자력 자본의 네 기둥인 영국, 프랑스, 스웨덴, 독일에 직결되면서, 다시 영국과 프랑스가 로스차일드 재벌의 손으로 이스라엘과 남아공을 연결하고 프랑스와 소련은 우라늄을 교역하는 상황을 그린 것입니다.

이들 자본가의 대리인으로 IAEA로 들어간 스웨덴의 변호사 한스 브릭스 사무국장은 일본까지 와서 안전론을 떠벌리고 있죠.

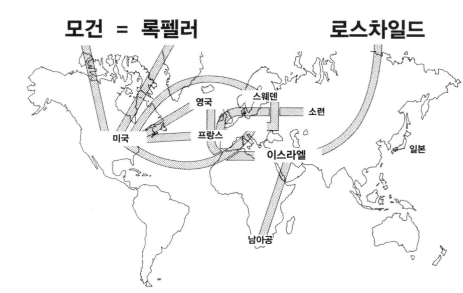

모건 ＝ 록펠러　　　　　　로스차일드

영국　　스웨덴　　소련

프랑스

미국　　　　　　　이스라엘　　　　　　일본

남아공

[자료 75]

그러면 일본은 이러한 국제적 구조에서 어떤 위치에 있는지 그것을 알아보기로 하겠습니다.

일본의 저널리즘

일본의 매스컴을 그림으로 그리면 이렇습니다. 민간방송의 TV방송국은 (이것은 도쿄의 경우) 모두가 신문사와 자본 측면에서 이렇게 연결되어 있습니다[자료 76].

CH. 4가 『요미우리 신문』과 니혼 TV

CH. 6이 『마이니치 신문』과 TBS TV

CH. 8이 『산케이 신문』과 후지 TV

CH. 10이 『아사히 신문』과 TV 아사히

CH. 12가 『닛케이 신문』과 TV 도쿄

이상 TV방송국은 전력 회사가 중요한 스폰서가 되어 있고 거의 전부의 뉴스 프로를 쥐고 있습니다. 그래서 입장이 곤란한 뉴스 프로는 내보내지 않게 되어 있죠.

내부 사람을 만나서 이야기해 보니까 "텔레비전국은 저널리즘이라 할 수 없죠. 부끄러운 이야기지만 아무 말도 못하는 거나 다름없죠. 아무래도 흥미있는 뉴스만 뒤쫓고 가장 중요한 문제는 손을 안 대는 것입니다"라고 스스로를 평가할 정도입니다.

그럼 NHK는 어떤가? 경영 문제 위원인 히라이와 가이시, 이 사람은 도쿄 전력 회장이죠. 해설 위원 오가타 아키라, 이 사람도 원자력 산업 회의 이사. 방송프로 향상위원 도카에리 치즈코, 그리고 NHK 이사로 방송 총국장인 다나카 다케시, 모두 원자력 문화진흥 재단 이사입니다. 이 재단이 있는 도쿄 신바시로 사무소를 방문했더니 원자력 산업회의와 같은 빌딩, 같은 층에 있으면서 『원자력 문화』라는 잡지를 발행하고 있는 말하자면 원자력의 선전 부대입니다. 이 잡지를

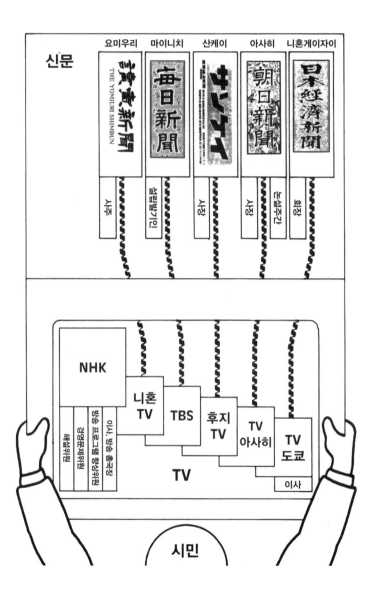

[자료 76]

펼쳐보니까 체르노빌 사고 직후의 7월호인데 방사선 의학 종합 연구소의 다테노 유키오라는 사람이 '피난갈 필요가 없었던 바르샤바 시민'이라는 엉뚱한 이야기를 쓰고 있습니다. 그야말로 일본의 신문 지상에다 '모든 것은 안전하다'는 말을 되풀이한 사람입니다.

CH. 4부터 CH. 12까지 모든 민방은 역시 같은 구성으로 표에 나온 대로니까 하나씩 천천히 읽으시기 바랍니다[자료 77].

『아사히』의 일례를 말하면 원자력 관계 기사는 과학부가 체크하게 되어 있습니다. 검열이죠. 그리고 과학에 대해서는 아무것도 모르는 인간이 당국의 지시대로 기사 수정을 합니다. 악명 높은 논설주간 기시다 준노스케, 그는 원자력 위원회에 참여했었는데 '원전에 반대하는 기사를 쓰면 안 된다'고 통첩을 내기도 했죠. 그의 그늘에서 큰 오쿠마 유키코가 논설위원인데 그녀가 붓을 휘두르고 있는 한은 아무리 성의 있는 기자가 있어도 안 되죠.

데스크 사이드에서 검열을 하면 아주 훌륭한 기사라도 최후에 가서 당국의 말이나 숫자가 이용되고 바람이 빠진 기사가 되고 말죠. 이것은 물론 『아사히』만의 일이 아닙니다. 도쿄를 중심으로 한 전국판 신문은 어느 것이나 모두 똑같습니다. 게다가 요즘 젊은 기자는 그가 과학부 기자라면 과학기술청이나 원자력국 같은 곳을 출입하기 때문에 그들과 매일 친구처럼 지내며 술을 마시고 해서 그들의 말밖에는 모르게 됩니다. 이렇게 같이 있으니까 속아 넘어가는 겁니다. 저널리스트로서 문제를 객관적으로 보아야 하는데 그럴 줄 모릅니다. 정치부는 대장성(재무부)이나 경제기획청에 딱 달라붙어서 아무런 비판력도 용기도 없어져 버립니다.

그들은 이미 기자로서의 자격을 잃었죠. 나에게 오면 내 말대로 쓰죠. 기자가 아니라 심부름하는 아이들입니다. 기자로서 뛰어난 조사와 분석을 해야 하는데 그런 것은 거의 볼 수조차 없습니다. 이런 것

원자력 산업계에서 저널리즘의 역할

NHK		
경영문제위원	히라이와 가이시	도쿄 전력 회장
해설위원	오가타 아키라	원자력 산업회의 이사
방송 프로그램 향상위원	도가에리 치즈코	원자력 문화진흥재단 이사
이사, 방송 총국장	다나카 다케시	원자력 문화진흥재단 이사

NTV		
요미우리 신문사주	쇼리키 마쓰타로	원자력 위원회 위원장

TBS		
마이니치 신문 설립발기인	아시하라 요시시게	간사이 전력 회장

후지		
산케이 신문 사장	이나바 슈조	원자력 산업회의 상임이사

TV아사히		
아사히 신문 사장	와타나베 세이키	원자력 산업회의 이사
논설주간	기시다 준노스케	원자력 위원회 참여
	오쿠마 유키오	

TV도쿄		
니혼게이자이 신문 회장	엔조지 지로	원자력 산업회의 부회장
TV도쿄 이사	고마이 겐이치로	핵물질 관리센터 회장

TV오사카 긴키방송		
중역	고바야시 쇼이치로	간사이 전력 회장

도카이TV		
중역	다나카 세이치	주부 전력 회장

[자료 77]

은 나만이 하는 이야기가 아니고 최근 아주 많은 사람들에게서 듣는 말입니다. 왜 이렇게 썩었을까요. 수년 전까지만 해도 그렇지 않았는데 말입니다. 지방 신문을 보면 원자력 문제가 끊임없이 크게 보도되고 있지만 그런 이야기는 그 지방을 벗어나면 전혀 알려지지 않습니다. 대사고가 나면 그들은 필사적으로 쓰겠죠. 최근 나는 내 아이들을 죽이는 자가 바로 이런 저널리즘이라는 생각을 하고 있기 때문에 이 대목을 강조합니다. 그들이 우리를 죽이고 있는 것입니다.

요즘 대도시의 신문 기자는 엘리트 집단입니다. 여기 모든 원인이 있습니다. 그들 스스로가 입시 전쟁을 부추기고 있으며 그들 스스로가 경쟁에서 자랑스러운 승리자가 된 것입니다. 그러나 어쩌면 저렇게 참담한 존재가 되어버렸을까요. 그게 사회를 논하는 기자의 위상입니까.

저널리스트들은 엘리트 의식 같은 것을 내팽개쳐야 합니다. 겨우 대학을 나온 주제에 아무것도 모르면서 콧대나 세우죠. 엘리트 의식이란 열등감이 있으니까 생기는 것입니다. 자기 자신의 확고한 신념과 철학을 가지고 있으면 열등감이 왜 생깁니까. 그러나 그런 것이 없으니까 타인과 경쟁해서 이기는 것으로 겨우 자신의 존재 의식을 발견합니다. 그 순간 그는 엘리트가 되어 있습니다.

그들은 신문 기자나 저널리스트가 되어 이러저러한 문제를 예리한 눈으로 관찰하고 분석해서 우리에게 전하려는 게 아니라 그저 『아사히 신문』이나 후지 텔레비전에 맹목적으로 복종하는 사원이 되는 것을 목표로 하는 것입니다. 그들의 엘리트 의식은 오직 그러한 목적지로 향하고 있을 뿐입니다. 그러니까 체르노빌의 심각성이 전혀 기사로 나타나지 않는 것입니다.

그들은 "전혀 정보가 없는데요"라는 식의 말을 천연덕스럽게 합니다. 이런 말은 따져보면 "나는 저널리스트의 자격이 없습니다" 하고 자백하는 것 같은 부끄러운 말이 아닙니까.

내가 그들에게 하고 싶은 말이 있습니다. 자신으로 돌아가라고. 사회 문제란 이 세상에 없습니다. 모두 자기 문제가 아닙니까. 『요미우리』나 『닛케이』나 『마이니치』등 신문사의 사원이 되었으니까 그러한 눈으로밖에 취재할 수 없는 것입니다.

저널리스트는 왜 원전 반대 데모에 참가할 수 없습니까. 기자라는 직업 의식 같은 것이 인생에서 무슨 의미가 있습니까? 아무 의미도 없습니다. 지금 저널리스트뿐 아니라 일본인 전체가 거의 모두가 각자 자기의 직업 관념이라는 환상에 사로잡혀서 이러한 위험이 닥쳐온 것을 모르고 있는 것입니다.

지금 일본에는 형편없는 글쟁이가 범람하고 있으니까 조심하십시오. 예를 들면 내 책을 읽고 '여기 쓰여 있는 것은 확인할 수 없기 때문에' 형편없는 책이라는 평론을 많이 보았습니다. 그들은 너무나 무능력하며 너무나 유치합니다. 평론가라는 자부심을 가졌다면 왜 스스로가 사실을 확인하는 노력을 게을리하는가. 왜 조사도 못하는가. 사실 『억만장자는·헐리우드를 죽인다』의 내용을 가장 높이 평가해 준 것은 나와 정면으로 대립하리라고 생각한 재계나 상사원이었습니다. 그들은 적어도 유치하지 않고 제일선에서 록펠러와 모건의 대리인들과 거래했고 금융계에서 싸워왔기 때문에 나를 쉽게 이해할 수 있는 것입니다. 그런데 글쟁이나 문화인은 감상에 젖어서 정의의 뭐니 하는 세계에서 놀기 때문에 아무것도 모릅니다. 나 자신도 조사해 보기 전까지는 아무것도 모르는 유치한 어린애였습니다. 지금 와서는 저널리즘의 약점을 잘 압니다. 그들은 자식들이 살해되려고 하는데 아직도 글쟁이, 작가, 평론가, 기자로 책상머리에 조용히 앉아 있는 것입니다.

생물 본능은 어디선가 잃어버린 모양입니다. 있는 것은 책임과 의무와 권리라는 판단 기준, 그게 아니면 정의와 윤리감이라는 언어들은 지식뿐, 자신의 몸에서 용솟음치는 한줄기의 분노도 의심도 본능도 없는 것입니다.

그 사람들은 명백히 바보입니다.

나는 좌충우돌하는 것이 아닙니다. 진지합니다. 아무래도 사태가 아주 위험해졌다는 예감에서 하는 말입니다.

일본의 원자력 산업

지금까지 도쿄를 예로 말했는데 전국 어디의 방송국이나 신문사는 원자력 관계자의 금융 지배를 받고 있습니다.

그 중심이 원자력 산업회의인데 이것은 IAEA의 하부조직이 되어 있습니다. 우라늄이나 플루토늄을 규제하는 아메리칸 유럽 원자력 행정이 있는데 일본은 그들의 지령에 복종하지 않으면 우라늄이나 플루토늄을 손에 넣을 수가 없는 것입니다.

미국과 유럽, 즉 앞서 이야기한 3대 재벌로 대표되는 권력 구조입니다.

일본의 원자력 산업회의의 구성원을 보면 의외의 인물이 나옵니다. 평의원회 의장은 도큐 일족의 고토 노보루입니다. 좀 걱정스럽군요[자료 78].

일본의 정책은 일본 은행과 대장성에서 결정합니다. 우리가 낸 세금은 일본 은행에 예금되고 그것을 대장성이 예산으로 분배하니까 원자력을 움직이는 데가 과학기술청이나 통산성이라 해도 대장성에 항거할 수는 없습니다. 모든 성청(부처)이 일본 은행과 대장성 신디케이트 명령에 복종하는 구조인데 그러면 누가 이 최고 집단을 좌우할까요.

최근에는 몇 년 전까지 가야 오키노리, 모리나가 데이이치로, 이시노 신이치 세 사람이 대장성 관료의 낙하산 인사의 지배자로 알려졌습니다. 그들이 낙하산의 낙착점을 정하게 되니까 세 사람이 시키는

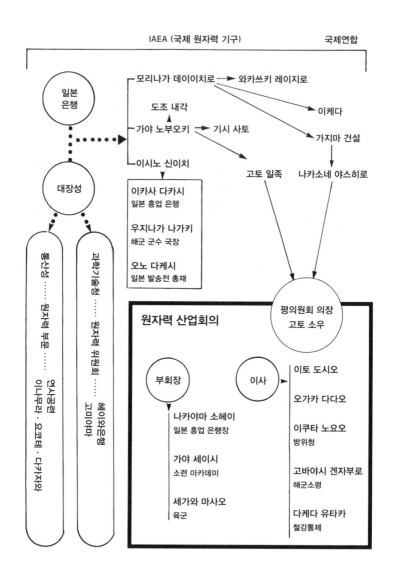

일본의 원자력 산업

대로 하지 않으면 인생이 어두워집니다. 가야는 중국 북부의 개발총재로 침략지 중국의 이권을 민간에 분배했고 전시에 도조 내각의 대장대신을 역임하다가 전후에는 A급 전범으로 무기 금고형을 받은 사람인데 어찌된 일인지 7년만에 풀려났습니다. 이렇게 자유가 된 가야는 기시·사토 형제의 흑막으로 정계에 복귀, 마침내 이케다 내각의 법무상이 되어 소위 치안입법을 만드는 등 파시스트적 성격을 노출했습니다. 가야가 복권할 수 있었던 것은 고토 일족이 스폰서로 후원했기 때문이죠.

모리나가 데이이치로는 일본 은행 총재를 역임하다가 체르노빌 사고 후에 사망한 사람이며 그의 처가 만주사변의 최고 책임자이며 당시의 수상 와카쓰키 레이지로의 손녀딸이죠. 게다가 가지마 건설과 사돈이 되고 나카소네와도 사돈이 됩니다.

또 한 사람의 지배자 이시노 신이치는 역시 전시에 위험한 역할을 담당한 인물들의 계파에서 전투 권력을 장악한 사람입니다.

이제 그 하부 조직을 보면 자원 에너지청 원자력 발전과에 있었던 다카자와라는 관료가 연사공련(撚糸工連) 사건으로 체포되었을 때 이상하게도 자민당의 이나무리 의원과 민사당의 요코데 의원도 공범이었습니다. 이 세 사람을 연결시키는 연줄은 연사(撚糸)만이 아닙니다. 이시카와 현 노토 반도에 있는 이나무라 대궐은 시가 원전(옛이름은 노토 원전)을 세우는 배후공작을 한 이나무라의 소유입니다. 요코데 의원은 원전이 집중되어 있는 후쿠이 현이 출신구인데 민사당은 사민당보다도 더 열심히 원전 추진을 부르짖는 위험한 정당이죠. 전력노련(電力勞連) 등이 모체이니까 당연한 것입니다. 통산성의 다카자와는 현재의 원전 입지를 강력히 추진한 사람입니다. 이렇게 검토해 보면 신문은 한 줄도 안 쓰지만 세 사람이 연결된 배후에는 반드시 원자력 산업이 존재하고 있을 것입니다.

또 헤이와 상은 사건(平和相銀事件)도 이 은행을 육성한 고미야마 일족을 조사하니까 고미야마 주시로 의원이 중의원 과학기술 위원회의 수석이사를 역임하고 체르노빌 사고 12일이 지난 5월 8일에 방사능 폐기물을 일반 쓰레기처럼 다뤄도 되는 '원자로 등 규제법안'의 기준 완화라는 터무니없는 법안을 통과시킨 장본인입니다.

원자력 산업회의의 부회장은 전시에 군자금을 책임진 흥업 은행 총재 나카야마 소헤이인데 이 사람은 아주 교활한 사람입니다.

가야 세이지는 소련 과학 아카데미 정회원이었던 사람이니까 체르노빌 사고를 진정시키는 데 대활약을 한 사람일 것입니다. 그는 조그만 친절운동을 하는 사람인데 그야말로 쓸데없는 친절이죠.

그밖에 이 그림에 있는 사람들 모두가 대단히 위험한 인물로 지금 현재 원자력 산업회의 간부를 독점하고 있습니다. 그러니까 현재의 멤버는 이와 같이 과거 군벌의 잔당으로 구성되어 있습니다. 그러니까 원자력 산업이 평화 산업이라는 생각을 해서는 안 됩니다.

이것이 바로 우리가 찾는 답변입니다. 그 신사들이 행동하고 생각하는 것은 범죄입니다. 그 사람들은 신사가 아닙니다. 대죽창을 들고 나가 미국과 싸워서 이긴다고 떠들던 바보 같은 사람들이 지금 위험하기 짝이 없는 원자로를 쥐고 움직이고 있으면서 나라를 지배하고 있는 것입니다. 이대로 내버려 두면 또다시 어린이들이 살해되는 운명에 처하게 됩니다. 이것은 불을 보듯 확실합니다.

쓸모없는 원자력

그들의 목적은 무엇인가. 물론 돈입니다. 이 그림을 보면 일목요연합니다[자료 79]. 원자력을 정지하면 전력 회사가 말하듯 3분의 1이 정전되는 것이 아닙니다.

맨 위(A)가 모든 발전소의 발전 능력을 합계한 것입니다. 화력, 수

원자력 발전소가 정지한다면 (1987년의 데이터)

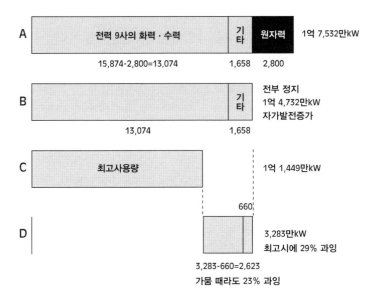

A | 전력 9사의 화력·수력 | 기타 | 원자력 | 1억 7,532만kW
15,874-2,800=13,074 · 1,658 · 2,800

B | 기타 | 전부 정지 1억 4,732만kW 자가발전증가
13,074 · 1,658

C 최고사용량 | 1억 1,449만kW
660

D | 3,283만kW 최고시에 29% 과잉
3,283-660=2,623
가뭄 때라도 23% 과잉

원자력은 석유를 절약하지 않는다

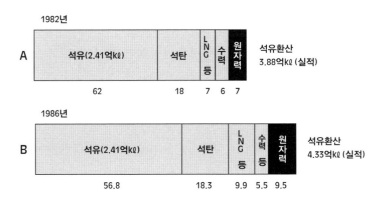

1982년

A | 석유(2.41억kℓ) | 석탄 | LNG등 | 수력 | 원자력 | 석유환산 3.88억kℓ (실적)
62 · 18 · 7 · 6 · 7

1986년

B | 석유(2.41억kℓ) | 석탄 | LNG등 | 수력 등 | 원자력 | 석유환산 4.33억kℓ (실적)
56.8 · 18.3 · 9.9 · 5.5 · 9.5

[자료 79]

력, 원자력을 말이죠. 그 중 원자력이 꺼지면 둘째 그림(B) 즉 화력과 수력이 남는 것입니다.

그러면 사용량은 얼마나 되는가. 셋째 그림(C)이 그것인데 1년에 한두 번 있는 한여름에 전력을 가장 많이 사용했을 때를 가리킵니다. 고교 야구 중계나 최고로 더운 날 냉방 장치가 사용될 때의 전기량입니다. 화력 발전소의 3분의 1이 쉬면서 아무것도 안 합니다. 화력은 원자력보다 훨씬 큰 발전 능력을 가지는데도 말이죠. 화력 발전소에 근무하는 사람은 최근 노동 의욕을 상실했죠. 회사에 나가도 발전을 하지 않고 청소와 정비만 하게 되므로 의욕을 잃는 것도 당연합니다. 둘째 번에서 셋째 번을 빼면 최고 전력 사용시에 원자로를 모두 정지해도 30%나 여력이 있습니다.

그러니까 여러분은 큰 소리로 말하십시오. "원전을 정지하라! 정전이라도 좋으니 즉각 정지하라!" 절대로 정전 같은 일은 없습니다.

석유는 남아서 석유 회사도 골치를 앓고 있습니다. 아니 어차피 석유는 없어지니까 원자력 발전을 조금이라도 오래 이용해야 한다고 생각하는 사람도 있을 것입니다. "너는 그런 소리하면서 프로젝터를 사용해서 설명을 하고 있으니까 전기가 없어진다"고 협박하는 사람도 있습니다. 그것도 거짓말입니다.

석유가 없어지면 전기가 없어지기 전에 여기 프로젝터로 쓰고 있는 플라스틱 탁자를 만들 수 없습니다. 그러니까 골치 썩을 필요도 없습니다. 녹음기, 텔레비전 등 모든 석유 제품이 이 세상에서 없어지니까 전기 제품도 없습니다. 실제로 그런 일은 생기지 않습니다. 석유 매장량은 채굴 비용에 맞게 계산되었을 뿐이며 진짜 매장량은 아직 모릅니다. 더욱이 석탄은 앞으로 1천 년 치는 있습니다.

하지만 나는 석유를 더 많이 쓰자고 하는 것은 아닙니다. 오히려 그 반대죠. 아시다시피 석유나 석탄, 천연가스 등 화석 연료를 급속히 연소시키면 우선 첫째로 거기서 발생하는 탄산가스를 식물이 다 호흡할 수 없게 됩니다. 다시 말해서 탄산가스 농도가 높아져서 지구 전체에 온실 효과가 일어납니다. 둘째 연소물에 의한 공기 오염이 생깁니다. 셋째 유한 자원이 고갈됩니다.

이러한 문제는 장기적으로 보아야 합니다. 당장 정전이 되면 안 된다고 해서 우리 세대에 모든 자원을 써버리는 것도 중대한 잘못이라는 인식을 가져야 합니다. 여기서 원자력을 볼 때 실은 그것이 석유 등의 소비를 가속시키는 산업 구조라는 것을 알 수 있습니다.

원자력은 석유 절약이 안 됩니다. 원자력 그 자체가 석유 제품이고 원자로 1기는 화력 발전소 3배의 건설 생산 원가가 필요하며 생산비=에너지 소비량이라는 현대의 수식으로 생각해도 화력보다 낭비라는 것은 명확합니다. 우라늄의 채광에서 정제·운전에 이르기까지 대량의 석유를 소비해야 발전이 됩니다. 게다가 또 최대의 문제점인 영원히 관리해야 하는 폐기물 관리 비용이 전기 값에 들어 있지 않습니다. 아직도 방사능 처리 기술이 개발되지 않았기 때문에 관리 비용조차 계산할 수 없습니다. 우리는 원자력이 대량의 화석 에너지를 소비한다는 것을 빨리 알아야 합니다.

수명이 다한 원자로의 처분 비용도 들어 있지 않습니다. 얼마 전에 도카이무라에서 '최초의 원자로 해체' 운운하고 선전했지만 그것만으로도 수백억 엔이라는 쓸데없는 비용이 들었습니다. 그것은 현재 상업용으로 쓰는 100만kW급 원자로에 비하면 수십 분의 1이라는 장난감 같은 연구로입니다.

그리고 원자력에 반대하는 내 이야기를 믿지 않을 것 같아서 오히려 추진 측이라고 해도 좋은 『닛케이 비즈니스』 1984년 7월 23일 호를 보여 드리겠습니다. '원전은 정말 싼가'라는 제목으로 17페이지나 되는 대특집을 짰습니다[자료 80].

1984.7.23 「닛케이 비즈니스」

"원전은 정말 싼가"
"건설에서부터 폐로까지의 총생산비 점검"

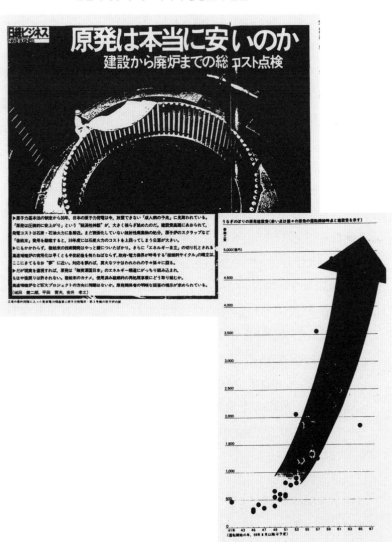

처음에 나오는 것이 바로 이 코스트 상승 그래프입니다. '오르기만 하는 원전 건설비'라고 쓰고 이제 1기에 5천억 엔 이상 있어야 한다고 썼습니다. 그렇다면 도대체 누가 이렇게 큰돈을 지불합니까.

여러분입니다. 일본의 전기 요금은 세계에서 제일 비싸죠. 이것이 바로 기업 전략입니다. 사회 문제가 아닙니다.

일본에는 전기 사업법이라는 법률이 있는데 '투자한 금액의 8% 이상 이윤을 내면 안 된다'고 되어 있습니다. 공익 사업이니까 지나친 이윤추구를 할 수 없다는 것이죠. 그러나 뒤집어보면 8%까지 이윤을 내도 좋다는 이야기입니다. 즉 이익이 보증된 안전한 산업입니다.

또 한 번 머리를 써서 생각해 봅시다. 여러분이 전력 회사 사장이라면 어떻게 하시겠습니까. 100엔 투자하면 8%니까 8엔의 이익이 날 때까지 전기 요금을 올려도 됩니다. 그러니까 천 엔 투자에 80엔, 1만 엔 투자에 800엔 이런 식으로 화력 발전소보다 3배나 더 건설비를 들이고 원전을 건설하면 화력 발전소의 3배의 이익이 들어오는 메커니즘입니다.

이러한 악법이 바로 전기 사업법입니다. 그러나 문제는 그렇게 단순치 않습니다. 사실은 나도 이제까지 이러쿵저러쿵 생산비 계산을 해보고 나서 깨달은 바가 있습니다. 전력 회사는 생산비 계산에 필요한 정확한 자료를 공개하지 않고 있습니다. 다시 말해서 공표된 생산비 계산 자체가 의심스럽다는 이야기입니다. 오늘은 시간이 없어서 생산비 얘기는 생략하겠습니다. 『4번째 공포』라는 책에 에너지 문제와 생산비의 진상에 대한 최근의 사정을 자세히 밝혔습니다. 기회가 있으면 읽어보시기 바랍니다. 요컨대 전력 회사가 발표하는 숫자를 곧이 들어서는 안 됩니다.

또 하나 원전 건설에는 흑막이 있는데 이를테면 철강이나 토목·건설 등 일본의 기간 산업에 있어 원자력 발전소 건설이 자기들의 큰 일

거리가 되니까 원전 건설을 응원한다든지 하는, 실제로 에너지나 전력 문제가 아닌 측면이 건설의 최대 요인이 되고 있습니다.

그리고 이러한 건설 공사에서는 건설비의 3%가 정치가에게 리베이트로 나가는 것이 업계의 상식이 되어 있습니다. 5천억 엔의 3%면 실로 원자로 1기로 150억 엔이 정치가의 주머니 속으로 굴러들어 갑니다. 록히드 사건은 5억 엔 때문에 대소동을 일으켰는데 원전은 1기에 150억 엔입니다. 왜 이런 엄청난 일에 대해서 아무도 관심이 없습니까. 요컨대 정치가를 조종하는 것은 일본의 기간 산업 즉 전력 회사라는 이야기입니다.

전력 회사나 정치가나 세계에서 제일 비싼 전기 요금으로 큰 돈을 벌어들이고 있는 것입니다. 참으로 위험합니다. 목적이 인간의 건강이나 에너지 문제 같은 것이 아니라 돈에 눈이 멀어버렸기 때문입니다. 홍보만 그럴 듯하게 하고 있죠. 막대한 돈을 들여 신문 광고를 내고 있습니다. 그것도 우리가 지불한 돈입니다.

현지에서는 일부의 자치단체 간부에게 돈을 쥐어주고 그 사람들이 현지 업계를 주무르게 하고 있으니까 많은 사람들이 추종하는 것입니다. 후쿠시마 현에서는 원자력 발전소가 있는 현지 읍면의 유지들이 모두 소화불량에 걸렸다고 합니다. 10기나 되는 원자로를 건설했으니까 그럭저럭 술판도 많았던 모양입니다. 과음 과식했다는 이야기입니다. 그야말로 난장판이죠. 이쯤 된 판국인데 우리가 이렇게 열심히 이야기하다니, 생각하면 화가 날 지경입니다.

이런 기사도 있습니다. '6년 후에 또 한 번 우대책을' 이것이 후쿠시마에서는 여러 가지 명목으로 돈을 얻어 쓰는 대신 원전 건설을 요청해왔는데 현지에서는 별로 필요 없는 공공시설을 여기저기 지어놓았으나 그것으로는 별 수입이 없으니까 유지가 안 되는 것입니다. 그래서 또 한 번 원전을 건설해서 새로 돈을 얻어내지 않으면 자치단체의 적자를 메울 수가 없다는 이야기입니다. 이렇게 해서 원전은 건설되는 것입니다. 이것이 에너지 문제의 해결이라고 말한 사람의 얼굴 좀 봅시다. 만약 이것이 일거리를 만들기 위해서 하는 짓이라면 왜 좀 더 머리를 써서 건전한 산업을 유치하지 않나요. 서로 불쾌한 문제를 만들지 않아도 할 수 있는 일이 산더미처럼 많습니다. 그런데 그 어떤 선입관에서 원자력 산업을 받아들이고 나면 거기서 빠져나오지 못하는 것입니다.

그러니까 우리가 진실로 온실 효과나 대기 오염, 자원 고갈 문제를 생각한다면 우선 첫째가 이러한 원자력 산업을 정지시키는 일입니다.

둘째는 발전소의 규모를 적게 해서 발전에서 잃는 열을 유효하게 이용하는 일입니다. 즉 원자력 발전에서는 열로 물을 끓여서 증기의 힘으로 발전하는데 그때 60~70%라는 막대한 에너지를 냉각수를 통해서 바다에 버리고 있습니다. 왜 버리느냐 하면 발전소가 멀리 있으니까 열을 수송할 수 없습니다. 만약에 발전소가 가까이 있으면 최근 개발되어 실용화되는 열병합 발전(전기와 열을 모두 공급하는 시스템)을 채용해서 에너지 효율을 배가할 수 있습니다. 이미 산업계는 전력 회사를 상대하지 않고 자가발전을 함으로써 생산비 면에서도 에너지 면에서도 큰 성과를 올리고 있습니다. 이 기술로 에너지 자원의 사용량을 반으로 줄일 수 있게 되었습니다.

셋째는 뭐니뭐니해도 속도를 줄이는 일입니다. 원자력을 폐지하는 데 온 힘을 쏟아야 하지만 그밖에 한 곳에 좌정하고 인생을 장대한 꿈 속에서 명상하는 일, 인간이 만약에 조급하지 않으면 인류는 반드시 자원을 재생산하는 수단을 갖게 될 것입니다. 그렇게 되면 온실 효과도 일어나지 않을 것이고 서둘러 달려가지 않아도 됩니다. 이렇게 사실을 관찰해 보면 대체 원자력이란 왜 필요한가 이제까지 그들이 해대는 원전 홍보는 대관절 무엇인가 하는 의문이 생깁니다. 아니죠.

그보다도 TV나 문필의 세계에서 흔히 보는 원자력 홍보에 나선 사람들의 그 처참한 모습은 도대체 무엇입니까.

지금 우리에게 원자력 추진론을 말하는 사람들의 이름을 기억해두십시오. 그들이 우리를 죽이는 선발대이니까……. 이제 여러분도 전체의 상황을 잘 이해했을 테니까 내가 여기서 새삼 거명할 필요는 없을 것입니다. 이제부터는 여러분 자신이 그러한 인간을 구별하는 것입니다.

그러나 나는 이 사람들이 원자력 안전론을 피해자의 유족 앞에서 말하도록 하겠습니다. 당당하게 그런 말을 하는지 못하는지 내 눈으로 확인하고 싶습니다. 아들을 잃은 아비가 뭐라고 하는지 그 말을 듣고 싶은 것입니다.

오차노미즈 대학의 어떤 교수가 『매일 부인』 1987년 1월호에서 이런 말을 했죠. "소련에서 체르노빌 사고가 난 후에 유럽 각국에서 일본으로 급히 미소(일본 된장 — 옮긴이)를 보내달라는 주문이 잇따라 들어와서 관계자를 놀라게 했다. 미소에 제암 효과가 있다는 것이 그들의 관심을 끌었다고 한다. 부끄러운 이야기지만 미소에 그런 효과가 있다는 것을 전혀 몰랐었다."

이것은 미소를 먹으면 우크라이나의 죽음의 재는 해독이 된다는 의미로밖에 이해되지 않습니다. 이런 대학 교수가 있다니 한심스럽죠. 플루토늄과 미소를 함께 먹으면 곧 알게 될 것입니다. 이 사람에게 악의가 없었다면 문제는 그 사람의 무지에 있습니다. 몰랐다는 것으로 용서할 수 없는 문제가 우리 앞에 있습니다.

또 터키산 헤이즐넛에서 방사능이 검출되었을 때 후생성에서는 '이것을 계속 먹어도 안전하다'고 장담했죠. 그러면서 왜 그것을 터키로 되돌려 보냈습니까. 저널리즘은 왜 그들에게 책임을 추궁하는 기사를 쓰지 않는가, 아무리 생각해도 납득이 안 갑니다. 진짜 문제는 바보 같은 원자력 관계자에 있는 것이 아니라 그들의 앞잡이 노릇을 하는 저널리즘과 지식인의 정신 구조에 있습니다.

끝으로 이러한 학습회장에서 반드시 제기되는 질문에 대해서 대답하겠습니다. 그것은 '그렇다면 무엇을 어떻게 하면 됩니까'하는 절망에 가까운 소리입니다.

그러나 거기에 대한 답은 없습니다. 왜 그런 질문을 받아야 하는지 나는 모르겠습니다. 누가 자기를 죽이려고 덤벼드는데 "어떻게 하면 좋아요" 하고 남에게 묻는 사람이 어디 있습니까. 그런 사람은 없습니다.

그렇게 절박한 상황에서 우리가 할 일은 백 가지도 더 있을 것입니다. 중요한 것은 뭔가 하려고 결심했을 때, 인간이 죽음 앞에 설 때, 이런 일을 하게 될까 하고 묻는 절박감이 아닌가요.

뭔가 재미있는 아이디어를 찾으려는 생각을 버리십시오. 절박했을 때 인간은 그러한 장난을 할 수 없는 것입니다. 운동을 좋아하는 사람은 토론을 좋아하죠. 어떻게 하면 신문이 써줄까 하면서 말입니다. 그러나 신문 같은 것은 아무 뜻도 없습니다. 최소한 지금의 상황에서는 그들은 원자력을 정지시킬 역량도 마음도 없다는 것을 우리는 명백하게 알고 있습니다. 오히려 역량이 있는 사람들에게 현실을 전달해 나가야 합니다. 오늘 아마 여러분은 내 이야기를 이해했으리라 믿습니다. 만약 이런 일을 처음 당하는 체험이라면 희망은 있습니다. 다른 사람들은 아직도 이런 실정을 모를 테니 여러분이 한 사람씩 이웃에게 전달하면 모두가 사실을 알게 됩니다.

원자로가 운전되는 현지, 또는 이제부터 그런 위험성이 닥쳐올 현지에서는 어민, 농민이 몸으로 저항하고 있습니다. 지금 이 순간에도 말입니다. 왜 그럴까. 나는 전국 여러 곳에서 이러한 학습회에 나가서 도시 사람들이 가장 뒤떨어져 있는 것을 뼈저리게 느끼고 있습니다.

누가 나를 도와주지 않는가 하지 말고 나 한 사람이라도 좋으니까 지금부터 해봅시다. 늘 언제나 그날이 첫출발인 것입니다. 그럴 때 확실하게 진실은 전달됩니다. 고독할 때, 이때가 인간이 강하게 되는 순간입니다. 머리도 쓰세요. 원자력 때문에 암흑 시대가 된 현재의 상황을 날카로운 눈으로 꿰뚫어 보십시오.

도대체 전력 회사 따위가 우리에게 위험과 불안을 강요하면서 생활 양식이 어떻다, 에너지가 어떻다 할 권리가 어디 있는가 하는 감정을 나는 갖고 있습니다. 이쪽이 하고 싶은 대로 하고 사는데 남의 생활에 간섭하는 자체가 오만불손합니다. 우리는 지금 더 자유롭게 살아도 좋습니다. 그들이 과학이니 뭐니 하고 그럴 듯한 말을 입에 담는다면 그 과학이라는 것으로 다른 좋은 해결법이 금방 발견될 텐데 말입니다. 다른 방법이 발견되지 않는다면 그들은 기술 세계에서 무능하다는 증거입니다. 그들이 그렇게 머리가 나쁘다면 더욱더 위험한 인간들입니다.

지금 소련과 유럽에서는 심각한 사태가 진행되고 있습니다.

나는 이론적으로는 절망 상태에 있습니다. 내 딸이 죽임을 당하는데 방관할 수 있습니까. 이런 터무니없는 원자력 산업 때문에 죽어야 하다니 말도 안 됩니다. 이러한 인간들이 손가락 하나 대지 못하게 해야 합니다. 내 생명, 내 삶에 대해서 말입니다.

우크라이나 지도 위에 일본의 지도를 겹쳐놓고 보십시오[자료 81]. 여러분도 같은 운명을 걸고 싶은 겁니까. 지금 소련 사람들이 어떤 상태에 있는지 조금은 동정해 줍시다. 너무도 잔혹하고 비참합니다.

오랜 시간을 이야기했습니다. 그러나 우리의 생명이 걸렸다고 생각하면 이것도 너무 짧은 시간입니다. 내가 아는 것을 100분의 1도 이야기할 수 없었습니다. 실은 오늘 여기서 이야기한 것은 체르노빌 원자로 하나가 폭발한 사건을 중심으로 한 참변에 대한 것입니다. 그런데 현실적으로 지금 전 세계에는 400기가 넘는 원자로가 돌아가고

같은 비율로 축소된 일본 지도를 겹쳐보면

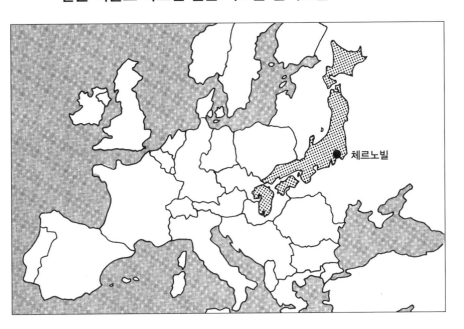

체르노빌

있으며 죽음의 재가 방사성 폐기물이라는 이름으로 자꾸만 생산되고 그것은 영원한 보관 장소를 찾아서 우왕좌왕하고 있습니다.

우리 일본에서는 마침내 그것을 북쪽에 있는 아오모리와 홋카이도로 보내려는 원자력 산업 측의 강경한 계획이 추진되고 있습니다. 그런데 전국에서는 그것을 방치하고 있습니다. 그렇게 무서운 계획이 현지 사람들을 공포에 몰아넣고 있다는 사실조차 모릅니다. 여러분도 눈을 돌려야 하는 절박한 문제가 거기 있습니다. 구체적으로 '일본 원자력 연료 서비스'와 '일본 원자력 연료 산업(주)'이라는 회사가 설립되었고 이것은 '동연(동력로·핵연료 개발 사업단)'이지만― 이러한 조직에 기동대, 현지 경찰력을 동원해서 폭력으로 원자력 발전소가 낳은 죽음의 재, 즉 발암 물질을 식량 생산지인 이곳으로 운반하려는 것입니다. 실로 아오모리와 홋카이도는 '잊혀진 모르모트'가 되려는 것입니다. 아니죠. 식량을 생각하면 일본 사람 전원이 모르모트를 자원하고 있는 셈이죠. 그러한 사실은 내가 쓴 『도쿄에 원전을!』이라는 책에 자세히 썼습니다. 다음 학습회에서는 몸으로 저항하다 체포된 어민들에 대해서 이야기할 작정입니다. 이제부터 진지하게 생각하십시오. 아니, 같이 생각해 나갑시다.

행동해야 할 때가 왔다는 것이 나의 절실한 생각이라는 것을 말씀드리면서 이상으로 끝을 맺겠습니다.

지은이 후기

지금부터 30여 년 전 1957년의 일이다. 소련 우랄 지방에서 대폭발이 일어나 한 지방이 이 세상에서 사라졌다. 최근 소련에서 망명한 과학자 조레스 A. 메드베데프가 그 처참한 실정을 보고했다. 그래서 그때 수많은 사람이 병원에 유폐당한 채 죽어갔다는 사실을 알게 되었다. 놀라운 역사적 사실이다.

더욱 놀라운 것은 실제로 그러한 대사고가 발생하고 미국의 첩보기관 CIA가 그 직후에 전모를 파악했는데도 우리들에게 이 사건이 알려지지 않았다는 점이다. 소련에서 망명한 과학자가 전할 때까지 오랜 세월을 전 세계는 낌새조차 눈치채지 못했다.

그런데 현지에서는 임신부가 강제적으로 중절 수술을 받았고, 생물이 모두 사망하고 그 지방은 현재도 광활한 무인 지대가 되어 있다. 원인은 핵무기 개발 과정에서 나오는 폐기물에 들어 있는 플루토늄이 관리 불안정 때문에 원자폭탄으로 변하여 폭발한 것이라고 생각되는데 그것이 방사능 오염에 의한 대참사를 초래했다고 한다.

이와 같은 일이 지금 우리 앞에서 일어나고 있다. 그것이야말로 1986년 4월 26일 소련에서 일어난 체르노빌 원자로의 대폭발이다. 현재 이미 수많은 사람들이 병실에서 죽어가고 있지만 소련이 실제로 발표한 사망자 총수는 31명이라는 믿기 어려운 숫자에서 끝났다. 피해의 규모는 30년 전 우랄의 핵참사를 훨씬 능가하는 것인데도 전 세계는 또다시 그 실정을 모르고 있다.

　1983년 KAL기 추락 사건도 소련이 공식 발표할 때까지 비행기의 행방에 대해서 혼란스러운 뉴스를 들어야 했던 것을 독자는 기억할 것이다. 이 당시도 미국이 소련과 결탁해서 사건을 애매하게 처리했다. 체르노빌 사건의 피해는 독자가 상상하는 것 이상으로 엄청나고 그것이 나날이 심각한 사태를 초래하고 있다. 벨라루스에서나 우크라이나에서는 1989년에 들어와서 주민들이 피난하고 동물과 어린이들에게 이상 사태가 속속 일어나고 있다는 보도가 있다. 소련은 이미 되돌릴 수 없는 3년을 보내고 말았다. 한편에서 그 피해가 식량을 통해 전 세계에 퍼져서 지금도 그것은 진행 중에 있다. 이 사태를 일각이라도 빨리 알려야겠다는 생각에서 이 긴급 보고서를 작성했다.

　이 책의 탄생에는 통상적인 책과 다른 '특별한 사정'이 있었다.

　이제까지 나는 꽤 많은 나날들을 심각한 학습회로 소비했다. 읽어 보면 아시겠지만 체르노빌 '원자로 폭발의 진상' 그리고 이어지는 무서운 전 세계의 '식량 오염의 진행 상황', 대사고를 눈앞에서 본 일본의 '거대 원자로의 내부 사정', 그리고 끝으로 이러한 위험한 사실을 감추려고 필사적으로 획책하는 '저널리즘의 지배 구조'에 대한 이야기였다.

　원자로가 어떻게 해서 폭발했는가에 대해서는 많은 사람들이 그다지 깊은 관심을 갖지 않으리라. 그렇지만 얼핏 보면 까다롭게 생각되는 이 과정을 우리들이 자신의 힘으로 해석하는 것이야말로 지금 눈앞에서 모든 식품에 육종을 일으키는 세슘이 들어가게 된 사정을 해명해 주는 열쇠가 된다. 현재 일본이 처한 위험한 사태도 저널리즘의 악질성도 이러한 첫째 작업 없이는 알 수 없을 것이다. 불행하게도 거기서 끌어낸 결론은 절망적인 것이다.

　이야기를 들은 분은 이러한 사실을 알고 상당한 충격을 받았으며 그래서 내용을 다시 많은 사람들에게 전하고 싶다는 뜻을 전했다. 그래서 테이프에 녹음된 이야기를 기록해서 배부하게 된 것이다.

　이 책을 보고 아셨겠지만 학습회에서는 그림과 수집 자료를 실제로 보여드리는 데 중점을 두었다. 말을 중심으로 머릿속에서 이해하는 것이 아니라 수많은 증거를 보는 데서 얻어지는 확신을 중요하게 생각했다.

　출판에 즈음해서 많은 수고를 아끼지 않으신 출판사 여러분에게 경애하는 마음으로 감사드리며 또 경제적 부담을 드리지 않게 되기를 바란다.

　홋카이도, 아오모리, 미야기, 후쿠시마, 이바라키, 니가타, 이시카와 후쿠이, 시즈오카, 미에, 와카야마, 시마네, 야마구치, 시코쿠, 규슈 등 일본 각지에서 원전 문제에 직면해서 싸우는 분들의 심경은 지극히 심각하다. 거기서 그분들은 나에게 여러 가지 문제점을 말씀해 주었다. 그때 그분들의 눈빛을 나는 결코 잊을 수 없다.

　일례를 소개하겠다. 홋카이도에서 학습회가 있었을 때 많은 분들은 눈물을 흘렸다. 그것은 어떤 낙농가 주부가 이야기했을 때이다. 그분은 몇 해 동안이나 영하 30℃라는 무서운 추위 속에서 농가를 개척한 분으로 오늘까지 오랜 세월을 참고 견뎌왔다. 축사를 청소할 때 손이 피로 때문에 마비되어 들고 있던 빗자루를 놓친 것도 모르는 고통을 뛰어넘어서 "최후에 얻어낸 것이 이것뿐입니까" 하고 눈물이 가득해서 말문이 막히면서 부르짖는 순간을 나는 잊을 수 없으며 잊지 못한다. 이분의 집은 고준위 방사성 폐기물을 받아들이게 된 호로노베 읍을 바라보는 데 있다. 거기 모이는 죽음의 재는 제1단계만 해도 체르노빌 원자로가 전 세계의 하늘을 향해서 방출한 분량과 맞먹는다. 이러한 고준위 폐기물이 단 1%만 누출되어도 홋카이도는 전멸한다. 아니, 전 일본이 긴급사태로 말려들어 간다. 이것은 틀림없는 사실이다.

　이 책을 읽는 독자는 바로 그 중의 한 사람이다.

— 방사능의 피폭량에 대한 안전율을 말하는 인간이 있다면 그들이 계산한 안전량의 플루토늄을 먹을 수 있는가 물어보자.

— 원자로는 대사고를 일으키지 않는다는 인간이 있으면 대도시에 원자로를 건설하도록 하자.

— 폐기물을 안전하게 처리하는 방법이 있다고 주장하는 인간이 있으면 그 사람 집에 폐기물을 묻어주자.

— 방사능의 피폭 사고는 한 건도 없었다는 통계 숫자를 제시하는 인간이 있으면 피해자 유족 앞에서 설명을 하게 하자.

이러한 현실론이면 그만이다. 이제 우리는 '형식적인 설명' 같은 것은 요구하지 않는다. 이 문제를 해결할 수 있는 것은 우리 일반 시민밖에는 없을 것이다. 후회 없도록 한시라도 빠른 행동을 빌어마지 않는다.

1989년 2월
히로세 다카시

부록

체르노빌 사고
4년째의 지옥

우크라이나 · 벨라루스의 어린이들에게 닥친 피해

이 글은 1990년 3월 3일 히로세 타카시 씨가 오차노미즈 간다팡세 홀에서 행한 강연을 기록한 것이다.

체르노빌 원전 사고 후에 일어난 피해에 대한 최근 보고이다. 현재까지 일본에서 있었던 체르노빌 사고 피해에 대한 이야기 중에서 가장 새롭고 가장 가슴 아픈 것이다.

일본에서는 매스컴에서 보도하지 않아서 모르고 있는 소련 어린이들의 구원을 청하는 울부짖음을 들으시라. 이 책자를 읽은 한 사람 한 사람은 여기서 이야기 된 사실을 가까운 사람들에게 전해 줄 것을 바란다. 그런 목적에서 서둘러 소책자로 발행한다. 이 책의 내용은 히로세 씨의 강연 녹음을 나 오가와가 책임지고 기록하고 편집한 것이다.

— 오가와 센게쓰

안녕하십니까. 히로세입니다.

죄송합니다만 저널리즘에 관계하시는 분! 신문사에 계시는 분! 계십니까? 이 중에 계신가요? 계시다고요? 특히 텔레비전이나 신문사에 나가시는 분이 계시면 급히 전해주었으면 하는 일이 있습니다. 지금부터 내가 하는 이야기는 혼자만 알고 있을 것이 아니라 다른 이웃에게 알려주셔야 합니다.

여기 나오신 여러분은 모두 원전 반대 운동에 대한 생각을 하고 계시겠죠. 나도 사실 현실 속에서 일본 내의 이러저러한 일을 관찰해 왔고 그래서 그 이야기를 하려고 했었지만 더 급한 일이 생겼습니다. 그것은 잊어버리고 싶은 소련의 체르노빌 사고의 피해인데, 지금 더욱 심각하게 벌어지고 있습니다.

그저께 유럽에서 전해온 엄청난 뉴스를 이야기하겠습니다. 이 이야기를 잘 듣고 후쿠시마 원전 사고를 검토하기 바랍니다.

소련은 이제 붕괴되는 게 아닐까요! 믿어지지 않는 이야기지만 병원에서 대강 계산으로도 10만 명가량의 사람이 사망한다는 이야기입니다. 10만! 여러분도 믿어지지 않을 것입니다.

4년이 지났군요. 사고가 난 지 4년입니다. 지금 이런 상황을 보고 그동안 이러저러하게 예견했던 내용을 지금에 와서 대폭 변경하겠습니다. 이것은 유럽, 오스트리아에서 보내온 신문인데 여러분이 보시는 이것입니다[자료 1]. '10만 명의 어린이가 방사능에 오염'이라고 쓴 기사인데, 기자는 '오염'이라는 말을 많이 했는데 정확하지 않군요. '방사능 오염'이라는 말, 지금부터 신문 기사를 자세히 읽고 철저하게 소개하겠지만 이 말이 나오거든 '치사량의 방사능에 오염되어 있다'는 의미로 해석하면 됩니다. 이제 거의 모두가 사망하리라는 의미입니다. '방사능 오염' — 엄청난 양의 방사능을 오랫동안 계속해서 뒤집어썼다는 의미로 사용되고 있습니다.

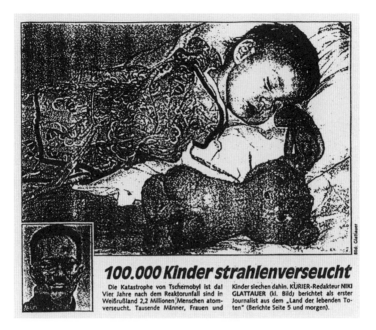

100.000 Kinder strahlenverseucht

Die Katastrophe von Tschernobyl ist da! Vier Jahre nach dem Reaktorunfall sind in Weißrußland 2,2 Millionen Menschen atomverseucht. Tausende Männer, Frauen und Kinder siechen dahin. KURIER-Redakteur NIKI GLATTAUER (kl. Bild) berichtet als erster Journalist aus dem „Land der lebenden Toten" (Berichte Seite 5 und morgen).

[자료 1]

그래서 내용을 순서대로 경과를 추적해서 이야기해 나가겠습니다. 시기를 말하자면 4년 전, 1986년 4월 26일, 체르노빌 사고가 일어났습니다. 여러분도 아시는 이야기죠. 폭발한 체르노빌 4호로의 출력은 100만kW라는 것도 기억해 두십시오.

여러분! 폭발로 파괴된 원자로의 사진은 여러 번 보셨겠죠. 그런데 그 원자로에서 가까운 프리피야트라는 곳, 거기도 몇만 명이라는 주민이 살던 곳인데 그곳은 지금 죽음의 도시 즉 유령의 도시가 되었으며 지금은 아무도 살지 못합니다. 물론 이 사실을 여러분도 사고가 난 후부터 잘 알고 계십니다만, 그러면 도대체 이 사람들은 어디로 갔는지 오늘까지 전혀 밝혀지지 않았던 것입니다.

나는 극히 기본적인 계산 방법으로 체르노빌에서 방출된 죽음의 재는 10억 퀴리 정도로 보았습니다. 이 숫자는 지금 소련에서도 거의 모든 학자가 10억 퀴리는 됐을 것이라고 말을 하고 있으니까 대략 틀림없으리라 생각합니다. 그러나 정확한 숫자는 아무도 모릅니다. 그래서 대강 10억 퀴리라고 계산할 때 그 일대에 살던 사람이 10만 명 단위로 사망했으리라는 것은 간단히 계산할 수 있습니다.

그러면 그 사람들은 어떻게 죽어갔는가, 그런 엄청난 사건을 어떻게 감출 수 있었는가 하는 의문이 생깁니다. 그 수수께끼를 풀어보겠습니다. 결정적 증거가 지금 나에게 있습니다.

우선 지도를 보십시다[자료 2]. 유럽, 동유럽이 격동으로 휘말리는 이러저러한 역사적 사건에 대해서는 아직도 우리는 생생하게 기억하고 있습니다. 베를린 장벽이 무너진 사건은 엄청난 사건이라고들 합니다. 그러나 나는 미안하지만 그렇게 생각하고 싶지 않습니다. 그보다도 나는 지금 구제불능 상태에 있는 벨라루스와 우크라이나의 상황이 더 급하다고 생각합니다. 지도를 보시기 바랍니다. 여기가 소련인데, 체르노빌은 여기에 있고, 바로 여기 있는 키예프는 남쪽으로 130km밖에 안 되는 대도시입니다. 그리고 체르노빌에서 300km 떨어진 민스크, 바로 민스크에서 엄청난 소식이 전해졌습니다. 여러분! 민스크를 기억해주십시오.

그리고 격동하는 동유럽, 여기 동독, 루마니아, 폴란드, 체코, 헝가리, 불가리아, 유고……입니다. 이 지도를 확대해서 현지를 보면 이렇죠[자료3]. 여기가 체르노빌인데, 오염이 특히 심한 데가 남쪽에 있는 우크라이나 공화국이고 그 북쪽에 벨라루스 공화국이 위치하고 있습니다. 체르노빌이 우크라이나에 있으니까 모두들 우크라이나 우크라이나 하고 떠들어댔는데 현실적으로는 지금 상황에서 아직 확실한 증거는 없습니다만 우크라이나보다 벨라루스 쪽이 오염이 심한 것 같습니다. 부분적으로 어느 일정한 장소에 집중적으로 죽음의 재가

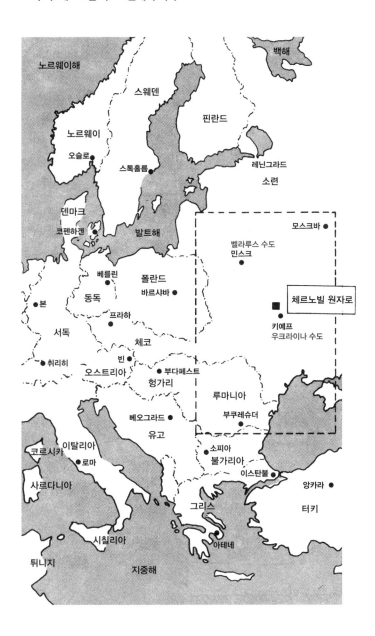

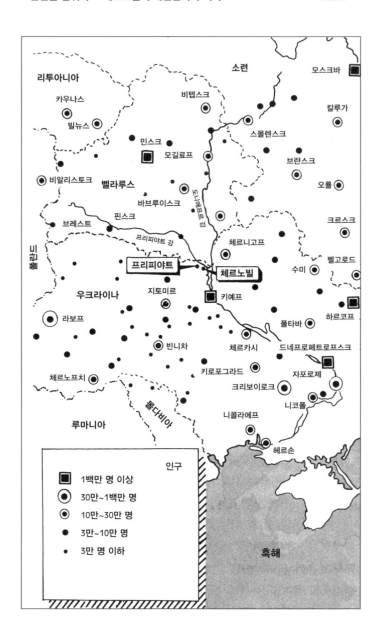

[자료 3]

떨어진 것 같은데 아직 확실하지 않습니다. 이러한 벨라루스의 수도 민스크와 우크라이나의 대도시 키예프에 대해서 이야기를 진행하겠습니다.

그러면 어떤 일이 일어났는가. 재작년 11월이니까 지금부터 1년 반 전에 우크라이나의 체르노프치라는 소도시에서 아이들의 머리카락이 빠지기 시작했죠. 여러분도 이 소식은 신문에서 보았을 것인데 젖먹이에서 15세까지 아이들 전부가 머리카락이 빠지는 것입니다. 이것에 대해서 소련 당국은 체르노빌과 전혀 무관하다고 했었죠. 우리도 증거가 없기는 마찬가지였는데 마침내 이번 소식으로 명백해졌습니다. 체르노프치라는 데가 어디냐 하면 체르노빌에서 남서쪽으로 450km 쯤 되는 곳입니다. 450km라는 거리 감각은 글쎄요, 도쿄에서 어디쯤 될까요? 여하튼 도쿄에서 아오모리가 600km니까 혼슈의 3분의 2가 되는 거리입니다. 이런 거리에 있는 체르노프치에서 15세까지의 아이들이 모두 머리카락이 빠졌다는 이야기입니다. 이런 사실을 기억해 두세요. 곧 그 뜻을 알게 되니까요.

그리고 나아가서 우크라이나에 대한 이야기를 하겠는데 작년 1월 공화국이 5,500명에게 피난 권고를 했습니다. 일본 신문에는 나지 않았고 타스 통신이 전한 것입니다. 그리고 1월 27일, 체르노빌 원전 대표자는 원전 폐쇄를 요구했는데『이즈베스티야』의 보도입니다. 또, 3월에 체르노빌 사고로 오염된 지역 중 5개 마을에서 피난이 시작되었습니다. 그리고 작년 10월, 지금부터 반년 전인데 사고 때의 방사능 제거 작업자, 소방관, 노동자 중에서 사망자가 아직도 증가하고 있다는『이즈베스티야』의 보도입니다.

다시 11월 28일에 모스크바 뉴스는 사고 사망자가 250명이 넘었다는 보도를 했죠. 당국은 31명이라고 아주 축소 발표했던 것인데 이때가 베를린 장벽이 무너질 무렵입니다.

다시 12월에는 체르노빌 200km 권내에서 입술, 식도 등에 암이 또는 위암이 배가했다고 합니다. 모두 암입니다. 아이들은 갑상선에 기능 장애가 그리고 면역 이상이 다수 발생했다는 소식이 전해졌는데, 면역 이상이라면 혈액 문제니까 틀림없이 백혈병이라고 생각됩니다.

금년에 들어와서 2월 17일, 15일 전 이야기인데 우크라이나 공화국 대변인이 "체르노빌 원전은 우크라이나의 생태계에 심대한 영향을 주고 있다. 즉시 폐쇄해야 한다. 어째서 소련 최고 회의에서 의제로 상정하지 않는지 그 이유를 따져 물을 권리가 우리에게 있다"고 발언했습니다.

이상이 오늘까지 내가 갖가지 수단을 통해서 알아낸 우크라이나에 관한 뉴스인데 이번에는 북쪽 벨라루스를 알아보겠습니다. 벨라루스에 대해서는 어떠한가. 작년 2월 '체르노빌의 비극은 오늘도'라는 기사에 따르면 20개 촌락의 주민들에게 피난 명령이 내려졌다는 것입니다.

그리고 7월입니다. 벨라루스 공화국 최고회의가 613개의 시·읍·면 10만 6천 명에게 피난 권고를 했습니다.

8월이 되면서 공화국 정부는 또 3천 명에게 피난 명령을 내렸습니다. 이 소식은 타스 통신이 전한 것인데 그 이상 자세한 내용은 모릅니다.

이어 9월 30일에는 수도 민스크에서 실로 50만 명의 이주를 요구하는 3만 명의 데모가 있었습니다.

10월이 되자 모스크바 뉴스에 벨라루스 일대에서 염색체 이상, 면역 이상이 확인되었고 아이들의 갑상선 비대증이 잇따라 나타나고 있다는 보도가 있습니다. 이 이야기는 나중에 자세히 소개하겠습니다.

또 정부 당국은 10월 26일 — 이 날은 일본에서는 '원자력의 날'이죠 — 30km 위험 지대에 대한 감시가 2060년까지 그러니까 앞으로

70년 동안, 대략 1세기가 필요하다고 발표했습니다. 이 시점에서 피폭 등록 주민은 58만 명이라고 되어 있습니다. '피폭 등록'이라는 것은 좀 전에 지적한 것과 같이 '방사능 오염'처럼 '위험'이라는 의미를 가지는 것이라고 보아야 합니다. 단순한 피폭이라는 뜻에서가 아닙니다. 이 시점에서는 말입니다.

드디어 11월 20일 소련 노동조합 중앙 협의회의 기관지『트루스』가 유치원·초등학생 7만 3천 명의 피난을 소련의 아동기금이 결정했다고 했습니다.

벨라루스와 관계되는 이러저러한 외신을 조사한 바 이상이 지난 1년간의 흐름이었습니다.

이제『모스크바 뉴스』가 작년 2월 15일과 10월 11일, 두 차례 페레스트로이카의 흐름을 타고 체르노빌 사고 특집을 냈습니다. 이 신문은 소련 정부에 대항하는 자세로 사실을 전하고 있습니다.

아시는 바와 같이 2월 15일자에 대해서는 일본에서도 거창한 제목을 붙여서 대대적으로 보도했습니다. 혹시 모르는 분을 위해서 대강 소개하죠. 이 이야기는 다음 이야기에 연관이 있으니까 아시는 분도 다시 들어주세요. 이것은 '방사능의 메아리'라는 글입니다. 요점만 말하겠습니다.

우크라이나 공화국의 지트미르 주 나로디치 군의 주민들은 사고 후에도 피난갈 수 없었다.

이것은 중대한 뜻을 갖고 있습니다.

그곳은 체르노빌 원전의 서쪽 방면인데 원전에서 가장 가까운 동네가 50km, 먼 동네는 90km 거리에 있다. 1986년 4월 26

일은 마침 동풍이 불고 있었다. 그리고 방사능 입자를 머금은 비구름이 덮여 있었다. 현재도 아직 토양 표면에는 1km²당 80 퀴리를 넘는 방사능이 이곳에서 발견된다.

80퀴리를 넘는다는 수치는 이해하기 어려운 수치입니다. 그런데 오스트리아에서 들어온 보도에는 1km²당 40퀴리가 의학적으로 말하면 대략 죽음의 한계치라고 합니다. 다른 물질로 설명하면 라듐 1퀴리를 몸에 붙이고 있으면 우리는 3분이면 사망하는데 이곳은 1km²당 80 퀴리라는 초위험 상태에 있는 것입니다.

　일본 신문도 보도했습니다만 페트로브스키 집단 농장의 목장이 소개됩니다.

　　나는 머리가 개구리처럼 생긴 돼지새끼를 보았다. 그 돼지는 눈에 각막도 눈동자도 없고 큰 섬유조직만 있었다. 그 목장 수의사 표트르 쿠디엔 씨는 "이것은 대량으로 발생한 이상 중의 하나입니다. 많은 수가 낳자마자 금방 죽었지만 이놈만이 살아 있죠" 하고 말한다.

조그만 농장이라지만 소, 돼지가 430~440마리 있는 곳인데, 이런 수치가 나와 있습니다. 지금까지 1년 동안 이상 발생률은 0.6마리, 1마리도 채 안 되던 것이 1988년 1년간 대강 200배에 달하는 무서운 증가를 보였습니다.

　그리고 말이죠…….

　　"과학자들이 무어라고 말하느냐고요? 그들은 아마 방사선학 종합 연구소를 키예프에 만들었다고 합니다. 그런데 그들이

우리 농장에서 일어난 이상에 대해서는 전혀 아무런 관심도
없는 모양입니다. 그들은 그저 이상이 있는 동물의 사체 중에
서 몇 마리만 조사하더니 방사선과는 전혀 관계가 없다고 말
했다는 것입니다."

눈이 튀어나온 돼지새끼를 사진에 담으려고 하니까 그놈을
길로 데리고 나온 부인은 눈물이 가득한 채 나에게 이런 이야
기를 하였다. "내 딸아이는 그때 마침 결혼했었죠. 이제 태어
나는 손자에게 어떤 일이 닥칠까요." 그러나 나에게는 그 부인
을 안심시킬 수 있는 용기조차 없었다.

이것이 작년 2월 15일자 신문이니까 벌써 1년이나 지난 소식인데, 이
곳의 어린이들은 50%가 갑상선을 앓고 있습니다. 이것이 무엇을 말
하는가, 민스크 이야기에서 알게 됩니다. 이 아이들은 현재 모르기는
해도 엄청난 사태에 직면했으리라고 짐작할 수 있습니다.

그때까지만 해도 '갑상선에 영향이 나타나고 그 중 상당한 아이들
에게 제2, 제3단계의 증상이 나타났다'고……. 이것이 작년 2월 15일
에 나온 신문 기사입니다.

그 후 어떠한 일이 일어났을까요. 동유럽에 대한 기사와 원자력에
관한 기사를 우리는 거의 보지 못했는데 나는 페레스트로이카에 대
해서 이런 생각을 합니다. 다시 말해서 페레스트로이카는 고르바초프
정권이 탄생하자마자 진행된 것인데 왜 갑자기 최근 1년 동안에 페레
스트로이카가 격동하기 시작했는가에 대한 해석이 없습니다. 그런데
소련은 조금도 좋아지지 않고 오히려 반대로 루블화는 값이 절하되고
국민 생활은 점점 더 나빠지고 있습니다. 그 원인이 무엇인가. 나는 경
제 붕괴라고 생각합니다. 그러면 경제 붕괴의 원인은 무엇일까요. 물
론 누적된 소련의 경제적 침체도 있겠지만, 작년에 이슈코프 씨가 처
음으로 그 원인을 명백하게 말했습니다. 아직 1년이 채 안 됐죠.

경제 위기를 초래한 원인은 여러 가지가 있다. 가장 큰 것은 1986년에 일어난 체르노빌 원자력 발전소 사고다. 다음이 우리나라의 아프가니스탄 개입이다…….

군사 문제에 대해서는 군사비의 대폭 삭감을 정책으로 내걸었죠. 그러나 체르노빌 사고에 대해서는 전혀 대책이 없습니다. 대책을 세우려고 하겠지만 세울 수가 없는 것입니다. 그만큼 심각한 상황에 도달한 것입니다.

여기서 나는 동유럽에 대해서 말하겠습니다. 소련의 주변 국가로서 관련이 있으니까요. 그러니까 2월 17일입니다. 지난달이죠. 불가리아는 루마니아 남쪽에 있는 나라죠. 불가리아 공산당 정부는 도나우 강의 원자력 발전소 건설을 중지했습니다.

아시는 분이 계시겠지만 동독에서는 '체르노빌 사고 직전'이랄 수 있는 대사고가 있었다는 것이 판명되었습니다. 유럽 신문에 보도되었는데, 이 사고는 1월에 밝혀진 점을 보면 안전 계통이 듣지 않은 것입니다. 이 원자로는 사고를 막기 위해서 최후의 안전 계통이 6개 있었습니다. 그 6개 중 5개가 완전히 기능을 상실하고 남은 1개가 우연하게도 사람이 잘못해서 딴 데로 배선이 연결되었기 때문에 대사고를 면한 것입니다. 연결이 제대로 되었다면 사고가 났다는 이야기입니다. 이런 중대 사고가 동독에서 있었다는 것입니다.

다음은 체코, 여기는 동독에 이웃하는 곳입니다. 금년 1월 21일에 오스트리아에서 보도된 것인데, 이 일대에서 규모가 큰 원자력 발전소의 환경오염이 일어나서 급히 서유럽에 전문가의 파견을 의뢰했다는 것입니다.

작년 12월 13일, 다음 같은 보도가 나왔습니다.

(서유럽 환경 보호 단체) 그린피스는 프라하에서 큰 성공을 거두었다. 체코의 시민, 원전의 위험성을 처음으로 알게 된다.

그린피스 측의 말을 인용하면

그 사람들은 우리가 가지고 있는 전단을 빼앗아갔다. 믿을 수 없는 일이다. 원자력의 위험성을 전하는 정보를 손에 넣으려고 장사진을 쳤다. 이제까지 그들은 전혀 모르고 지냈던 것이다. 우리는 아침 10시에 버스 문을 여는데 사람들은 7시부터 줄을 서기 시작해서 종일 받아간다. 저녁때가 되어 일이 끝나고 사람들이 흩어졌을 때 땅에 떨어진 전단은 한 장도 볼 수 없었다. 전단은 손에서 손으로 넘어가고 있었다. 20만 장의 전단은 모두 배포되었고 주말까지 50만 부의 팸플릿이 시민들에게 배포될 것이다…….

이런 상황입니다.

지금 동독과 체코에서의 이와 같은 사실은 아주 상징적이라고 생각합니다. 작년 우리가 신문에서 본대로 독재자가 지배한 나라는 루마니아, 동독, 그리고 체코 3국입니다.

나는 작년에 아주 복잡한 심정으로 이 3개국을 보고 있었는데, 그것은 이들이 체르노빌 사고 후에도 국민에게 전혀 사고의 위험성을 알리지 않았던 것입니다.

특히 걱정되던 곳이 동독인데, 거기서는 아이들이 체르노빌 사고 후에도 태평스럽게 모래 위에서 놀고 있었습니다. 그런 소식이 서독으로 전해지면서 관심 있는 사람의 마음을 조이게 했습니다.

체코에서도 국민에게 알리지 않았습니다. 어느 원자력 관계 국제

회의에서 체르노빌 사고가 분석되었는데 그 자리에 있던 체코 학자가 "그건 거짓말이다"라고 외쳤다고 합니다. 데이터를 눈앞에 들이대니까 그제야 새파랗게 질리더라는 것입니다. 이렇게 철저하게 보도가 통제되고 있었던 것입니다.

그리고 루마니아는 여러분도 잘 아시죠.

이 3개국은 공통점이 있습니다. 이 세 나라는 모두 동유럽에 있는 우라늄 생산국입니다. 동독과 체코 사이에 산맥이 있습니다. 에르츠 산맥이죠. 여기가 광산으로 유명한 곳입니다. 바로 에르츠 산맥에 있는 광산이 유럽에서 최초로 우라늄을 생산한 곳입니다. 현재도 그 이권은 남아 있으며, 핵산업이 있습니다.

루마니아, 여기서는 티미시와라에서 폭동이 시작되었죠. 티미시와라는 북쪽이 카르파타야 산맥이고, 여기가 소련과 국경을 이루고 있습니다. 남쪽은 도나우 강입니다. 북쪽 산악 지대 이 일대가 트란실바니아라는 지방인데 실바니아 즉 은을 뜻합니다. 옛날에는 은이었죠. 지금은 우라늄 생산지가 되었습니다. 티미시와라는 인간들이 강제로 국경선을 만들어 루마니아로 편입시켰을 뿐이고 사실은 헝가리 영토입니다. 루마니아라는 민족은 옛날부터 없었습니다. 거의 전부가 헝가리인이거나 독일인인데 그게 루마니아라는 나라입니다. 그래서 루마니아에는 광물 자원을 싸돌고 이권 관계가 복잡하게 얽혀서 차우셰스쿠 정권 같은 독재자를 낳을 소지가 있었던 것입니다.

이 세 나라는 모두 원자력을 싸고 이권 싸움을 벌이는 곳이었습니다. 그래서 국민들에게는 한결같이 체르노빌 사고의 위험성을 알리지 않았던 것입니다.

그러면 폴란드는 어떤가? 작년 11월 자유노조가 원자로 부품 상륙을 저지했습니다. 지금 폴란드의 신정부는 대단히 고민하고 있습니다. 경제적인 의미에서 말입니다. 그러나 많은 국민은 역시 원자력을 바라지 않죠. 마음속으로는 반대쪽으로 나가고 있습니다.

다음 이야기는 『모스크바 뉴스』 제2탄인데 작년 10월 11일에 나왔습니다. '엄청난 거짓말'이라고 영어 제목이 붙어 있습니다. 소련의 벨라루스와 우크라이나의 학자들이 모여서 좌담회 형식으로 지금 엄청난 사건이 벌어지고 있다는 토론을 한 것입니다. 이 이야기는 일본에서는 그 일부만이 소개되었을 뿐입니다. 그래서 자세히 말하겠습니다.

'거짓말은 3년 전에 시작되었다' 즉 체르노빌 사고 직후에 시작되었다는 것입니다. 재판에서 관계자 몇 사람이 단죄되고 감옥에 가두어졌는데, 그들은 미치거나 죽거나 무서운 방사성 장애로 시달리고 있는 것이 현실입니다. 사고 직후 주민의 피난 지역을 10km에서 30km로 늘리는 데 많은 시간을 낭비했으며 겨우 14km 권내로 피난시키기로 한 것이 사고 후 6일째가 되는 일입니다. 4월 26일에 사고가 일어나서 피난을 결정한 것이 5월 2일 그 사이에 주민들은 계속 방사능을 마시면서 있었다는 이야기입니다. 왜 그랬는지 아시겠죠? 그 전날이 5월 1일 즉 노동절입니다. 축제를 성공적으로 마치기 위해서 그런 늑장을 부렸습니다. 그래서 그들은 분통이 터졌죠.

　　키예프에서는 무서운 일이 일어났다. 위험한 상황에서 청년들은 데모에 동원되었다. 키예프에서는 체르노빌 원자로가 폭발한 지 4일 후 4월 30일부터 방사능 수준이 급격한 상승을 보이고 허용치의 100배가 넘는 수준에 이르렀는데도 주민들에게는 아무런 경고도 하지 않았다.

우크라이나 측에서 이렇게 말하자 벨라루스 측에서는

벨라루스도 똑같은 상황이었다. 현지 물리학 교수 네스테렌코가 측정기로 정부 고관의 사무실 근처를 조사한 후에 그들은 혼란에 빠져버렸다. 몇만이라는 사람들을 방사능 구름이 덮었으며, 그런 상황은 오늘까지도 계속되고 있다…….

혼란이 일어났다고 했는데 그것은 엄청난 수치가 나왔기 때문이죠.

사고가 일어났을 때 우크라이나 공화국 나로디치 군의 고위 관리 부고드라는 사람은 만원버스가 줄을 지어 달려가는 것을 보고 이상하다고 생각했다. 그때 우연히 사고 발생을 알았다는 것이다. 이런 상황에서 그 지역 아이들이 피난을 완료한 것은 사고가 난 지 실로 42일 후인 6월 7일이었다…….

42일 후라는 것입니다.

'현재 아주 많은 아이들이 앓고 있다.' 그리고 아까 이야기한 수수께끼를 풀어보겠습니다. 많은 아이들이 이 세상을 떠난 것이 아닌가? 나는 그렇다고 믿고 있습니다만 그러면 그 많은 사망자들을 어떻게 감추었을까요. 그 대답이 여기 『모스크바 뉴스』에 있습니다. 사람이 죽었을 때 그것이 방사능 때문인지 아닌지 어떻게 판단하느냐 하면 시체 해부 그러니까 해부 검사를 하게 되고 그런 방법으로 확인할 수밖에 없습니다. 『모스크바 뉴스』에 이렇게 썼습니다.

사망 원인이 방사능과 전혀 관계가 없는 것. 이를테면 심장 계통의 혈액병으로 진단된 사람들의 사체를 해부한 결과 그 사람들의 폐가 방사능 입자로 꽉 차 있었다는 것이 밝혀졌다. 이러한 해부는 벨라루스의 페트랴에프 교수가 한 것인데 이러한 방사능 입자를 핫 파티클(hot particle)이라고 한다…….

'핫(hot)'은 즉 뜨겁다는 뜻인데 원자력 분야에서는 '방사능을 방출하고 있다. 방사선을 방출한다'는 의미입니다. 그러니까 핫 파티클은 방사능 입자라는 뜻입니다.

이러한 핫 파티클 즉 방사능 입자가 2천 개 있을 때는 틀림없이 암이 발생하는데 이런 사체에서는 1만 5천 개 수준이나 되었다…….

여러분! 이제 이해하시겠죠. 7배, 아니 7배가 넘습니다.
여기에 대해서 우크라이나 측에서는 이렇게 말합니다.

키예프에서는 사체에 대해서 그런 해부는 단 한 번도 없었다…….

이것은 병원에서 많은 사람이 죽었는데 그 사람들은 방사능 때문에 죽은 것 같은데도 아무런 조사도 없이 그냥 방사능과는 무관한 병명으로 죽어간 것입니다. 대강 이상과 같은 상황이라고 생각합니다.

어린애가 사망했을 때도 해부 검사는 전혀 하지 않았다. 이런 상황에서 죽어간 사람들의 사망 원인이 방사능에 의한 것인지 아닌지 도대체 어떻게 알 수 있는가. 과학자, 의사들이 저지른 범죄는 결코 적은 것이 아니다. 위험 지대에서 일한 군인들을 검사해 보니까 18개월이 지났는데도 면역 기능이 회복되지 않은 상태에 있었다. 앞으로 아이들에게 무슨 일이 닥쳐올

90.2.17 ‹KURIER›

1990　　　　**THEMA DES TAGES**　　　　KURIER SEITE 5

he von Tschernobyl ist heute und jetzt!

Zum Tode verurteilt

Natalia Sadowurska betet in der St.-Vladimir-Kirche für ihre verstrahlten Angehörigen

einmal wahrgenommen. Eine Katstrophe, die am 27. April 1986, einen Tag nach dem Reaktorunglück von Tschernobyl, ihren Anfang nahm. Damals hatte Südwind die Giltwolke aus der Ukraine nach Norden getragen. Dann kam der Regen – und wusch die tödlichen Strahlen über Wiesen, Felder und – und Menschen.

Seit damals leben die Menschen im Südosten Weißrußlands, fast durchwegs Bauern, ohne es zu wissen wie unter einem Röntgenapparat. Ihr Land strahlt heute mit der gleichen (!) Intensität, die 1986 das Gebiet von Tschernobyl offiziell zum Katastrophengebiet werden ließ ...
Es war die Kirche, die Alarm schlug. Kein Geringerer als der Erzbischof von Minsk, der Me-

Die russisch-orthodoxe Geistlichkeit wird dabei von einem prominenten Wissenschafter unterstützt:
„70 Prozent der gesamten radioaktiven Strahlung Tschernobyls sind auf Weißrußland niedergegangen; in Gebieten südöstlich von Minsk ist die Bevölkerung einer Cäsiumstrahlung ausgesetzt, die sämtliche Grenzwerte um das Fünf- bis Hundertfache über-

gen. Nicht Mehl, Brot und Fleisch. Sondern Haferflokken, Apfelmus, Dörrpflaumen, Rosinen, Bananenchips und Babybrei. Essen für Kinder. Für strahlenverseuchte Kinder, für todgeweihte Kinder. Eine symbolische Geste, die heißen soll: Ihr seid nicht allein. Wir werden euch helfen, wo wir nur können.
Einige der Kisten sind di-

rekt für die lokalen karitativen Organisationen bestimmt. Sie enthalten nicht Lebensmittel, sondern sogenannte Dosimeter.
Geräte – wie bitter! – zum Messen des täglichen Brots ...
(Lesen Sie, bitte, am Sonntag: Das strahlende Inferno – ein Augenzeugenbericht aus dem Katastophengebiet.)

피폭당한 친족을 위해 성 블라드미르 교회에서 기도하는 나탈리아 사드브르스카

[자료 4]

것인지 알 수 있다. 암, 백혈병, 유전자들의 돌연변이…… 거 짓말이란 한 번 하기 시작하면 끝이 없다.

이상이 작년 10월 11일에 나온 『모스크바 뉴스』에 실려 있는 소식입니다.

여기서 그저께 유럽에서 들어온 소식을 이야기하겠습니다. 이야기가 좀 길어서 피로하겠지만 마음을 편안하게 하고 들어주시기 바랍니다. 될 수 있는 대로 번역한 기사를 그냥 읽겠습니다.

2월 17일, 오스트리아 신문 『쿠리어』, 이것은 발행 부수 60만의 전국지이죠. 다음과 같이 말하고 있습니다[자료 4].

'체르노빌 대참사. 드디어 사형선고'라는 큰 제목이 붙었군요. 이 여성은 지금 가족들이 앓고 있어서 교회에서 기도를 하고 있습니다.

소련 정부는 이 사실을 감추려고 할 것이다. 그러나 러시아 교회는 드디어 경고를 했다. 사고가 난 지 4년이 지난 지금 소련에서는 220만 명이 방사능에 오염되어 있다. 마침내 사태는 두 살배기 어린이가 갑상선암으로 사망하는 데까지 이르고 당국은 그 지역을 '죽음의 지대'로 선언하는 문제를 검토 중이다. 2월 15일, 빈에서 민스크로 가는 구원 비행기가 떠났다. 4년 전, 4월 26일 체르노빌 사고에서 공식 발표된 사망자는 31명, 부상자는 300명이었다. 그러나 이것은 차츰 밝혀지는 처참한 비극을 비웃는 것 같다. 인구 1천만 명…….

도쿄와 맞먹는 인구입니다.

인구 1천 만의 벨라루스의 절반이나 되는 지역이 오염되어 있다. 220만 명이 방사능 때문에 흑사병에 걸린 것이다. 지난 수

개월 동안 민스크 주변에서 6천 명이 갑상선암으로 죽었다. 30만 명이 오염된 고향을 떠나야 한다. 사고 후 오늘까지 벨라루스의 남동부……

남동부라면 처음에 보여드린 지도를 보면 여기가 됩니다. 이 일대가 요컨대 체르노빌 근방이 됩니다.

이 일대의 사람들은 흡사 뢴트겐 촬영을 하고 있는 상태에 있다…….

아시겠습니까. 일본은 뢴트겐 자체가 문제가 되어 있는 모양이지만 그런 상황 즉 뢴트겐 앞에 계속해서 서 있는 상태라는 것입니다.

더구나 그런 것도 모르고 살았다. 현재 이 일대의 방사능은 실로 사고 직후 1986년 체르노빌 사고 때 재해 지역으로 지정된 곳과 같은 위험 지역인 것이다.

민스크의 대주교가 오스트리아를 향해서 구원을 요청한 편지가 소개되고 있습니다.

우리는 이제 자력으로 해결할 수 없게 되었습니다. 내버린 땅이 엄청나게 많습니다. 몇십만 명이 병상에서 앓고 있습니다. 우리 나라의 전문가는 불행의 규모를 너무나 과소하게 생각하고 있습니다. 우리 가슴 속에 있는 것은 고통 그리고 불안뿐입니다.

민스크 레닌 대학 물리학 교수 슈슈케비치도 이렇게 말하는 대주교를 뒷받침하고 있습니다.

'민스크 남동부에 사는 사람들은 낮은 곳이래도 허용치의 5배'. 알 겠습니까. 한계치의 5배입니다. 그것도 낮은 곳이 그렇다고 합니다.

> 높은 곳은 실로 100배가 넘는 세슘 방사선에 노출되어 있다. 아이들 네 사람 중에 하나가 백혈병이고 암으로 사망하는 사 람은 두 살짜리까지 이른다. 이 지역 사람들이 허용 한계의 35 배가 넘는 방사능으로 뒤덮인 농경지에 어째서 씨를 뿌리고 수확하도록 내버려 두는가…….
> '여기서는 원자력 전문가는 우주복을 입고 나다닌다'…….
> 죽음의 신에게 손을 잡힌 어린이들을 위해서 오스트리아에서 벨라루스로 식량이 보내졌다. 그러한 짐 꾸러미 속에는 방사 능 측정기도 들어 있다. 그것으로 그들이 매일 먹는 빵에서 방 사능을 검출해 낸다…….

도대체 말이나 됩니까. 기자들은 이렇게 쓰고 있습니다.

지금 이야기한 것은 전면 특집의 상단입니다. 이제 하단 이야기를 하겠습니다. 이 기사의 사진은 재작년인가의 『마이니치 신문』에 난 것입니다[자료 5]. 여러분도 기억하실 것입니다만 방사능에 오염된 위 험물을 제거하려고 체르노빌로 가는 차 안에 '무시무시한 그림'이라 고 써놓았습니다. 하단 기사는 이렇습니다. '무시무시한 균열과 암측, 몸서리쳐지는 체르노빌'이라는 제목으로,

> 1986년 4월 26일 원자로가 폭발해서 방사능 물질이 1,200m 상공까지 분출되었다. 오염 상황에 대해서 소련 정부가 은폐하 던 사실을 교회가 발표했다. 체르노빌 북쪽 300km까지…….

90.2.17 ‹KURIER›

„Das Loch, das Schwarz der Angst"
Tschernobyl: Bilanz des Schreckens

Bild: Kostin

Ein makabres Bild: Strahlenschutzexperten aus Moskau auf der Fahrt in das Seuchengebiet

Bild: Glattauer

Lkw-weise wird strahlende Erde von den Feldern gebracht

방사능에 오염된 흙을 파내서 트럭에 싣고 버리러 간다.

[자료 5]

이 거리는 도쿄에서 센다이까지와 맞먹습니다.

300km까지가 위험한 상태에 놓여 있다. 사고가 난 지 4년이 지난 지금 차츰 피해가 눈에 보이기 시작했다. 갑상선, 입술, 식도, 위 등에 암이 발생했고 최근 몇 달 동안 몇천 명의 사람이 사망했다. 여기 거주한다는 것은 불가능한 상태다. 오염된 지역에서는 앞으로 1천 년이 가도 위험 상태가 계속된다. 의학적으로 해석하면 1km²당 40퀴리가 넘는 방사능 지역에서는 사망할 위험성이 높다…….

그러니까 이것은 벨라루스 이야기입니다. 아까 나온 우크라이나 나로디치 군 농장 일대는 80퀴리라는 수치였습니다. 이 이야기에서 우리는 우크라이나에 대한 것도 짐작할 수 있습니다.

그러나 벨라루스의 농지에서는 허용치의 3배가 넘는 140퀴리에 달했다. 현재 벨라루스는 농민의 30만 명이 이주를 계획하고 있다. 동물에도 무서운 장애가 빈발한다. 체르노빌에서 50km 거리에 있는 콜호즈에서는 머리뼈가 없는 돼지 등이 대량으로 발생하고 있다. 우크라이나에서는 체르노빌 사고 후 물속에 있는 물고기가 방사능 때문에 백열등처럼 빛이 났다고 한다. 체르노빌 주변에서는 나무가 하늘을 찌를 듯이 이상 성장했다. 참나무 잎이 손바닥처럼 크게 자라는 것도 이제는 이상한 일이 아니다. 나무도 병이 들어 이상 성장한다…….

이런 기사가 있으며 일대의 오염 제거 작업은 계속되고 필사적으로 흙을 제거하고 있다고 합니다. 이것은 2월 17일 신문인데 다음 날 18일에도 보도는 계속됩니다[자료 6].

90.2.18 ‹KURIER›

ONNTAG. 18 FEBRUAR 1990 [THEMA DES TAGES]

● Tschernobyl ist heute ● Hunderttausende Kinder siechen dahin ● Ein KURIER-Redakteur ;

Das strahlende Inferno

Die Worte des obersten Würdenträgers Weißrußlands, des Metropoliten der russisch-orthodoxen Kirche, hallen durch die Kathedrale von Minsk: „Wir erleben eine Tragödie. Sie geht ins Mark und ins Blut. Unsere Äcker sind verseucht. Die Früchte, die wir ernten, machen uns krank. Die Menschen sterben. Viele Opfer sind Kinder. Wir haben einen Hilferuf um die Welt geschickt. Aber kann man uns helfen...?" – Eine Augenzeugen-Reportage von NIKI GLATTAUER.

구원을 부르짖는 대주교

피폭된 어린이

크라스노폴리예의 병원. 어린이가 빈혈증으로 입원. 많은 경우는 암이다.

방사능에 오염된 아이들

[자료 6]

이번에는 아이들과 소아병원을 방문한 이야기가 나옵니다. '방사능의 지옥'이라는 제목으로,

> 벨라루스 수도의 대주교(이 사람은 성직자 중에서 제일 높은 지위에 있습니다)의 말씀이 민스크 교회에 울려 퍼졌다. 우리는 비극 속에서 살고 있다. 비극은 골수에도 혈액에도 침입했다. 우리가 경작하는 흙도 오염시켰다. 우리가 수확한 것들이 우리에게 질병을 갖다 준다. 사람들은 죽어나간다. 희생당하는 것은 어린이들이다. 우리를 구원해 달라는 메시지를 전 세계에 보냈다. 그러나 대체 누가 우리를 구원할 수 있는가…….

저널리즘 관계자들에게 꼭 좀 전해 달라는 것은 바로 이것입니다. '구원을 요청하는 목소리를 전 세계에 보냈다'고 썼습니다. 그런데도 우리는 보지도 듣지도 못했습니다. 말하는 사람이 아무도 없습니다. 이렇게 엄청난 사건이 벨라루스에서 벌어졌는데도 겨우 벨라루스에서 구제 기금 운동이 있다는 추상적 보도만이 보일 뿐입니다. 이게 지난 달입니다. 왜! 전달되지 않는가! 꼭 반드시 전해주시기 바랍니다.

이 사람들은 또 다른 엄청난 상황에 있습니다. 그것은 식생활입니다. 식료품에서 지금 대량의 오염이 검출되고 있는 것입니다.

'민스크의 악사코프슈트치나 병원에서는 지금까지 6천 명의 암사망자가 기록되었다.' 아시겠어요? 잘 들어보세요. '지금까지 6천 명의 암사망자가 기록되고 있다. 모두 갑상선암이다. 이것은 방사능에 의한 것을 증명한다…….' 이 이야기를 해설하죠. 민스크에 있는 한 병원에서 6천 명의 사람이 갑상선암으로 사망했습니다. 이 기사에서 기자가 주목하고 단정하는 바와 같이 이것이 체르노빌 사고에 의한 방사능으로 죽었다는 것이 명백한 사망 원인이라는 것입니다. 예를 들어 소화

기 계통의 암이었다면 인과관계를 단정할 수 없습니다. 그러나 지금 상황에서 갑상선암으로 6천 명의 사망이라면 그것은 체르노빌이 원인이라고 단정할 수 있는 것입니다. 그렇다면 이것이 갑상선암에 의한 사망자라면 기타 암은 어떤가 하는 의문이 생깁니다. 엄청난 숫자가 될 것입니다. 갑상선암 이외의 다른 암으로 사망한 사람의 숫자는 현재 추정할 수 없습니다. 그러나 이것이 단 하나의 병원에서 나온 숫자라고 생각하면 아마 10만 단위가 되지 않을까 생각되는군요.

흙을 실은 트럭이 수업이 지나가는 것을 보았다. 정부 관계자 파코프가 말하는 바 농지에서는 최고 1km^{2}당 100퀴리가 검출되었다고 한다.

아까도 말했지만 치사량은 40퀴리입니다.

사고 당시의 체르노빌과 다를 것이 없다고 한다.
340개 마을이 모두 이주해야 한다. 합계 30만 명이다. 그러나 어디로 가야 하는가. 우리는 소아과 병원을 방문했다⋯⋯.

바로 이것입니다. 잘 들으세요.

아이들은 오스트리아 사람들을 기다렸다. 그게 아니다. 꿀, 비타민 음료, 살구, 그리고 죽 같은 것. 빈혈을 치료할 수 있는 물건이나 약이 들어 있는 보따리를 기다렸다. 바레리는 모자를 쓴 아이다. 모자를 벗자 머리카락이 하나도 없는 대머리가 나타났다. 물건들을 넘겨준 오스트리아의 호프만은 이렇게 말한다. "우리의 이러한 행동은 하나의 상징일 뿐이다. 이것이 세계적인 원조의 계기가 된다면 다행이다. 이 지방 사람들이 요구하는 것은 의료품, 믿을 수 있는 방사능 측정기 그리고 또 새로 이사 갈 마을이다."

세 살짜리 나타샤는 통역의 말이 귀에 들어오지 않는다. 눈을 반짝이면서 사과잼 통조림을 응시한다. 이 아이도 갑상선암을 앓고 있다⋯⋯.

이것은 민스크를 중심으로 한 보고서인데 작년 2월 15일 우크라이나 상황과 거의 일치합니다. 바로 이것이 우리가 원자력의 문제를 생각할 때 첫째이고 제일 큰 출발점이 될 것입니다.

이 신문을 읽으면서 나는 몸이 떨렸습니다. 예측은 했지만 기어코 현실로 닥쳐오고야 말았습니다.

금년 1월 11일 어떤 분이 NHK의 뉴스를 녹음해서 나에게 주었습니다. 거기 보도된 것을 들으니까 소련이 이스라엘로 유태인의 이주를 허가했습니다. 지금까지 이스라엘과 소련은 서로 앙숙이었는데 이제 국교를 회복해서 대량의 이민이 시작된 것입니다. 그래서 이스라엘로 가는 이주민을 싣고 간 '비행기에 지금까지 거기서 치료를 받던 체르노빌의 아이들을 태워가지고⋯⋯'라는 말에 깜짝 놀랐습니다. 페레스트로이카로 중요한 시기에 처한 소련에 대해서 나쁘게 이야기할 생각은 없습니다. 하지만 크렘린은 이 어린이들을 인질로 해서 그 부모들의 입을 틀어막은 게 아닌가 하는 생각을 했습니다. 아이들을 국외로 보냈다는 것을 우리는 모르고 있었습니다. 이것저것 생각나는 일들을 종합해 보면 이렇게 체르노빌의 아이들을 여기저기로 보낸 것 같습니다. 그런데 체르노빌의 아이들은 모두 어디로 보내졌을까.

일부는 이스라엘로 보낸 것이 아닌가 생각합니다. 그리고 생각하니까 사고 직후 소련은 이러한 공식발표를 했습니다. 체르노빌 일대의 노동자들은 문제없다. 새로운 직장이 마련되었고 그들의 직장은 소련 각처에 있다고 했습니다. 사고 직후에 내가 느낀 것은 피해자를 모두 흩어놓아서 통계적으로 급격한 상승이 나오지 않게 하려고 그런 것이 아닌가 하는 생각을 했었는데 지금 그러한 소련 정부의 속셈이 드러나는 것같이 느껴집니다.

그래서 나는 소련에서 이스라엘로 간 사람의 말을 외신 기사·AP통신을 뒤져서 찾아냈습니다. 체르노빌이라는 키워드를 삽입했더니 튀어나왔습니다.

'민스크는 멋있는 땅이었다. 그렇게 살기 좋은 곳은 없다. 그렇지만, 체르노빌 사고가 일어난 것이다⋯⋯.' 유태인 전부가 민스크에서 탈출한 것은 아니겠지만 꽤 많은 유태인들이 민스크에서 탈출했고 그게 바로 이스라엘로 온 사람입니다.

이 모든 것이 원자로 1기에서 일어난 사건이라는 것을 지금 새삼스럽게 생각해 보면 소련 경제가 곧 회복되기는커녕 소련은 점점 더 어려운 상황으로, 아니 잘못하면 붕괴되지 않을까 하고 생각합니다. 그런 일이 있어서는 안 된다고 기도하고 싶지만 현재의 물리적 상황은 정치 개혁 페레스트로이카나 글라스노스트를 가지고는 어떻게 할 수도 없는 지경이 아닌가 하는 생각이 듭니다. 겨우 10만 명을 이주시키는 데 3조 엔이 들어간다고 합니다.

지금 동유럽권에 대해서 서방측 사람들이 따뜻한 눈길을 돌리고 있다고 보지만 한시라고 빨리 체르노빌 희생자를 구출해야 합니다. 우리도 우리가 할 수 있는 갖가지 방법으로 그들을 구출하고자 여러분에게 호소합니다.

이야기가 길어졌지만 이것이 원자로 1기가 빚어낸 것입니다. 지금

전 세계에는 400기가 넘는 원자로가 가동 중입니다. 이제 또 어디서 1기가 이러한 사고를 일으킨다면 우리 인류는 이렇게도 저렇게도 할 수 없게 될 것입니다. 일본·한국·대만에서만 55기입니다.

여러분 잘 생각해보세요. 나는 이런 보도를 접하고, 이제 정말 멀지 않구나 하는 생각이 듭니다. 지금 있는 400기! 어느 나라도 그만두자는 데가 없습니다. 물론 이제부터는 원전 건설 계획을 그만두자고 하는 곳이 있는 것은 사실이지만 지금 돌아가고 있는 것을 정지시킨 곳은 아무 데도 없습니다. 정책상 그런 곳은 한 군데도 없습니다. 400기는 계속 돌아가고 있습니다. 적어도 10년, 20년은 돌릴 것입니다. 그러는 동안에 사고가 일어나지 않을 것이라고 여러분은 생각하시나요? 후쿠시마, 하마오카, 겐카이(한국에서 제일 가까운 원전 ―옮긴이), 이카타, 와카사 등에서 원자로의 이상 사고가 계속해서 일어나고 있는 상황에서 말입니다. 어쩌면 일본이 아닐지도 모르죠. 한국이나 대만일 수도 있고 프랑스일 수도 있습니다.

여러분! 여러분의 의식을 또 한 번 명확하게 바꿔주실 것을 간절히 바랍니다.

원전을 멈춰라:
체르노빌이
예언한 후쿠시마

펴낸 날
2011년 4월 1일
2011년 8월 1일(2쇄)
2014년 7월 14일(3쇄)

지은이
히로세 다카시

옮긴이
김원식

펴낸이
주일우

편집
홍원기 김현주

디자인
김형재

제작·마케팅
김용운

펴낸곳
이음

등록번호
제313-2005-000137호

등록일자
2005년 6월 27일

주소
서울시 마포구 독막로 256
3층

전화
(02) 3141-6126~7

팩스
(02) 3141-6128

전자우편
editor@eumbooks.com

홈페이지
www.eumbooks.com

인쇄
피오디나라

ISBN
978-89-93166-30-9
03300

값
12,000원

*
잘못된 책은 구입하신
곳에서 바꿔드립니다.